CONNECTED RISK

Die gefährliche Risikolücke schließen

RICHARD F. CHAMBERS

FINA PRESS

SPONSORED BY

FINA PRESS™

Veröffentlichtv on Fina Press, einem Imprint von WoW Media Publishing Consultants, LLC
33 Ocean Palm Villa North
Flagler Beach, FL 32136

Gesponsert von: ◍ Optro

◊ AUDITBOARD

The ISBN for the print edition is 978-1-963998-14-6
ePub ISBN is: 978-1-963998-12-2

Inhaltsverzeichnis

Teil 3 – Ein isoliertes Risikomanagement birgt seine eigenen Risiken

Teil 4 – Der Imperativ des Connected Risks

Inhaltsverzeichnis

Teil 5 – Zukunftssicherung für Risikobewältigung

Vorwort

Ich habe das Privileg, Richard seit vielen Jahren sowohl beruflich als auch als Freund zu kennen. Er hat meine Karriere unterstützt und war in letzter Zeit ein wichtiger Freund in meiner Rolle als CEO von SWAP Internal Audit Services und als Mitglied unseres Vorstands. Bei allem, was Richard tut, inspiriert er unseren Berufsstand und bringt ihn voran.

Ich erinnere mich an jemanden, der zu mir sagte: "Warum haben Sie Richard in Ihren Vorstand gebeten? Er ist von der Internen Revision und könnte Sie als weniger qualifiziert erscheinen lassen."

Meine Antwort war: "Genau deshalb. Ich möchte die Besten der Branche im SWAP-Vorstand haben, und Richard wird mir nicht das Gefühl geben, zu wenig qualifiziert zu sein—ich werde einfach weiter lernen." Drei Jahre lang habe ich genau das getan. Seine Einsichten, sein Wissen, seine Weisheit und die Großzügigkeit, mit der er seine Zeit teilt, waren eine große Inspiration für mich, die bis zum heutigen Tag anhält. Als Richard mich also fragte, ob ich das Vorwort zu seinem neuen Buch *Connected Risk: Conquering the Perilous Risk Exposure Gap* schreiben würde, war es mir nicht nur eine Ehre, sondern die Antwort war ein sofortiges "Ja, sehr gerne!"

In diesem Buch beschreibt Richard, wie sich die Risikolandschaft grundlegend verändert, da ein zerstörerisches Risikoereignis nach dem anderen die tiefgreifende Verflechtung der Risiken aufzeigt und unsere Unfähigkeit, sie einzudämmen. Die Relevanz dieser Aussage ist mir nicht entgangen, wenn ich an die vielen bemerkenswerten unternehmerischen Fehlleistungen der letzten Jahrzehnte denke.

Ein anschauliches Beispiel für die katastrophalen Folgen, die auftreten, wenn miteinander verbundene Risiken nicht angemessen erkannt, verwaltet oder gemildert werden, war der Zusammenbruch des globalen Finanzdienstleistungsunternehmen Lehman Brothers im Jahr 2008. Das Unternehmen hatte in erheblichem Umfang in mit Subprime-Hypotheken besicherte Wertpapiere investiert, so dass jede Verschlechterung weitreichende Auswirkungen auf zahlreiche weitere Finanzinstrumente haben würde. Trotz dieses Wissens war das Portfolio nicht ausreichend diversifiziert und konnte den Schock eines Abschwungs am Subprime-Markt nicht auffangen. Lehman Brothers nutzten auch eine übermäßige Hebelwirkung (ein Verhältnis von mehr als 40:1) und hielten dennoch keine ausreichenden Kapitalreserven als Puffer für mögliche Verluste.

Das Versäumnis, diese miteinander vernetzten Risiken zu erkennen, führte zu zahlreichen Fehlern und einem Vertrauensverlust in die Finanzmärkte. Die Verbraucher haben diese Auswirkungen sicherlich durch den Anstieg der Hypothekenzinsen zu spüren bekommen; ich persönlich hatte mit negativem Eigenkapital zu kämpfen.

Diese Erfahrung—dass ein Unternehmensausfall eine Kettenreaktion auslöst, die sich auf eine ganze Branche und letztlich auf den Durchschnittsverbraucher auswirkt—ist uns nur allzu vertraut. Von den Datenschutzverletzungen bei Equifax und Facebook über die Qualitätsmängel bei Boeing bis hin zu weitreichenden Betrugsfällen bei Unternehmen wie FTX, Theranos und Wirecard—die Auswirkungen von Risiken treten immer deutlicher zutage.

Richards neuestes Werk ist also sowohl relevant als auch zeitgemäß. Er verortet das Thema überzeugend in der Ära der Permakrise und macht deutlich, was auf dem Spiel steht: die wachsende Lücke im Risikomanagement. Dabei stützt er sich nicht nur auf seine eigenen Ansichten, sondern auch auf eine Vielzahl von Umfragen, Berichten und Analysen. Da Richard sich darauf konzentriert, zum Handeln zu inspirieren, skizziert er die Schlüsseleigenschaften von Vordenkern im Bereich vernetzter Risiken und bietet praktische Lösungen für die Gestaltung des Wandels, die Anpassung von Begriffen und Technologien sowie die Zukunftssicherung der Risikoresilienz. Punkt für Punkt plädiert Richard für das "Connected Risk", einen neuen Ansatz für das Risikomanagement, der es Fachleuten ermöglicht, ihre Zusammenarbeit in allen drei Linien zu verbessern.

Ich spreche oft mit Menschen über Risiken—gelegentlich gebe ich sogar Schulungen zum Thema Enterprise Risk Management (ERM). Aber ich bleibe oft mit einem Gefühl der Desillusionierung zurück. Es ist mir klar, dass viele, wenn nicht sogar die meisten, ERM als einen Prozess betrachten. Es ist zwar ein Framework, das darauf abzielt, Verluste zu minimieren und Chancen zu maximieren, indem ein ganzheitlicher Ansatz verfolgt wird, aber oft wird das Zusammenspiel zwischen den verschiedenen Risiken aufgrund ihrer Komplexität und Verflechtung nicht vollständig verstanden. Es ist auch klar, dass viele Unternehmen Risikobewertungen nur in regelmäßigen Abständen durchführen, so dass es keine kontinuierliche Überwachung der wichtigsten Risikoindikatoren (KRIs) gibt—was, wie Richard sagt, die Unternehmen verwundbar macht. Um unter den heutigen Risikobedingungen resilient zu werden, müssen Unternehmen mehr tun.

Bei SWAP haben wir intensiv mit allen drei Linien in mehreren Organisationen zusammengearbeitet, um sicherzustellen, dass wir eine kontinuierliche Risikobewertung durchführen und über ein dynamisches Dashboard, das rund um die Uhr verfügbar ist, in Echtzeit Einblick in die Risiken erhalten. Das Überdenken traditioneller Arbeitsweisen, die Einführung geeigneter Technologielösungen als Kapazitätsmultiplikatoren und die Konzentration auf die richtigen Risiken und deren wesentliche Zusammenhänge sollten zu einer deutlichen Verringerung der Unternehmenspleiten führen.

In Richards vorherigem Buch, *Agents of Change: Internal Auditors in the Era of Permacrisis (Zweite Auflage)*, zitiert er den Autor David Shariatmadari treffend zur Beschreibung der Permakrise: "ein Begriff, der perfekt das schwindelerregende Gefühl verkörpert, von einem noch nie dagewesenen Ereignis zum nächsten zu taumeln, während wir uns verunsichert fragen, welche neuen Schrecken hinter der nächsten Ecke lauern könnten."

Als Fachleute für Interne Revision, Risikomanagement, Compliance und Informationssicherheit müssen wir lernen, uns in einer Welt der Mehrdeutigkeit, der Komplexität und sogar des Unverständlichen zurechtzufinden und damit umzugehen. Richard schlägt sogar vor, dass wir noch weiter gehen und zu "Gestaltern im Bereich des Connected Risks" zu werden, um den Menschen einen Namen zu geben, die wir unbedingt brauchen, um den Wandel im Risikomanagement zu beschleunigen.

Ich liebe an allen Büchern von Richard, dass er seine Erfahrungen aus seiner Karriere weitergibt und Geschichten aus dem wirklichen Leben erzählt, die der Theorie Farbe verleihen. Aber seine einzigartige Fähigkeit, das zu Papier zu bringen, was viele denken und doch nicht zu sagen wagen, macht ihn zu einer so wichtigen Stimme.

Dieses neueste Buch von Richard sollte, wie seine früheren Werke, zur Grundausstattung eines jeden Internen Revisors gehören. Ich würde jedoch noch weiter gehen, denn dieses Buch ist auch für risikoorientierte Fachleute aller drei Linien von großer Bedeutung. Wie der Präsident und CEO von AuditBoard, Scott Arnold, kürzlich sagte, sind Richards Bücher ein "Muss" für jeden, der seinen Einfluss vergrößern möchte.

Vielen Dank, Richard. Ich hoffe, dass noch mehr Bücher in der Pipeline sind, damit Dein Wissen und Deine Weisheit das Risikomanagement weiter voranbringen.

—David Hill
CEO, SWAP Internal Audit Services

Danksagungen

In jedem der früheren Bücher, die ich geschrieben habe, habe ich festgestellt, dass die Arbeit als Autor eine lohnende Erfahrung auf meinem eigenen beruflichen Weg war. Jedes Mal tat ich dies mit wenig Bewusstsein für die Lernerfahrungen, die vor mir lagen—und die das nächste Buch unausweichlich machten. Wie bei allen meinen beruflichen Unternehmungen wäre auch dieses Buch ohne die Ermutigung und Unterstützung so vieler Familienmitglieder, Freunde und Kollegen nicht möglich gewesen. Meine Frau Kim ist nach wie vor eine außergewöhnliche Quelle der Unterstützung und Ermutigung. Ihre Ratschläge, ihre Geduld und ihr Verständnis in den letzten 35 Jahren haben maßgeblich zu dem Erfolg beigetragen, den ich auf meinem nun fast ein halbes Jahrhundert umfassenden beruflichen Weg hatte. Meine Eltern, Linville und Mildred Chambers, waren eine große Inspiration und lehrten mich schon früh, wie wichtig es ist, die Menschen um mich herum mit Liebe und Respekt zu behandeln. Meine talentierten und wunderschönen Töchter Natalie McElwee, Christina Morton und Allison Chambers und ihre Familien sind wichtiger als jedes berufliche Vermächtnis, das ich jemals hinterlassen könnte.

Ich danke AuditBoard für das Vertrauen in mich und für das Sponsoring meines vollständig veröffentlichten Werkkatalogs, der nun vier Bücher umfasst. Ich werde Heather Reagan für all ihre Hilfe bei der Organisation und dem Schreiben dieses Buches ewig zu Dank verpflichtet sein. Sie verstand meine Vision für dieses Projekt und brachte grenzenlose Energie und einen außergewöhnlichen Schreibstil in das Projekt ein. Danke an Erin Sweeney, die maßgeblich dazu beigetragen hat, dieses Buch ins Leben zu rufen. Ihre Organisations-, Kommunikations- und Schreibfähigkeiten sind unübertroffen. Dank auch an meinen langjährigen Freund Paul Sobel, der großzügig seine Zeit und sein Wissen zur Verfügung gestellt hat, und an Tom O'Reilly für seinen technischen Rat in Bezug auf „Connected Risks" und seine geduldige Zusammenarbeit mit dem Autorenteam während des gesamten Projekts. Danke an John Reese für seine Inspiration für das Buch und seine unerschütterliche Unterstützung und an Scott Arnold für seine kontinuierliche Partnerschaft, seine Vision und seine Fürsprache. Wir bedanken uns bei allen, die uns bei diesem Projekt beraten haben, darunter Devin Davis, Scott Garner, Matt Nelson, Lizzie Cantor, Anton Dam, Rajiv Makhijani, Mary Krzoska und Sydney Price.

Ich danke Lillian McAnally und WoW Media Publishing für ihre herausragende Kompetenz, mit der sie dieses Buch Lesern auf der ganzen Welt zugänglich gemacht haben. Lillian ist meine Verlagspartnerin, seit mein erstes Buch 2014 in den Regalen stand, und heute bin ich stolz darauf, WoW Media den Verlag für meinen gesamten Katalog nennen zu können.

Schließlich wäre ich nachlässig, wenn ich nicht noch einmal den zahllosen Frauen und Männern danken würde, die ich im Laufe meiner bald 50-jährigen Karriere als Kollegen bezeichnen durfte. Sie haben mich inspiriert und herausgefordert, nach Spitzenleistungen zu streben. Ich habe von ihnen viel über Professionalität, Wachstum, Resilienz und die Kraft der Zusammenarbeit gelernt.

Einführung

Als ich im Jahr 2021 mein drittes Buch veröffentlichte, ging ich davon aus, dass mein Werk jetzt vollständig sei. Eine Trilogie ist schließlich ein schöner Abschluss meines Werkes.

Mein erstes Buch, *Lessons Learned on the Audit Trail*, ist ein halb-autobiografischer Blick auf meine Erfahrungen in der Internen Revision über (damals) fast 40 Jahre. Meine Absicht war es, einige Erkenntnisse weiterzugeben, die auf meinen Erfahrungen mit Hunderten, wenn nicht Tausenden von Internen Revisionen und Prüfungen beruhen, die meine Ansichten über Risiken, unabhängige Assurance, gute Governance und den Wert der Internen Revision geprägt haben. Fünf Jahre nach der Erstveröffentlichung habe ich das Buch aktualisiert, um neue Erkenntnisse zu berücksichtigen, die sich aus der zunehmenden Dynamik und Volatilität der Risiken ergeben. Die aktualisierte Version trug den Titel *The Speed of Risk: Lessons Learned on the Audit Trail, 2nd Edition* und war bei den Lesern ebenso beliebt.

Drei Jahre nach der ersten Ausgabe von *Lessons Learned on the Audit Trail* veröffentlichte ich mein zweites Buch, *Trusted Advisors: Key Attributes of Outstanding Internal Auditors (Schlüsselattribute herausragender interner Prüfer)*. Im Zuge meiner Recherchen für das Buch führte ich Umfragen und Interviews mit einer Vielzahl von führenden Internen Revisoren durch. In diesen Gesprächen entdeckte ich Schlüsseleigenschaften, die außergewöhnliche Interne Revisoren auszeichnen—diejenigen, die sich einen „Platz am Tisch" gesichert haben und in ihren Unternehmen als vertrauenswürdige Berater anerkannt sind. In dem Buch werden Eigenschaften wie ethische Belastbarkeit, kritisches Denken, Geschäftssinn, intellektuelle Neugier, dynamische Kommunikationsfähigkeiten und effektiver Beziehungsaufbau untersucht.

Der letzte Teil der geplanten Trilogie war *Agents of Change: Internal Audit in an Era of Disruption*. Ich habe das Buch als Appell zum Handeln für Interne

Revisoren auf allen Ebenen geschrieben. Es gibt einen Überblick über die Entwicklung und den aktuellen Stand des Berufsstandes und liefert einen Fahrplan für die Revolution—und nicht nur die Evolution -, die auf die Interne Revision zukommen wird. Nur drei Jahre später würde ich das Buch aktualisieren, um den tiefgreifenden Veränderungen gerecht zu werden, die die Welt in der ersten Hälfte der 2020er Jahre erlebt hat.

Als ich Anfang 2024 die Neuauflagen aller drei Bücher für einen neuen Verlag aktualisierte, wurde mir klar, dass es kein abschließendes Wort über Risikomanagement geben kann, solange wir in einer Ära ständiger risikoinduzierter Störungen leben. Wenn wir in der ersten Hälfte der 2020er Jahre etwas gelernt haben, dann, dass der traditionelle "Drei-Linien-Ansatz" mit eigenen Risiken verbunden ist. Das Management kann nicht einfach Risiken bewerten und Kontrollen isoliert von denjenigen entwerfen und umstzen lassen, die die Risiken überwachen oder Sicherheit gewährleisten. Diejenigen, die die Risiken überwachen, können dies nicht in Silos, in abgeschotteten Bereichen tun, die keine Zusammenarbeit mit den Risikoverantwortlichen oder denen ermöglichen, die letztendlich die Wirksamkeit der Maßnahmen bestätigen. Außerdem können die Internen Revisoren nicht zufrieden in der dritten Linie sitzen und darauf warten, dass sie an der Reihe sind, Unzulänglichkeiten der anderen Linien aufzudecken.

In der heutigen Welt müssen isolierte Strukturen der Zusammenarbeit weichen, die durch Technologie und ein gemeinsames Ziel vorangetrieben wird—den Erfolg des Unternehmens, das von jedem Akteur in den drei Linien getragen wird. Wir müssen zusammenarbeiten, uns abstimmen und miteinander kommunizieren, um den Unternehmenswert nicht nur zu schützen, sondern auch zu steigern. Den Ansatz, den ich in diesem Buch vertrete, bezeichne ich als "Connected Risk"—ein moderner, funktionsübergreifender, technologiegestützter Ansatz für das Risikomanagement im gesamten Unternehmen, der neue Wege der Zusammenarbeit über die traditionellen Linien hinweg ermöglicht.

Ich setze mich seit Jahren für einen verbundenen Ansatz ein, meist aus der Perspektive der Internen Revision. Ich war immer der Meinung, dass Interne Revisoren Katalysatoren für positive Veränderungen in ihren Organisationen sein können und sollten. Nachdem ich Anfang 2021 meine Position als CEO des Institute of Internal Auditors (IIA) aufgegeben hatte, suchte ich nach einem strategischen Partner, der mich bei der weiteren Förderung der Internen Revision unterstützen würde. Ich entschied mich für AuditBoard, weil ich sofort erkannte, wie sehr unsere Aufgaben und Denkweisen übereinstimmten. Seitdem ist unsere Zusammenarbeit eine wirklich bemerkenswerte und lohnende Erfahrung, die sowohl meinen Auftrag als auch meine Botschaft sinnvoll erweitert hat. Meine Arbeit mit AuditBoard hat mir einen breiteren Überblick über den aktuellen Stand des Risikomanagements verschafft und mir eine erweiterte Plattform geboten, um mich weiterhin für positive Veränderungen einzusetzen. Die Arbeit, die wir gemeinsam leisten, inspiriert mich immer wieder.

In diesem Zusammenhang komme ich auf Connected Risk zurück, das ich als besonders kritisch für ein isoliertes Risikomanagement betrachte. Der Ansatz des Connected Risk hilft Unternehmen, isolierte Strukturen abzubauen, Technologien effektiver zu nutzen und die Zusammenarbeit von Teams zum Schutz und zur Wertschöpfung ihrer Uternehmen zu verbessern. Es erfordert die Einbeziehung aller wichtigen Risikobeauftragten sowie die Zustimmung und Unterstützung des Aufsichtsrates, des Prüfungsausschusses und der Geschäftsleitung. Der Ansatz des Connected Risk bringt die Perspektiven, Fähigkeiten und Stärken all dieser Akteure zusammen, um die vorhandenen Risikomanagementressourcen noch besser zu nutzen.

Mit diesem Buch möchte ich die neue Denkweise fördern, die für ein wirksames Risikomanagement in der Ära der Permakrise und darüber hinaus erforderlich ist. Ich wende mich nicht nur an mein übliches Publikum, sondern auch an die Hauptakteure des Risikomanagements in allen drei Linien, d. h. nicht nur an Interne Revisoren, sondern auch an Fachleute aus den Bereichen Risikomanagement, Informationssicherheit, Compliance, die Führungsebene und andere Mitglieder des operativen Managements. Aus meiner Perspektive als Leiter der Internen Revision, Aufsichtsrat und Vorstandsmitglied erläutere ich in fünf Teilen die Gründe für den Connected Risk Ansatz.

Teil 1 beginnt mit einer Analyse der Rahmenbedingungen, unter denen wir arbeiten—der Ära der Permakrise. Wir untersuchen die Ursachen für die Geschwindigkeit der Änderungen der Risiken und die verheerenden Auswirkungen der Vernichtung von Werten, die wir infolgedessen beobachtet haben. Wir gehen auch der Frage nach, wie einige Unternehmen ein effektives Risikomanagement zur Wertschöpfung nutzen und Risiken als strategische Chancen begreifen.

Teil 2 befasst sich mit dem Phänomen der "Risikolücke": was sie ist, wie sie entstanden ist und welche existenziellen Bedrohungen sie für viele Unternehmen darstellt.

In Teil 3 wird untersucht, wie sich die Rahmenbedingungen, Ursachen und Auswirkungen der Risikolück auf das Risikomanagement und die Unternehmen auswirken, und es werden mögliche Lösungen aufgezeigt. Insbesondere stelle ich ein Pendant zum klassischen Drei-Linien-Modell vor, das ich das Modell des Connected Risks nenne.

Teil 4 bietet einen tiefen Einblick in das „Connected Risk"—das vernetzte Risikomanagement. Nachdem ich Wege aufgezeigt habe, wie Sie das Denken in Connected Risk in Ihrem Unternehmen fördern können, identifiziere ich die Schlüsseleigenschaften von Verantwortlichen, die das Connected Risk im Blick haben, ähnlich wie ich in meinen früheren Büchern die Eigenschaften von vertrauenswürdigen Beratern und Change Agents untersucht habe. Wir werfen auch einen detaillierten Blick darauf, wie Technologie sich von einem Hindernis zu einem Förderer einer risikobereiten, risikoresistenten Organisation entwickeln kann, und identifizieren den "Wow-Faktor", der Connected Risk-Organisationen von denen unterscheidet, die noch auf dem Weg sind.

In **Teil 5** schließen wir unsere Betrachtung ab, indem wir unseren Blick nach vorne richten. Dazu gehört auch der Austausch von Strategien für die kontinuierliche Risikoüberwachung—eine entscheidende Komponente für die Erreichung der Risikoresilienz—sowie ein Risikoreifegradmodell, mit dem Sie feststellen können, wo sich Ihre Organisation auf dem Weg befindet. Abschließend untersuchen wir die Zukunft des Risikomanagements und zeigen auf, warum alle Hauptakteure als Verantwortliche für den Wandel im Risikomanagement eingebunden werden müssen, um angesichts der Ungewissheit Resilienz zu erreichen und Chancen zu nutzen—nicht nur für ihre Organisationen, sondern auch für ihre Berufe.

Im Zeitalter der Permakrise stehen unsere Risikomanagement-Plattformen in Flammen. Wie bei jeder brennenden Plattform brauchen wir schnellstens einen Feuerlöscher. Connected Risk hilft uns nicht nur dabei, die durch den Rauch verursachte Ungewissheit, die unsere Unternehmen bedroht, zu bewältigen, sondern versetzt uns auch in die Lage, die Wertschöpfung zu erzielen, die für die Sicherung des künftigen Wohlstands der Unternehmen unerlässlich ist. Lassen Sie uns das Feuer gemeinsam bekämpfen und unsere Reise zum Connected Risk beginnen.

Teil 1

Das Zeitalter der Permakrise

KAPITEL 1

Risikomanagement im modernen Zeitalter

Als ich vor fast fünf Jahrzehnten meine Laufbahn in der Internen Revision begann, waren Begriffe wie *Risiko* und *Risikomanagement* noch nicht Teil des Berufslexikons. Wir tendierten dazu, Prüfungen auf der Grundlage von Zyklen und Zeitplänen durchzuführen, die nicht unbedingt mit Risiken verbunden waren. Mit dem Fortschreiten meiner Karriere und der weiteren Entwicklung des Berufsstandes begann ich zu begreifen, dass Unternehmen Risiken eingehen müssen, um erfolgreich zu sein, wobei sie diese Risiken entweder akzeptieren oder abmildern können.

Als Interner Revisor lernte ich meine Rolle bei der Absicherung des Risikomanagements zu schätzen. Vor allem wurde mir klar, dass Organisationen ohne ein wirksames Risikomanagement ihre Ziele oft nicht erreichen.

In den späten 1990er Jahren begannen Interne Revisionen, das Risiko als wichtigen Faktor bei der Prüfungsplanung und der Ressourcenzuweisung zu berücksichtigen. Wir begannen, mit Risikobewertungen als Teil der Prüfungsplanung zu experimentieren, und ich erstellte in dieser Zeit meine erste formelle Risikobewertung.

Wie ich in meiner 2014 erschienenen Publikation „Lessons Learned on The Audit Trail" schrieb, erinnere ich mich noch gut daran, wie stolz ich 1999 als stellvertretender General Inspector des U.S. Postal Service (USPS) war, gemeinsam mit dem General Inspector unsere Risikoeinschätzung für den USPS buchstäblich auf der Rückseite einer Serviette zu dokumentieren. Wir waren auf dem Weg zu einer internationalen Postkonferenz in China, und zu dieser Zeit war die Risikobewertung auf einer Serviette eine durchaus übliche und anerkannte Praxis.

Weniger als drei Jahre später wurde das, was als führende Praxis galt, im Rahmen des "International Professional Practices Framework" (IPPF) des Institute of Internal Auditors (IIA) von 2002 für die Interne Revision verbindlich vorgeschrieben: eine regelmäßige Risikobewertung sollte als Grundlage für die Erstellung eines jährlichen internen Prüfungsplans dienen.

Obwohl ein effektives Risikomanagement schon immer ein wesentlicher Bestandteil des Unternehmenserfolgs war, wurde es erst in den 2000er Jahren zu einer formellen Disziplin. Die Begriffe "Risiko" und "Risikomanagement" befanden sich noch im Anfangsstadium, aber das Wort "Risiko" war nun ein wichtiger Bestandteil der Diskussionen in führenden Organisationen, die bereit waren, Zeit und Ressourcen für das Verständnis und die Minderung von Risiken aufzuwenden.

Das Framework „Enterprise Risk Management" des Committee of Sponsoring Organizations of the Treadway Commission (COSO)—das seit mehr als 20 Jahren als Autorität auf dem Gebiet des Risikomanagements gilt—definiert *Risiko* als „die Möglichkeit, dass Ereignisse eintreten und das Erreichen von Zielen beeinträchtigen", und den Zweck des Risikomanagements als "Schaffung, Erhaltung und Realisierung von Werten".[1] Diese grundlegenden Definitionen können bei den Untersuchungen in diesem Buch als Prüfsteine dienen. Der entscheidende übergreifende Kontext ist jedoch, dass sich die Risiken selbstständig weiterentwickeln und die Unternehmen von heute in einer ganz anderen Risikolandschaft agieren. Die Dynamik und Volatilität der Risiken sind in der ersten Hälfte der 2020er Jahre deutlich gestiegen, so dass selbst wirksame Risikomanagementprogramme im aktuellen Umfeld ernsthaft unter Druck geraten.

Diese Risikobedingungen untergraben die Gesundheit, Resilienz, Relevanz und das Wertschöpfungspotenzial unserer Organisationen. Wir müssen einen nachhaltigeren Weg für die Zukunft finden.

In den Kapiteln 2 und 3 wird eingehend untersucht, wie diese Bedingungen entstanden sind und welche Auswirkungen sie auf die strategische Ausrichtung moderner Unternehmen haben, um die Ergebnisse zu optimieren und die Resilienz zu erhöhen. Zunächst ist es hilfreich zu verstehen, wie sich die Ansichten über Risiken und Risikomanagement entwickelt haben. Wir können das Risikomanagement nicht "reparieren", ohne zu untersuchen, warum, wie und für welche Zwecke die Disziplin des Risikomanagements entstanden und gereift ist.

Die Entwicklung des Risikomanagements

Der Wert des Risikomanagements ist mittlerweile in vielen Organisationen gut bekannt, da es eindeutig zur Verbesserung der Entscheidungsfindung, zur Erhöhung der Resilienz, zur Ermöglichung von Wachstum, zur Verringerung von Verlusten, zur Verbesserung der Ressourcenzuweisung und vielem mehr beiträgt. Als Enterprise Risk Management (ERM) in den späten 1990er Jahren und Anfang der 2000er Jahre erstmals ernsthaft und offen diskutiert wurde, hatten die Unternehmen jedoch verständlicherweise Fragen. An erster Stelle stand diese: "Ist ERM nur eine weitere Buchstabensuppe in der Sprache der Berater?"

Das Risikomanagement musste seinen Zweck definieren und seinen Wert bekräftigen, und die Unternehmen brauchten eine Anleitung, um das Risikomanagement im Kontext ihrer Geschäfte sinnvoll einsetzen zu können. Zu diesem Zweck entwickelten Organisationen wie COSO und die Internationale Organisation für Normung (ISO) Frameworks und Richtlinien zur Bewertung des Risikomanagements und zur Bestimmung seiner Funktionsweise in verschiedenen Kontexten. Die Entwicklung dieser Frameworks veranschaulicht, wie sich das Risikomanagement im Laufe der Jahrzehnte weiterentwickelt hat—und wirft ein Licht auf unsere aktuellen Fragen.

Das COSO ERM-Integrierte Framework

Die Wurzeln des "ERM-Integrated Framework" von COSO lassen sich auf den Wunsch zurückführen, manipulierte Bilanzen zu verstehen, aufzudecken und zu verhindern.

Eine Reihe von aufsehenerregenden Betrugsfällen in Bilanzen in den späten 1970er und frühen 1980er Jahren führte dazu, dass Organisationen und Aufsichtsbehörden zunehmend bestrebt waren, solche Vorfälle in Zukunft zu verhindern. Die National Commission on Fraudulent Financial Reporting (Nationale Kommission für betrügerische Finanzberichterstattung)—eine Initiative unter der Leitung von James C. Treadway, Jr., einem ehemaligen Kommissar der U.S. Securities and Exchange Commission (SEC) und daher gemeinhin als "Treadway-Kommission" bezeichnet—wurde 1985 gegründet und gemeinsam vom Institute of Internal Auditors (IIA), dem American Institute of Certified Public Accountants (AICPA), der Financial Executives International (FEI), der American Accounting Association (AAA) und dem Institute of Management Accountants (IMA) unterstützt. Der Bericht der Treadway Commission von 1987 betonte die nachgelagerten Auswirkungen von Betrug in der Bilanzierung.

Wenn es zu manipulierten Bilanzen kommt, hat das schwerwiegende Folgen. Der Schaden, der daraus entsteht, ist weitreichend und hat mitunter verheerende Auswirkungen. Der Kreis der Betroffenen reicht von den unmittelbaren Opfern—den Aktionären und Gläubigern des Unternehmens—bis zu den indirekt Betroffenen, die geschädigt werden, wenn das Vertrauen der Anleger in den Aktienmarkt erschüttert wird. Zwischen diesen beiden Extremen können viele andere betroffen sein: Mitarbeiter, die ihren Arbeitsplatz verlieren oder deren Pensionsfonds an Wert verlieren, Einleger bei Finanzinstituten, Versicherer, Wirtschaftsprüfer, Rechtsanwälte und sogar ehrliche Konkurrenten, deren Ruf durch Assoziierung leidet.[2]

Mit anderen Worten—vor dem Hintergrund unserer modernen Definitionen von "Risiko" und "Risikomanagement"—kam die Kommission zu dem Schluss, dass das Risiko von Betrug bei der Bilanzierung die Ziele einer Organisation, Werte für ein breites Spektrum von Interessengruppen zu schaffen, zu erhalten und zu realisieren, ernsthaft gefährden könnte.

In dem Bericht heißt es weiter: "Kein Unternehmen, unabhängig von seiner Größe oder Geschäftätigkeit, ist vor dem Risiko einer manipulierten Finanzberichterstattung gefeit. Diese Möglichkeit ist dem Geschäftsleben inhärent." Der Bericht gab daher eine Reihe von Empfehlungen zur Verhinderung von betrügerischer Finanzberichterstattung ab, darunter die Empfehlung, dass "die Trägerorganisationen bei der Entwicklung zusätzlicher, integrierter Leitlinien für interne Kontrollen zusammenarbeiten".[3]

Die Kommission (heute als COSO bekannt) hat genau das getan und 1992 ihr erstes internes Kontrollmodell herausgegeben. Das ursprüngliche COSO "Internal Control- Integrated Framework" hatte die Form einer Pyramide mit fünf miteinander verbundenen, sich wiederholenden Komponenten. Wie in einem 2011 im *Journal of Academic and Business Ethics* erschienenen Artikel beschrieben:

- Die Basis der Pyramide bildete das **Kontrollumfeld** der Organisation, "die Mitarbeiter des Unternehmens, insbesondere ihre Integrität, ihre ethischen Werte und ihre Kompetenz, sowie ihr Arbeitsumfeld".

- Die nächste Ebene, die **Risikobewertung,** "erfordert die Einführung von Mechanismen zur Identifizierung, Analyse und Bewältigung von Risiken, die das Unternehmen an der Erreichung seiner Ziele zu hindern drohen".

- Als Nächstes stellen die **Kontrolltätigkeiten** die "Strategien und Verfahren ... dar, die entwickelt und ausgeführt werden, um die vom Management in der Risikobewertungsebene identifizierten Risiken zu bewältigen."

- **Die Überwachung** schließlich bezeichnet die Art und Weise, wie "der gesamte interne Kontrollprozess überwacht und bei Bedarf geändert werden muss", und **Information und Kommunikation** stehen für "die Erfassung und Übermittlung von Daten, die das Unternehmen für die Durchführung und Kontrolle seiner Tätigkeiten benötigt"[4].

Dieses frühe Modell spielte zweifellos eine Rolle bei der Etablierung der führenden Praxis, Risikobewertungen als Leitfaden für die Planung der Internen Revision zu verwenden. Dennoch hatte das Modell von 1992 zunächst keinen großen Einfluss, bis es ein Jahrzehnt später durch den Sarbanes-Oxley Act (SOX) an Popularität gewann.

Mit Hilfe von PricewaterhouseCoopers (PwC) und einem Beirat, der sich aus Vordenkern aus dem Rechnungswesen, der Wissenschaft und der Wirtschaft zusammensetzte, veröffentlichte im Jahr 2004 COSO das "Enterprise Risk Management-Integrated Framework"[5]. Wie schon beim internen Kontrollrahmen veranschaulichte COSO sein ERM-Framework mit einer Grafik: einem mehrdimensionalen Würfel, der die Beziehungen zwischen dem internen Umfeld, der Zielsetzung, der Identifizierung von Ereignissen, der Risikobewertung, der Risikoreaktion, den Kontrollaktivitäten, der Information und Kommunikation sowie der Überwachung darstellt. Das Framework von COSO aus dem Jahr 2004 erweiterte das ERM-Wissen, indem es aufzeigte, wie das Risikomanagement in die Strategie und die Leistung integriert ist, einschließlich der Abläufe, der Einhaltung von Vorschriften und der Berichterstattung, und wie sich die Ansichten über Risiken und Risikomanagement auf den verschiedenen Ebenen der Organisation unterscheiden können (d. h. auf Unternehmensebene, in Abteilungen, Geschäftsbereichen und Tochtergesellschaften).

Leider wurde das damalige ERM-Framework von COSO nicht allgemein geschätzt oder angenommen. Ich glaube, das lag zum Teil daran, dass das Framework kurz nach dem Bekanntwerden der großen Skandale wie Enron und WorldCom veröffentlicht wurde, als sich die Geschäftswelt angesichts der Auswirkungen dieser Skandale und der anschließenden Verabschiedung des SOX im Jahr 2002 völlig in die Notwendigkeit vertiefte, die internen Kontrollen der Finanzberichterstattung zu verbessern. Ich habe es immer für eine Ironie des Schicksals gehalten, dass der Zusammenhang zwischen Risiken und Kontrollen damals vielen nicht klar war. Schließlich war die dringende Notwendigkeit, interne Kontrollen für die Finanzberichterstattung zu entwickeln und einzuführen, eine direkte Folge des Risikos. Es war, als ob die Leute den sprichwörtlichen Wald vor lauter Bäumen nicht sehen konnten.

Das COSO ERM-Framework von 2004 war seiner Zeit vielleicht voraus, aber seine Zeit ist längst gekommen. Die große Finanzkrise von 2007–2008 hat die Folgen eines ineffektiven Risikomanagements deutlich gemacht. Vor allem aufgrund der Finanzkrise, die ein Versagen des Risikomanagements im US-Bankensystem darstellte, hat die Glaubwürdigkeit des Risikomanagements mehrere Schritte nach vorne gemacht und wurde als wichtige Disziplin und Unterscheidungsmerkmal für den Schutz, die Schaffung und den Erhalt von Unternehmenswerten anerkannt.

Schließlich sind Organisationen nicht nur dazu da, Werte zu schützen, wie die meisten Organisationen meinen. Sie sind dazu da, Werte zu schaffen und zu realisieren, unabhängig von der Branche, der Geografie oder der Geschäftsstrategie.

Als CEO des IIA trat ich 2009 in den Vorstand von COSO ein und war dort mehr als 10 Jahre lang tätig. Es war eine dynamische Zeit für COSO: 2013 aktualisierten wir den Internen Kontrollrahmen von 1992 und 2017 den ERM-Rahmen. Das aktualisierte ERM-Framework spiegelte eine reifere Wertschätzung der Rolle wider, die das Risikomanagement für den Erfolg einer Organisation spielt. Carol Fox, ehemalige Vizepräsidentin, Direktorin und Vorsitzende bei der Risk and Insurance Management Society, hat in einem Artikel der Zeitschrift *Risk Management* 2018 die wichtigsten Änderungen hervorgehoben.[6]

- **Überarbeitete Definition von Risiko:** Während es in der Fassung von 2004 hieß: "Risiko ist die Möglichkeit, dass ein Ereignis eintritt und das Erreichen von Zielen nachteilig beeinträchtigt", heißt es in der Fassung von 2017: "Risiko ist die Möglichkeit, dass Ereignisse eintreten und das Erreichen von Zielen beeinträchtigen." Beachten Sie die Streichung des Wortes "nachteilig", da das Risiko nicht nur auf den Schutz des Wertes ausgerichtet ist.

- **Erweiterte Vision des Zwecks eines effektiven ERM: Die** Version von 2017 verweist nun auf den Zweck des "Risikomanagements bei der Schaffung, Bewahrung und Realisierung von Werten". In der Zusammenfassung wird das aktualisierte Framework so beschrieben, dass (1) das ERM klarer mit den Erwartungen verschiedener Stakeholder verknüpft wird, (2) das Risiko in den Kontext der Unternehmensleistung gestellt wird (und nicht als isolierte Aufgabe), (3) Organisationen in die Lage versetzt werden, Risiken besser zu antizipieren und ihnen zuvorzukommen, in dem Bewusstsein, dass Veränderungen sowohl das Potenzial für Krisen als auch für Chancen haben, und (4) betont wird, wie ERM die Unternehmensstrategie und -leistung beeinflusst.[7]

- **Neue visuelle Darstellung zur Vermittlung des ERM-Rahmens:** COSO verwarf den Würfel zugunsten einer neuen Struktur mit bunten, ineinander verschlungenen Bändern, die an einen DNA-Strang erinnern. Die neue visuelle Darstellung hebt wirksam hervor, wie die voneinander abhängigen Komponenten und Grundsätze des ERM in die gesamte Organisation eingebettet sind. Ich werde auf dieses Diagramm in Kapitel 8 zurückkommen, wenn ich meine Idee für einen neuen konzeptionellen Rahmen vorstelle, der sich auf eine verstärkte Ausrichtung und Zusammenarbeit zwischen den wichtigsten Risikoakteuren konzentriert.

ISO 31000 Risikomanagement-Leitlinien

COSO war natürlich nicht die einzige Einrichtung, die sich dafür einsetzte, dass Organisationen die Grundsätze eines wirksamen Risikomanagements verstehen und anwenden. Die Internationale Organisation für Normung (ISO) veröffentlichte ihre Richtlinien für das Risikomanagement 31000 erstmals 2009. Wie der uralte Aphorismus besagt, ist Timing alles; dementsprechend wurde die ISO 31000:2009—die mitten in der großen Rezession herauskam, als weithin anerkannt wurde, dass das Risikomanagement versagt hatte— mit großem Beifall aufgenommen.

Die ISO entstand 1946, als Delegierte aus 25 Ländern zusammenkamen, um über die Zukunft der internationalen Normung zu diskutieren. Ziel der Organisation war es, "die Koordinierung und Vereinheitlichung der von ihren Mitgliedern entwickelten Normen zu erleichtern".[8] 1947 wurden 67 technische Komitees in verschiedenen Bereichen mit dem Auftrag gegründet, internationale Normen zu entwickeln; fast 80 Jahre später decken die ISO-Normen die meisten Aspekte von Technologie und Wirtschaft ab. Obwohl die 31000 nur eine von Hunderten von ISO-Normen ist, hat sie sich auf der globalen Bühne als äußerst wirkungsvoll erwiesen.

Das prinzipienbasierte ISO-Framework für das Risikomanagement gibt eine Anleitung für die Gestaltung, Umsetzung, Überwachung und kontinuierliche Verbesserung des Risikomanagements in Organisationen und leitet damit die Entwicklung von Prozessen, Praktiken, Richtlinien und Verfahren zur Unterstützung eines wirksamen Risikomanagements. Da die ISO sich verpflichtet hat, alle ihre Normen aktuell zu halten, um sicherzustellen, dass sie "relevante, nützliche Werkzeuge für den Markt" bleiben, hat die ISO 2018 eine Überarbeitung von 31000 veröffentlicht und dabei „neue Herausforderungen für Unternehmen und Organisationen" wie „die zunehmende Komplexität von Wirtschaftssystemen und neu auftretende Risikofaktoren wie digitale Währungen" angeführt.[9]

Während die ISO-Definition des Begriffs "Risiko" von der Version 2009 bis zur Version 2018 gleich geblieben ist—beide definieren Risiko als "Auswirkung von Ungewissheit auf Ziele" -, enthält die ISO 31000:2018 weitere bemerkenswerte Änderungen. Wie in der Zusammenfassung der ISO erklärt wird, gibt es nun einen "stärkeren Fokus auf die Wertschöpfung als Haupttriebkraft des Risikomanagements" und "mehr strategische Anleitungen . . . , die sowohl die Einbeziehung der Geschäftsleitung als auch die Integration des Risikomanagements in die Organisation stärker betonen."[10]

Konkret gibt die ISO 31000:2018 Hinweise darauf, wie Organisationen "risikobasierte Entscheidungsfindung in die Governance, die Planung, das Management, die Berichterstattung, die Richtlinien, die Werte und die Kultur einer Organisation integrieren können", wobei "das übergeordnete Ziel darin besteht, eine Risikomanagement-Kultur zu entwickeln, in der sich Mitarbeiter und Stakeholder der Bedeutung der Überwachung und des Managements von Risiken bewusst sind".[11] Zu diesem Zweck hat die ISO eine Empfehlung hinzugefügt, dass Organisationen eine formelle Erklärung oder Richtlinie entwickeln sollen, in der die Verpflichtung zum Risikomanagement bestätigt wird und "Autorität, Verantwortung und Rechenschaftspflicht auf den entsprechenden Ebenen innerhalb der Organisation zugewiesen werden und sichergestellt wird, dass die erforderlichen Ressourcen für das Risikomanagement bereitgestellt werden".[12]

Diese bedeutenden Entwicklungen ermutigten die Organisationen, das Unternehmen in einem größeren Zusammenhang zu sehen. Durch diese

Perspektive wurden die Bedrohungen und Chancen von Risiken besser herausgestellt und eine risikobasierte Ressourcenzuweisung unterstützt, und half Organisationen, den direkten Zusammenhang zwischen Risikomanagement und verbesserter Governance und Leistung zu erkennen.

In einem Artikel des Magazins *Risk Management* von Fox (in dem bemerkenswerte Unterschiede zwischen den Aktualisierungen von COSO aus dem Jahr 2017 und ISO aus dem Jahr 2018 aufgezeigt wurden) wird eine weitere wichtige Überarbeitung hervorgehoben: "Der Standard führt das Konzept der Anpassung von Risikomanagement- Frameworks ein, um externen und internen Veränderungen Rechnung zu tragen und das Risikomanagement-Framework in die normalen kontinuierlichen Verbesserungsprozesse einer Organisation einzubeziehen."[13] Diese Ergänzungen sind besonders wichtig, um ein effektives Risikomanagement im modernen Zeitalter zu ermöglichen; ich werde diese Ideen in künftigen Kapiteln noch eingehender behandeln.

Veränderte Erwartungen der Stakeholder

Abgesehen davon, wie sich die Rahmenbedingungen und Leitlinien für das Risikomanagement in den letzten zwei Jahrzehnten entwickelt haben, ist es wichtig zu betonen, wie sich die Erwartungen der Interessengruppen entwickeln.

Risiko- und Prüfungsteams sind per definitionem Kundenbetreuungsfunktionen. Unsere Hauptkunden sind die Aufsichtsräte, Prüfungsausschüsse und Geschäftsleitungen unserer Unternehmen. Wir müssen auch die verschiedenen "Kunden"-Stakeholder (z.B. Investoren, Aktionäre, Kunden, Mitarbeiter, Regulierungsbehörden, Partner) berücksichtigen, denen diese Aufsichts- und Führungsfunktionen verpflichtet sind.

Die größte Herausforderung besteht darin, dass die Erwartungen unserer Kunden aufgrund der sich ändernden Umstände fließend sind. Sie ändern sich zwangsläufig mit den Schwankungen des Risikoumfelds, den sich ändernden Strategien, Prioritäten, Geschäftsmodellen oder der Risikobereitschaft der Unternehmen, dem Druck, dem sie ausgesetzt sind (einschließlich Änderungen im regulatorischen Umfeld), und anderen Faktoren. Dementsprechend ist die Kundenbetreuung eine sich ständig verändernde Gleichung, bei der die Zufriedenheit der Kunden eine Funktion ihrer Erwartungen abzüglich ihrer Wahrnehmungen ist. Wenn sie mehr erwartet haben, als sie erhalten haben, sind sie unzufrieden. Wenn sie weniger erwartet haben, als sie erhalten haben, steigt die Zufriedenheit entsprechend. Um zu verstehen, wie sich das Risikomanagement wandeln muss, um den Anforderungen der modernen Zeit besser gerecht zu werden, muss man daher auch verstehen, wie sich die Kundenerwartungen ändern, und diese ständig neu bewerten.

Die wichtigste Erwartung an dieser Stelle: Die Führungskräfte, Vorstände und Prüfungsausschüsse von heute erwarten mehr von ihren Risiko- und Prüfungsteams. Um die Entscheidungen treffen zu können, die ihren Unternehmen helfen, resilient zu werden und zu bleiben, müssen sie flexibler sein. Das bedeutet, dass ihre Teams für Interne Revision, Risikomanagement, Compliance und Informationssicherheit besser in der Lage sein müssen, aufkommende Risiken zu erkennen und darauf zu reagieren sowie die Hauptrisiken kontinuierlich zu überwachen. Kurz gesagt, alle diese wichtigen Risikobeteiligten müssen zusammenkommen, um ihren Ansatz für das Risikomanagement neu zu gestalten.

Diese wichtigen Risikoteams werden oft als "drei Linien" bezeichnet, was die drei unterschiedlichen Rollen bezeichnet, die sie in Bezug auf das Risikomanagement spielen: Das Management der ersten Linie besitzt und verwaltet die Risiken und Kontrollen; die Teams der zweiten Linie (z.B. Risikomanagement, Compliance, Informationssicherheit) helfen bei der Überwachung und Kontrolle der Effektivität des Risikomanagements und der Kontrollen; und die Interne Revision der dritten Linie liefert unabhängige Sicherheit über die Effektivität des Risikomanagements und der Kontrollen. Der Drei-Linien-Ansatz hat jedoch nicht durchgängig einen ganzheitlichen Ansatz für das ERM unterstützt.

Zu lange setzten viele Organisationen ERM mit einer Risikobewertung gleich, die oft nur einmal im Jahr durchgeführt wurde. Die ERM-Funktion (sofern vorhanden) wurde in der Regel von einer Person oder einem Ausschuss wahrgenommen. Höchstwahrscheinlich jonglierte diese Person oder dieser Ausschuss auch mit anderen Aufgaben. In vielen Fällen fehlte es an der Unterstützung des ERM durch die Geschäftsleitung; einige Führungskräfte betrachteten es lediglich als eine Richtlinie des Vorstands—ein abzuhakendes Kästchen.

Die Führungskräfte von heute wissen es in der Regel besser. In dem beispiellosen Risikoumfeld der 2020er Jahre werden solche "Check-the-Box"-Ansätze die Unternehmen nicht weiterbringen. Wie Peter Bäckman in einem

LinkedIn-Artikel aus dem Jahr 2022 schrieb, "definiert das ERM des einund-zwanzigsten Jahrhunderts das Wertversprechen des Risikomanagements neu, indem es seinen Fokus vom taktischen auf den strategischen Bereich verlagert", so dass Unternehmen in die Lage versetzt werden, Kapazitäten "für den Umgang mit den Risiken, auf die es ankommt" zu planen und umzusetzen.[14]

Die Frage, die wir in diesem Buch gemeinsam zu beantworten versuchen, lautet: Wie muss sich das Risikomanagement entwickeln, um den Anforderungen dieser neuen Realität gerecht zu werden?

Ein Paradigmenwechsel im Zeichen der Wertschöpfung

Der Nordstern, den Fachleute aus allen drei Linien ständig im Auge behalten müssen: Organisationen existieren nicht nur, um Werte zu schützen. Sie werden die entscheidenden Ziele der Organisation nicht erreichen, wenn Sie nur den Wert schützen, den Sie bereits haben. Das wertvolle und wichtigere Ziel ist die *Schaffung von* Werten für die Stakeholder, und das gilt unabhängig von der Art Organisation oder des Sektors, in dem sie tätig ist. Staatliche Stellen zum Beispiel sind auch dazu da, für die Bürger und Steuerzahler, denen sie dienen, Werte zu schaffen.

Herkömmliche Antworten auf das Management von Risiken und Krisen sind nicht mehr praktikabel. Ebenso ist ein Großteil des konventionellen Denkens über Risiken überholt. Ein neues Risikomanagement für das moderne Zeitalter erfordert Kreativität, Aufgeschlossenheit, neue Denkweisen und eine neue Ausrichtung auf die Strategie. Außerdem müssen wir das Risiko in all seinen Dimensionen verstehen und unseren Ansatz anpassen, um den sich wandelnden Bedürfnissen der Beteiligten besser gerecht zu werden.

Dies erfordert nicht weniger als eine echte Veränderung der Art und Weise, wie Unternehmen an das Risikomanagement herangehen. Die Quintessenz ist, dass in diesem Risikoumfeld niemand allein ein wirksames Risikomanagement „betreiben" kann. Für ein wirksames Risikomanagement müssen alle an einem Strang ziehen und zusammenarbeiten, um neue Wege zu finden, unsere verschiedenen Stärken zu nutzen. Wir können uns nicht effektiv für die heutigen Herausforderungen rüsten—ganz zu schweigen von den Risiken, die wir nicht kommen sehen -, wenn wir nicht aktiv Perspektiven, Daten und Erkenntnisse zwischen Internen Revisions-, Risiko-, Compliance- und Informationssicherheit-Teams austauschen.

Die Aufrechterhaltung des Risikobewusstseins wird im heutigen Risikoumfeld immer wichtiger. Es wird nicht leicht sein, diese unsicheren Bedingungen erfolgreich zu meistern. Ein guter erster Schritt auf unserem Weg ist es, uns mit einem klareren Verständnis dessen zu wappnen, was sich in der ersten Hälfte der 2020er Jahre ereignet hat—und noch wichtiger, was wir gelernt haben.

KAPITEL 2

Das Entstehen der Permakrise

Die heutige Risikolandschaft ist so verändert, chaotisch und beispiellos, dass ein neuer Begriff erfunden werden musste, um sie angemessen zu beschreiben: Permakrise. *Collins Dictionary* erklärte "Permakrise" zum "Wort des Jahres 2022" und definierte es als "eine ausgedehnte Periode der Instabilität und Unsicherheit, insbesondere als Folge einer Reihe von katastrophalen Ereignissen".[1] Wie Collins-Geschäftsführer Alex Beecroft treffend feststellte: „Sprache kann ein Spiegel dessen sein, was in der Gesellschaft und der Welt vor sich geht—und dieses Jahr hat eine Herausforderung nach der anderen mit sich gebracht."[2]

Die Welt hat schon immer Krisen gekannt, aber die 2020er Jahre setzen uns einer besonderen Art von Chaos aus. Risikobedingte Störungen waren innerhalb weniger Tage nach Beginn des neuen Jahrzehnts allgegenwärtig. Wir leben nicht in normalen Zeiten, und die Permakrise hat bewiesen, dass sie in noch nie da gewesener Weise Werte vernichten kann. Um zu verstehen, warum sich unser Ansatz für das Risikomanagement ändern muss, müssen wir zunächst die neue Risikolandschaft, in der wir leben, besser verstehen—die Landschaft der Permakrise.

Die erste Hälfte der 2020er-Jahre hat eine bemerkenswerte Reihe monumentaler Risikoereignisse mit sich gebracht. Während sich jede neue Krise entfaltet, ist keine der früheren Krisen völlig verschwunden. Bevor wir die neue Krise diagnostizieren können, sind wir schon bei der nächsten. Wie ich in einem Blog aus dem Jahr 2023 schrieb:

> Wir befinden uns in einer Dauerkrise und wissen nicht, wie wir ihr entkommen können...Risikomanager und Interne Revisoren haben die Aufgabe, Risiken zu bewerten und die Geschäftsleitung und den Vorstand über die Gesamteffizienz des Risikomanagements der Organisation zu beraten. In der Vergangenheit konnten wir darauf vertrauen, dass

die Krisen, mit denen wir konfrontiert waren, lösbar, räumlich und zeitlich begrenzt und manchmal vorhersehbar waren. In einer Landschaft der Permakrisen haben wir diese Zuversicht nicht mehr.[3]

Das Zeitalter der Permakrise ist in der Tat durch immer größere Mehrdeutigkeit und Komplexität gekennzeichnet. Wir müssen diese Herausforderungen als Chancen begreifen. In meinem Seminar "Auditing at the Speed of Risk" betone ich ein Zitat des ehemaligen COSO-Vorsitzenden und langjährigen Risiko—Vordenkers Paul Sobel, das unsere aktuelle Herausforderung perfekt auf den Punkt bringt: "Risiken mögen unbekannt sein, aber sie sind nicht unvorhersehbar". In diesem Sinne werden wir die Realitäten der Permakrise untersuchen.

Vorbemerkungen zur Permakrise

Ende 2019 war die Welt dabei, ein langes Jahrzehnt der Stagnation hinter sich zu lassen.

Die globale Finanzkrise und die anschließende „Große Rezession" haben uns schwierige Lektionen erteilt, aber es folgten wichtige Reformen im Bereich der Banken- und Finanzregulierung. Als Präsident Barack Obama den Dodd-Frank Wall Street Reform and Consumer Protection Act of 2010 (Dodd-Frank Act) unterzeichnete, sagte er bei der Unterzeichnungszeremonie:

> Zwar gab es eine Reihe von Faktoren, die zu einer solch schweren Rezession führten, doch die Hauptursache war ein Zusammenbruch unseres Finanzsystems. Es war eine Krise, die aus einem Versagen der Verantwortung von bestimmten Stellen der Wall Street bis hin zu den Machtzentralen in Washington geboren wurde. Jahrelang unterlag unser Finanzsektor antiquierten und schlecht durchgesetzten Regeln, die es einigen erlaubten, das System zu manipulieren und Risiken einzugehen, die die gesamte Wirtschaft gefährdeten.

> Skrupellose Kreditgeber banden die Verbraucher an komplexe Darlehen mit versteckten Kosten. Unternehmen wie AIG gingen mit geliehenem Geld massive, riskante Wetten ein. Und während die Vorschriften Missbrauch und Exzesse unkontrolliert ließen, mussten die Steuerzahler die Kosten tragen, wenn eine große Bank oder ein Finanzinstitut jemals scheiterte.[4]

Wie Keith Goodwin, Assistant General Counsel der Federal Reserve Bank, in dem Artikel über die Geschichte der Federal Reserve, aus dem ich dieses Zitat entnommen habe, hervorhob, muss man nicht mit Obamas Beschreibung dieser Ursachen übereinstimmen, um zu verstehen, dass sie genau widerspiegelt, wie der Gesetzgeber diese Ursachen wahrgenommen hat, als er den Dodd-Frank Act entwarf. Die Finanzkrise und ihre nachgelagerten Auswirkungen haben deutlich gemacht, dass die Vorschriften manchmal nicht mit den Innovationen und dem Verhalten der Märkte Schritt halten— und dass die Steuerzahler letztlich den Preis dafür zahlen.

Zu Beginn der 2010er Jahre wurde den Unternehmen die Bedeutung des Risikomanagements immer bewusster, wie bereits im vorherigen Kapitel erwähnt. Die Erholung verlief jedoch langsam, und die Wirtschaft blieb schwach. Das Wirtschaftswachstum betrug in den ersten vier Jahren der Erholung durchschnittlich nur etwa 2%, und die Arbeitslosenquote blieb auf einem historisch hohen Niveau. Die Federal Reserve hielt die Zinssätze außergewöhnlich niedrig und erklärte öffentlich ihre Absicht, sie so zu belassen.[5]

Letztendlich erwiesen sich die 2010er Jahre als der längste Wirtschaftsaufschwung aller Zeiten. Wie in einem Reuters-Artikel aus dem Jahr 2019 richtig eingeschätzt wurde, waren ein steigender Aktienmarkt, 110 Monate ununterbrochener Beschäftigungszuwächse und eine sinkende Arbeitslosigkeit nur der eine Teil der Geschichte. Das Wohlstandsgefälle wuchs, die neuen Arbeitsplätze konzentrierten sich auf wenige Gebiete—zwischen 2010 und 2017 wurden schockierende 40 Prozent aller neuen Arbeitsplätze in nur 20 Städten geschaffen—und ein Mangel an zum Verkauf stehenden Häusern machte den amerikanischen Traum für große Teile der Bevölkerung immer unerreichbarer.[6]

Dennoch blickten viele Wirtschaftswissenschaftler, politische Entscheidungsträger, Unternehmer und Vordenker (mich eingeschlossen) optimistisch in die 2020er Jahre. Das kommende Jahrzehnt schien so vielversprechend zu sein, da wir unsere global verbundene Welt durch eine rosarote Brille betrachteten. Um zu verdeutlichen, wie optimistisch ich nur wenige Monate vor COVID war:

- In meinem Blog Audit Beacon 2019 mit **allgemeinen Vorhersagen für die 2020er Jahre, die sich tiefgreifend auf unser Leben auswirken könnten**, ging ich davon aus, dass mehrere

Volkswirtschaften Modelle für ein Grund- oder Universalein-
kommen einführen würden. Ich übernahm auch Vorhersagen, dass
China die USA in Bezug auf das Bruttoinlandsprodukt (BIP) bereits
2020 überholen würde.[7] Offensichtlich ist keine der beiden Vorhersagen eingetreten.

- In meinem Blog Audit Beacon 2019 mit **fünf mutigen Prognosen
für die Interne Revision in den 2020er Jahren** ging ich davon aus,
dass Interne Revisoren endlich ihr "Erbsenzähler"-Image ablegen
würden und dass die öffentlichkeitswirksamen Skandale der
2010er Jahre das Bewusstsein von Regulierungsbehörden und
Gesetzgebern für die wichtige Rolle der Internen Revision im
Dienste des öffentlichen Interesses schärfen würden. Ich war der
Meinung, dass dies das Profil der Internen Revision schärfen, die
Berichterstattung der Unternehmen über das Risikomanagement
verbessern und letztlich die Unternehmensführung insgesamt verbessern würde.[8] Auch daran arbeiten wir noch.

Die vorherrschenden Trends und Bedingungen schienen viel Anlass zu Opti-
mismus zu geben. In einem CNBC-Artikel vom Dezember 2019 hob der
Autor, Journalist und Leiter eines Think Tanks für globale Angelegenheiten
Frederic Kempe hervor, dass der globale Wohlstand steigt: Der Legatum
Prosperity Index besagt, dass das globale Wohlbefinden den höchsten
Stand aller Zeiten erreicht hat, und das in mehr als 88 Prozent der in den
Erhebungen vertretenen Länder. Aus den Daten der Weltbank geht hervor,
dass der Anteil der Weltbevölkerung, der in extremer Armut lebt, den nied-
rigsten jemals verzeichneten Stand erreicht hat. Die Hälfte der Weltbevölkerung lebte nun in Demokratien und konnte als "Mittelschicht" bezeichnet
werden. Es wurde angenommen, dass künstliche Intelligenz (KI) genutzt
werden könnte, um die Gesundheitsversorgung zu verbessern und den Klimawandel zu bekämpfen. Kempe schloss seinen Artikel mit einem Zitat des
Dalai Lama: "Wählen Sie, optimistisch zu sein. Es fühlt sich besser an."[9]

Eintritt der Pandemie

Fast sofort wurde der Schalter umgelegt. Das Auftreten der COVID-19-
Pandemie Anfang 2020—die schlimmste Pandemie, die die Welt seit mindestens einem Jahrhundert gesehen hat—veränderte für immer, was wir
über die Zukunft zu wissen glaubten.

COVID-19 hat ein für alle Mal gezeigt, wie verbunden und voneinander abhängig unsere Welt geworden ist. Risikobehaftete Ereignisse lassen sich nicht mehr eingrenzen. Alles hängt mit allem zusammen. Während wir diese Verflechtung weitgehend als positiv angesehen haben, hat COVID-19 gezeigt, wie diese Ereignisse schnell den Weg des geringsten Widerstands finden und sich ihren Weg um die Welt bahnen können, wobei sie eine immer breitere Schneise der Verwüstung hinterlassen.

Die Welt konzentrierte sich zunächst auf die Auswirkungen auf die Gesundheit, da die Bevölkerung darum kämpfte, die Übertragung zu verstehen und herauszufinden, wie die Ausbreitung der tödlichen Krankheit am besten gestoppt werden konnte, während gleichzeitig die schnell wachsende Zahl der Infizierten behandelt werden musste—und zu erkennen, dass sehr viele Menschen in kurzer Zeit starben. In einer Analyse von *Nature* vom April 2020 über die ersten drei Monate von COVID-19 wurde festgestellt, dass sich die Pandemie bereits in fast allen Regionen der Welt ausgebreitet hatte.[10] *Euronews* berichtete im April 2020, dass mehr als 3,9 Milliarden Menschen—die Hälfte der Weltbevölkerung—unter Hausarrest stehen, weil sie aufgefordert oder sogar angewiesen wurden, zu Hause zu bleiben, um die Ausbreitung von COVID-19 zu verhindern.[11]

Letztendlich führte die Pandemie zu den meisten gleichzeitigen Betriebsschließungen in der Geschichte.

Was wären die wirtschaftlichen Folgen eines globalen Shutdowns? Wie könnten Regierungen ihre Bürger und Unternehmen unterstützen? Wann sollten die Shutdowns gelockert werden und welche Maßnahmen wären erforderlich? Was würde als nächstes kommen? Da die Antworten auf diese Fragen nicht bekannt waren, versuchten Regierungen und Gesundheitsorganisationen weltweit einfach ihr Bestes. Dutzende von Ländern finanzierten Konjunkturprogramme und investierten jeweils Billionen. Die Volkswirtschaften erholten sich kräftig, aber wie auf einem Trampolin, mit einem solchen Schwung, dass viele schnell überhitzten.

Gleichzeitig hatte die Pandemie die globalen Lieferketten, Arbeitsplätze und Talentpools bereits stark beeinträchtigt. Da ein Großteil der Welt zu Hause blieb, verlagerte sich die Verbrauchernachfrage von Dienstleistungen auf Waren, was den Inflationsdruck auf Waren deutlich erhöhte. In ihrer Analyse der Ursachen der pandemiebedingten Inflation in den USA kamen der ehemalige Vorsitzende der US-Notenbank, Ben Bernanke, und der französische

Wirtschaftswissenschaftler und Autor Olivier Blanchard zu dem Schluss, dass Schocks bei den Lebensmittel- und Energiepreisen sowie die kombinierten Auswirkungen von Engpässen aufgrund von Unterbrechungen der Versorgungskette und die gestiegene Nachfrage nach Gebrauchsgütern die Hauptursachen für die Inflation zwischen 2020 und 2022 waren.[12] Wie dem auch sei, die durchschnittliche Inflationsrate in den USA erreichte Mitte 2022 den höchsten Stand seit 40 Jahren.[13]

Eine verbundene Kette

Von 2021 bis Anfang 2022 traten zahllose weitere unvorhergesehene Risiken auf. Die „Great Resignation"—überwiegend ein amerikanisches Phänomen—führte dazu, dass Mitarbeiter freiwillig ihren Arbeitsplatz verließen. Gesundheits- und Sicherheitsbedenken, schlechte Bezahlung, allgemeine Unzufriedenheit, fehlende Sozialleistungen, begrenzte Möglichkeiten und mangelnde Flexibilität oder Vereinbarkeit von Beruf und Familie waren die Ursachen. Meine eigene Entscheidung, nach 12 Jahren als CEO des IIA zurückzutreten, wurde durch den Wunsch nach einem Tapetenwechsel im Zuge der Pandemie beeinflusst. Obwohl der Trend Ende 2021 seinen Höhepunkt erreichte, sind die Folgen noch nicht überwunden; wir werden auf diese Auswirkungen in Kapitel 5 zurückkommen.

Dann, gerade als die Länder glaubten, COVID-19 unter Kontrolle zu haben und sich auf die Bewältigung des makroökonomischen Drucks konzentrieren zu können, marschierte Russland im Februar 2022 in die Ukraine ein und machte Europa zum Schauplatz des größten Krieges in der Region seit 80 Jahren.

Neben dem Verlust von Menschenleben, der Vertreibung von Millionen Menschen und der tiefgreifenden Zerstörung der Infrastruktur hat dieses verheerende Ereignis eine ganze Reihe neuer Risiken mit sich gebracht: massive Störungen der Lieferketten, darunter auch des globalen Energiemarktes und der Lebensmittelversorgung. Stark belastete internationale Beziehungen. Plötzlicher Druck, Geld und Aktivitäten aus Russland abzuziehen, sodass viele Unternehmen sich entschlossen, ihre russischen Niederlassungen zu veräußern, zu verlegen oder zu schließen. Vertreibung hochqualifizierter Arbeitskräfte aus Russland, von denen viele für Untemehmen mit Sitz in anderen Teilen der Welt tätig waren. Erhöhte Cybersicherheitsrisiken aus Russland. Verstärkte Besorgnis über die Sicherheit von Kernkraftwerken und sogar die Gefahr eines Atomkrieges. Weltweite Verunsicherung und Unsicherheit.

Im Laufe des Jahres 2022 hatten die Regulierungsbehörden und Organisationen in den USA auch zu Hause neue Sorgen, da das Bankensystem erneut unter Druck geriet. Als die Federal Reserve die Zinssätze anhob, um die steigende Inflation zu bekämpfen, verloren Staatsanleihen an Wert. Wie Pew Research dokumentierte, verloren die großen Bestände an Staatsanleihen der Silicon Valley Bank (SVB) an Wert, während die Finanzierung von Startups versiegte und immer mehr Kunden der SVB ihr Geld abzogen. Nachdem die SVB ihr gesamtes Anleiheportfolio veräußert hatte, um ihre Bilanz zu stützen, gerieten die Kunden in Panik und zogen ihr Geld schneller ab, was schließlich Anfang 2023 zur Insolvenz der Bank führte.[14]

Die SVB war nur die erste Bank, die fiel. Die Signature Bank scheiterte weniger als 48 Stunden später und die First Republic Bank einen Monat später. Diese scheinbare Ansteckung mit Bankenzusammenbrüchen erschütterte das Vertrauen der Verbraucher in die Stabilität des Bankensystems und setzte die Federal Reserve erneut unter Druck, das angeschlagene System zu stützen. Die Nation schwankte zwischen der Sorge um die Inflation und der Suche nach Anzeichen einer Rezession.

Ende 2023 waren die Bankenkrise und die Rezessionssorgen jedoch wieder zweitrangig, als im Nahen Osten der heftigste Krieg seit 50 Jahren ausbrach. Wie der Krieg zwischen Russland und der Ukraine hatte auch der Konflikt zwischen der Hamas und Israel zahllose direkte und indirekte Auswirkungen, die in der ganzen Welt zu spüren waren. Die unbestreitbare humanitäre Krise bedeutet, dass der Druck auf die Regierungen der Welt wächst, einzugreifen. Wie auch immer der Ausgang und die Folgen des Krieges zwischen Israel und der Hamas sein werden, der Krieg hat einen weiteren Riss verursacht, durch den die Welt eine zunehmende Polarisierung erfährt.

Im gleichen Zeitraum nahm der Einsatz generativer KI exponentiell zu. ChatGPT, das im November 2022 sein aufsehenerregendes öffentliches Debüt feierte, rückte KI endgültig ins Rampenlicht. Einzelpersonen und Organisationen begannen, das Potenzial der KI mit großem Optimismus zu erforschen—oft ohne die Risiken abzuschätzen und ohne eine angemessene Governance zu schaffen. Wir werden die zunehmend erschütternden Auswirkungen der KI im weiteren Verlauf noch genauer untersuchen.

Darüber hinaus wurden in diesem Zeitraum auch die rechtlichen Rahmenbedingungen und Anforderungen in Bereichen wie Datenschutz, Cybersicherheit sowie Umwelt-, Sozial- und Unternehmensführung (ESG) rapide ausgeweitet. Wie wir in Kapitel 4 näher erläutern werden, erhöht diese Vielzahl neuer Anforderungen den Aufwand und die Komplexität der Compliance, die potenziellen Risiken und Kosten, die mit der Nichteinhaltung von Vorschriften verbunden sind, sowie die Belastung der ohnehin schon knappen Risikomanagement-Ressourcen von Unternehmen.

Diese verbundene Kette von Risiken und Krisen ist unendlich. Sie umschließt die Welt und zieht sich immer enger zusammen.

Diese volatilen Momente verbinden sich. sie werden zu einem Monat, einem Jahr, einer Ära. Die Ära der Permakrise verlangt von uns, dass wir uns und unsere Organisationen strategisch so aufstellen, dass sie nicht nur erfolgreich sind, sondern auch überleben.

Die neue Realität des Risikomanagements

Die erste Hälfte der 2020er Jahre hat uns eine tiefgreifende und unvergessliche Lektion über die Welleneffekte des Risikos und letztlich über die Geschwindigkeit der Risiken- und der Wertvernichtung erteilt. Auch wenn dieser Bericht, der auf wenige Seiten beschränkt ist, nicht alle Aspekte aufzeigen kann, zeichnet er doch ein überzeugendes Bild einer völlig neu gestalteten Risikolandschaft. Während die Welt das Schlimmste der Pandemie selbst in Schach halten konnte, setzte die Pandemie Kräfte frei, die sich niemand vorstellen konnte, und verursachte Auswirkungen, die wir noch jahrelang spüren werden. Neben diesen Auswirkungen haben unvorhergesehene geopolitische Entwicklungen ein Risikoumfeld mit außerordentlicher Unsicherheit geschaffen.

Diese harte Lektion über die weitreichenden Auswirkungen von Risiken verkörpert die neue Realität des Risikomanagements: Unternehmen müssen die Risikokette besser verstehen, überwachen und auf sie reagieren, während sie sich entfaltet. Welche potenziellen Bedrohungen und Chancen ergeben sich aus jeder neuen Krise? Wie können wir nach dem Eintreten eines bedeutenden Störfalls die nachgelagerten Auswirkungen planen? Und was vielleicht am dringlichsten ist: Wie können wir die Risiken vorhersehen, die als nächstes auftreten werden?

Keine Krise wird wie die letzte sein. Es gibt kein Drehbuch. Anstatt zu versuchen, neue Drehbücher zu schreiben, die schnell wieder veraltet sein werden, müssen wir das Problem anders angehen. Um zu verstehen, wie das geht, können wir zunächst von den Erfahrungen der Organisationen lernen, für die sich das Risikomanagement in der ersten Hälfte der 2020er Jahre als entscheidend erwiesen hat.

KAPITEL 3

Die Geschwindigkeit von Risiko und Wertvernichtung

Die erste Hälfte der 2020er Jahre war von einem einzigartigen, unvorhersehbaren Risikoumfeld geprägt, in dem die Risikogeschwindigkeit und -volatilität schneller als je zuvor zunahm. Wir haben unbekanntes Terrain betreten, aber wir müssen trotzdem unseren Weg finden. Um sich in diesem Umfeld erfolgreich zu behaupten, ist ein vertieftes Verständnis der Geschwindigkeit von Risiken und Wertvernichtung erforderlich, das einen umfassenden Einblick in die Realitäten des Geschäftslebens ermöglicht

Die Fähigkeit eines Unternehmens, chaotischen Bedingungen zu widerstehen, hängt oft vom Risikomanagement ab. Während viele etablierte Unternehmen eine hohe Insolvenzrate aufweisen—S&P Global meldete für das Jahr 2023 insgesamt 642 Konkursanmeldungen, die höchste Zahl seit 2010–, erzielen andere Unternehmen bessere Ergebnisse als erwartet.

In diesem Kapitel werden einige dieser Narrative untersucht, wobei die Rolle des Risikomanagements beim Niedergang oder Erfolg der jeweiligen Organisation im Mittelpunkt steht. Um das Thema richtig einzuordnen, müssen wir jedoch zunächst den Hintergrund beleuchten: die Vielzahl starker Faktoren, die Risikogeschwindigkeit und -volatilität vorantreiben.

Faktoren, die Risikogeschwindigkeit und Volatilität beeinflussen

Wenn ich über das heutige Risikoumfeld spreche, verwende ich oft den Begriff „Risikogeschwindigkeit und Volatilität" (RV)[2], um die sich verstärken-

Abbildung 3–1
Faktoren der Risikogeschwindigkeit

Kultur und Prozesse
z.B. eine Kultur, die Transparenz, Agilität und
Verantwortlichkeit fördert erlaubt schnellere Identifikation

Informationsfluss
Schnelligkeit und Genauigkeit des
Informationsflusses beeinflusst die Geschwindigkeit

Art des Riskos
Manche Risiken, z.B. Technologie, haben von Grund aus
eine größere Geschwindigkeit

Verknüpfung
z.B. Unterbrechungen der Lieferkette haben rasch
vielfachen Einfluss auf die Stakeholder

Gestaltung des Risk Managements
Proaktive Identifikation, wirkungsvolle Milderung, agiles
Reagieren reduziert die Geschwibdigkeit

Technologie und Innovation
Fortschritte in beiden kann die Risikominderung
beschleunigen

Äußere Einflüsse
Änderungen des Marktes und der Regulatorien, geopolitische
Ereignisse und andere Faktoren können die Risikogeschwindigkeit
beschleunigen oder verlangsamen

Die Geschwindigkeit des Risikos

den Auswirkungen dieser beiden Faktoren zu beschreiben. Wenn wir uns bemühen, die wirtschaftlichen, ökologischen, geopolitischen, gesellschaftlichen, technologischen, finanziellen, operativen und strategischen Risiken von Unternehmen zu verstehen, ist es hilfreich, die vielen Faktoren zu kennen, die jedes einzelne Risiko beeinflussen können.

Die Risikogeschwindigkeit ist die Geschwindigkeit, mit der sich Risiken innerhalb eines Systems, einer Organisation oder eines Projekts verändern oder entwickeln. Abbildung 3–1 veranschaulicht einige der wichtigsten Faktoren.

Risikovolatilität ist der Grad der Variabilität oder Fluktuation des Risikoniveaus innerhalb eines Systems oder Umfelds im Laufe der Zeit. Abbildung 3–2 zeigt die wichtigsten Faktoren, die die Risikovolatilität beeinflussen.

Einsatz von RV²zur Planung und Überwachung

Die Bemühungen, die treibenden Faktoren hinter Risikogeschwindigkeit und Volatilität zu verstehen, sind vergleichbar mit der Vorhersage des Wetters. Wir können nicht warten, bis wir den Donner hören oder die Sturmflut sehen,

Abbildung 3–2
Faktoren der Risikovolatilität

um einzuschätzen, dass ein Unwetter aufzieht. Stattdessen müssen wir lernen, die sich verändernden Wettermuster zu beobachten und zu interpretieren und die frühen Warnzeichen eines herannahenden Sturms zu erkennen.

Ich habe oft von Internen Revisoren und Risikomanagern als den "Meteorologen" des Risikomanagements in Unternehmen gesprochen. Genauso wie Meteorologen mit ihrem Fachwissen das Herannahen von Hurrikans, Tornados, Schneestürmen und anderen Stürmen erkennen und überwachen mit Hilfe der von ihnen eingesetzten Methoden und Technologien, müssen Audit- und Risikofachleute ihr Verständnis der Risiken mit Strategien für die Überwachung verbinden, um die Frühwarnzeichen aufkommender Risiken zu erkennen und zu verstehen. In beiden Fällen besteht das Ziel darin, das Risiko beginnender "Stürme" weit hinter dem sichtbaren Horizont zu erkennen.

Die Permakrise ist das gewaltigste und unvorhersehbarste Sturmmuster, das wir je erlebt haben. Das entbindet uns nicht davon, unser Bestes zu tun, um zu antizipieren, was als Nächstes kommen wird.

Zugegeben, es ist keine Kleinigkeit, sich einen Überblick über die vielen verschiedenen Faktoren zu verschaffen, die den RV^2 antreiben.[1] Zumindest kann das Verständnis der Kategorien Organisationen helfen, ihre Überwachungsbemühungen zu lenken und entsprechend zu planen. Kapitel 4 verweist auf mehrere externe Quellen, die in die Überwachung einbezogen werden können, um rechtzeitig vor den wichtigsten Risiken und Einflussfaktoren zu warnen. Kapitel 13 befasst sich mit spezifischen Strategien zur kontinuierlichen Risikoüberwachung.

Der springende Punkt ist, dass das Verständnis des ungeheuren Potenzials der Permakrise für die Vernichtung von Werten—aber auch der Schaffung von Werten—die Berücksichtigung von Risikogeschwindigkeit und Volatilität voraussetzt. Doch allgemeine Kategorien und Wetteranalogien können uns nur bedingt weiterhelfen. Daher müssen wir untersuchen, wie bestimmte Unternehmen die Stürme der Permakrise überstanden haben. Was können wir über die Geschwindigkeit des Risikos und der Wertvernichtung lernen, wenn wir die Permakrisen der letzten fünf Jahre genauer betrachten?

Fallstudien zur Wertvernichtung

Zahllose Organisationen haben die risikobedingten Störungen in der ersten Hälfte der 2020er Jahre nicht überlebt. In vielen Fällen waren pandemische Schließungen ein wesentlicher Faktor. Das Gastgewerbe wurde hart getroffen: Restaurants litten oder mussten schließen, Touren und Reisen wurden abrupt gestrichen, Kreuzfahrten verwandelten sich in Quarantänen, und Hotels, die verzweifelt nach Kunden suchten, führten Massenentlassungen durch und schlossen in einigen Fällen für immer. Theater, Museen und andere Unterhaltungseinrichtungen waren gezwungen, zu schließen, und Heerscharen von Künstlern, Darstellern und Personal wurden plötzlich arbeitslos. Es überrascht nicht, dass auch Einkaufszentren und Einzelhändler hart getroffen wurden. Einzelhändler wie JCPenney, J.Crew und Tailored Brands (Eigentümer von Men's Wearhouse und Jos. A. Bank) litten zum Beispiel sehr darunter, dass die Arbeitskräfte zu Hause blieben und die Nachfrage nach Arbeitsbekleidung einbrach. Online-Shopping hatte das Vermögen und die Zukunft dieser Einzelhändler bereits beeinträchtigt, aber es waren die wirtschaftlichen Auswirkungen der Pandemie, die alle drei dazu veranlassten, Konkurs anzumelden[2]. (Anmerkung: Alle haben den Konkurs später überstanden.)

Die Gründe für das Scheitern anderer Organisationen sind jedoch undurchsichtiger und uneinheitlicher. Wie die in den vorangegangenen Kapiteln erwähnten Misserfolge im Bankensektor zeigen, geht es fast immer um das Risikomanagement. Wir haben vier Fälle ausgewählt, um sie zu veranschaulichen.

Bed Bath & Beyond

Bed Bath & Beyond ist natürlich ein weiteres Einzelhandelsunternehmen, das die Pandemie bekanntlich nicht überlebt hat. Aber sein Risikomanagement versagte bereits jahrzehntelang, bevor das Unternehmen im April 2023 Konkurs anmeldete und seine Absicht bekannt gab, alle verbliebenen Standorte zu schließen.

Das 1971 gegründete Unternehmen Bed Bath & Beyond war die meiste Zeit seiner 52 Jahre eine Supermacht in Sachen Heimtextilien. Nachdem das Unternehmen 1992 an die Börse gegangen war, konnte es laut CBS News "15 Jahre lang Gewinne erzielen, die den Erwartungen der Wall Street entsprachen oder sie sogar übertrafen"[3] und zählte zu den Stars unter den Fortune 500 und Forbes Global 2000.

In den frühen 2000er Jahren jedoch nahm das Online-Shopping Fahrt auf. E-Commerce-Websites wie Amazon versprachen niedrigere Preise, mehr Auswahl und die Möglichkeit, Ihre Badematte oder Ihren Mixer bequem von zu Hause aus zu kaufen (und zurückzugeben).

Doch während Online-Shopping exponentiell zunahm, reagierte Bed Bath & Beyond nur langsam. Wie eine Post-Mortem Analyse von From bewertet:

> Das Unternehmen hat zwar schon früh einige Schritte in Richtung Digitalisierung unternommen—die Website ging 1999 online -, aber es wurden keine größeren Investitionen getätigt, um den Kunden ein besseres Online-Erlebnis zu bieten. Sie konnten nicht vorhersehen, wie stark sich die Digitalisierung auf ihre Branche auswirken würde.

> Das gab auch der Mitbegründer von Bed Bath & Beyond, Warren Eisenberg, zu: "Wenn Sie mir sagen würden, dass einige meiner Enkelkinder alle ihre Kleider im Internet kaufen, würde ich sagen: 'Die Leute gehen

gerne einkaufen. Das ist eine soziale Angelegenheit.' Wir haben nicht schnell genug erkannt, dass das Internet einen so großen Einfluss auf den Einzelhandel haben würde."[4]

Tatsächlich übernahm Bed Bath & Beyond immer mehr stationäre Einzelhändler, darunter Harmon Face Values, Buy Buy Baby und Cost Plus World Market. Laut Statista erreichte Bed Bath & Beyond im Jahr 2018 mit mehr als 1.550 Filialen weltweit einen Höchststand.[5]

Wie CBS News berichtet, war ein ehemaliger CEO von Bed Bath & Beyond (der das Unternehmen seit 2003 geleitet hatte) Teil des Problems. Er war unerbittlich "altmodisch" und nicht bereit, seine Taktik oder Strategie anzupassen. Als Bed Bath & Beyond 2019 einen neuen CEO einsetzte, war das Unternehmen bereits zu weit zurückgefallen, um den Rückstand aufzuholen. Der neue CEO unternahm große Schritte, darunter die Neugestaltung des Aussehens der Läden und die Reduzierung der Warenmenge in den Regalen. Außerdem initiierte er einen Aktienrückkauf in astronomischer Höhe von 625 Millionen US-Dollar, der die Lieferanten des Unternehmens aufschreckte, die befürchteten, dass das Unternehmen nicht genug Geld haben würde, um sie zu bezahlen. Die Lieferanten schränkten ihr Geschäft ein, so dass die verbleibenden Kunden von Bed Bath & Beyond nur noch wenig Ware kaufen konnten und viele Gründe hatten, unzufrieden zu sein.[6]

Das alles geschah jedoch in den zwei Jahren *vor der* Pandemie. Als die Pandemie ausbrach und die Nachfrage nach Einrichtungsgegenständen in die Höhe schoss, entschieden sich nur sehr wenige Menschen für die suboptimale Einzelhandelswebsite von Bed Bath & Beyond.

Natürlich gibt es noch mehr zu der Geschichte zu sagen. Wie in einem Artikel der Wharton Business School beschrieben, experimentierte der neue CEO mit Eigenmarkenprodukten—eine Strategie, die ihm während seiner Amtszeit bei der Target Corporation gute Dienste geleistet hatte -, die jedoch von minderer Qualität waren und eine entsprechende Marketingkampagne nach sich zogen. Außerdem reduzierte und verschärfte er die Beschränkungen für die populären und beliebten Coupons des Unternehmens. Wie die Wharton-Marketingprofessorin Barbara Kahn erklärte:

Die Verbraucher suchten bei BBB nach den nationalen Marken und erkannten oder vertrauten den Eigenmarken einfach nicht. Probleme in der Lieferkette während der Pandemie waren nicht gerade hilfreich. BBB schaffte auch seine Coupons ab, deren Verwendung die Verbraucher in den Laden lockte. Ohne diese Coupons als Auslöser für einen Einkaufsbummel ging die Kundenfrequenz zurück...Die Strategien der Eigenmarken und die geringere Abhängigkeit vom Couponing sollten zweifellos die Gewinnspannen verbessern, doch stattdessen sanken die Umsätze.[7]

Bed Bath & Beyond litt auch unter einer umstrittenen Unternehmensführung vor dem Abgang des vorherigen CEO. Medienberichten zufolge hatte Bed Bath & Beyond zwei Einzelhandelsgeschäfte übernommen, die von Kindern der Unternehmensgründer gegründet worden waren. Eine Gruppe von aktivistischen Investoren bezeichnete die Übernahmen im Jahr 2019 als Vetternwirtschaft und prangerte die Übernahme als schlechte Geschäftspraktiken an. Die Anfechtung führte zum Rücktritt von fünf Direktoren, zur Umstrukturierung des Vorstands und zum Rücktritt des CEO.

All diese Versäumnisse im Risikomanagement und mehr führten schließlich zum Konkurs des Einzelhändlers. Im Jahr 2020—dem ersten Jahr der Pandemie—begann es mit dem Verkauf von Tochtergesellschaften und der Schließung Hunderter von Geschäften. Das Ausbluten ging weiter. Das Unternehmen ersetzte den neuen CEO und kündigte weitere Entlassungen und Ladenschließungen an.

Der Online-Händler Overstock.com erwarb das geistige Eigentum des Unternehmens, einschließlich seiner Marken, in einer Konkursauktion. Am Tag der Bekanntgabe der Übernahme stiegen die Aktien von Overstock um mehr als 17 Prozent.[8] Mit anderen Worten: Bed Bath & Beyond—der große Einzelhändler, der vor allem deshalb nicht florierte, weil er nicht in den Aufbau einer E-Commerce-Präsenz investiert hatte—"überlebt" heute als E-Commerce-Website.

WeWork

WeWork beantragte im November 2023 Insolvenz nach Chapter 11. Das einst vielversprechende Unternehmen ist schwer gestürzt. Wie Reuters berichtete, war das im Silicon Valley ansässige WeWork zu einem bestimmten Zeitpunkt das wertvollste Startup in den USA mit einem geschätzten Wert von 47 Milliarden US-Dollar und begeisterten Investoren wie SoftBank, Benchmark und JPMorgan Chase.[9]

Das Geschäftsmodell von WeWork war bei seinem Debüt im Jahr 2010 bahnbrechend. Das Unternehmen versuchte, den Büromarkt zu revolutionieren.

Es übernahm langfristige Mietverträge für große Büroimmobilien und vermietete die Räume an mehrere Unternehmen mit kürzeren, flexibleren Mietverträgen, als es die traditionelle Bürovermietung zuließ. Das Angebot war sowohl für kleine als auch für große Unternehmen attraktiv:

Kleinere Unternehmen schätzten die Möglichkeit, ihre Büroflächen zu vergrößern oder zu verlegen, wenn sie wachsen, und größere Unternehmen genossen es, ohne die Last des Immobilienbesitzes zu arbeiten und insgesamt flexiblere Bedingungen zu haben.

In der Tat ein vielversprechendes Geschäftsmodell. Was lief also schief? Der Niedergang von WeWork ist in erster Linie eine Geschichte des Versagens des strategischen Risikomanagements—sowohl seitens WeWork selbst als auch seitens seiner Investoren. In der Reuters-Analyse wird der Investor Steve Clayton zitiert, der unverblümt feststellte: "Das Unternehmen war das Produkt eines Booms, und während eines Booms ignorieren die Investoren die blinkenden Warnleuchten. "Charismatischer CEO" ist ein Begriff, der jedem Investor Angst einjagen sollte."[10]

Der fragliche „charismatische CEO" brachte ungebremsten Ehrgeiz, exzentrische Führungsqualitäten und Mängel in der Unternehmensführung mit sich (einschließlich angeblicher Interessenkonflikte wie die Vermietung von Gebäuden, die ihm gehörten, an WeWork, die Entlassung von Mitarbeitern ohne triftigen Grund und vieles mehr), was schließlich zu seiner Entlassung im Jahr 2019 führte. Er mag zwar die Investoren begeistert haben, aber ihm und seinem Führungsteam fehlte ein langfristiger strategischer Plan, um die Flächen zu füllen, die das Unternehmen weltweit sehr aggressiv angemietet hatte. Der CEO sprach von einer Ausweitung des Geschäfts auf Wohngebäude und Schulen. Die Prognosen von WeWork waren jedoch zu optimistisch, es fehlte ein Weg zur Rentabilität, und die Präsentationen für Investoren stellten die Art des Geschäfts und seine Gewinne falsch dar.[11]

Das Unternehmen war überbewertet, überschuldet und verlor schnell Geld—Fakten, die vielen bereits bekannt waren. Im Jahr 2017 nannte das *Wall Street Journal* das "20-Milliarden-Dollar-Startup, das von Feenstaub angetrieben wird"[12], und man hätte annehmen können, dass kluge Investoren sich fernhalten würden. Das taten sie aber nicht. Obwohl der gescheiterte Börsengang 2019 ein Debakel war und wichtige Investoren—darunter auch SoftBank—den CEO anschließend hinauswarfen, investierte SoftBank weiterhin Milliarden.

Dann kam die Pandemie. Wie NPR berichtete, hatte das Unternehmen bis 2021 herkömmliche Führungskräfte aus der Immobilienbranche eingestellt, um das Unternehmen zu leiten.[13] Die Nachfrage nach Büroflächen sank nach der COVID-Krise, aber auch die Kunden von WeWork kündigten einfach ihre Verträge. Bedauerlicherweise hatte das Unternehmen bereits so viele Büroflächen weltweit angemietet, dass ein Großteil davon leer stand. Die Schulden türmten sich, und das Geld ging aus. SoftBank leitete eine Rettungsaktion ein, aber da die Zinssätze stiegen, die Kreditaufnahme teurer wurde und WeWork weiterhin Barmittel verbrannte, gab es keinen anderen Ausweg als den Konkurs—was für SoftBank vielleicht die größte Hoffnung ist, einen Teil der verlorenen Milliarden wiederzubekommen.[14]

Peloton

Das Fitnessunternehmen Peloton hat in den letzten Jahren sowohl Höhen als auch Tiefen erlebt. Peloton, das einst als "Apple der Fitness" bezeichnet wurde, erlebte schon früh eine steile Wachstumskurve und erreichte den Status eines „Unicorns" mit einer Bewertung von USD 1,25 Milliarden im Jahr 2017.[15] Jetzt ist die Zukunft des Unternehmens selbst in Frage gestellt.

Wie CNBC's Make It erklärte, war einer der Peloton-Mitbegründer im Jahr 2011 eine vielbeschäftigte Führungskraft bei Barnes & Noble, als er einem ehemaligen Kollegen (der ein weiterer Mitbegründer wurde) die Idee vorstellte, dass "Technologie es Menschen, die wenig Zeit haben, ermöglichen könnte, die volle Erfahrung des Trainings in einem High-End-Radstudio zu Hause zu machen". Er selbst war frustriert, weil er das Training nicht in seinen Zeitplan einbauen konnte, und so entstand die Idee eines Heimtrainers mit einem Bildschirm, der Radfahrkurse live streamt. Die beiden gründeten Peloton 2012 zusammen mit drei weiteren Mitbegründern. 2013 hatten sie einen Prototyp, eine erfolgreiche Kickstarter-Kampagne und ein wachsendes Kundeninteresse. Die Verkäufe begannen 2015, und innerhalb weniger Jahre hatten sie mehrere lukrative Finanzierungsrunden und eine kleine, aber leidenschaftliche Schar von Peloton-Fans.[16]

Das vertikal integrierte Unternehmen stellt seine eigene Software und Hardware her und produziert seine eigenen virtuellen Kurse. Peloton hat auch eine Reihe von beliebten Radfahrlehrern eingestellt, die eine treue Fangemeinde haben.

Obwohl sich viele über den hohen Preis der Fahrräder lustig machten, waren die Verkaufszahlen so hoch, dass das Unternehmen 2019 mit einer Bewertung von 8,1 Milliarden USD an die Börse ging. Als COVID-19 einschlug, die Fitnessstudios schloss und alle zu Hause blieben, stiegen die Verkaufszahlen weit über die Erwartungen hinaus an. Wie CNBC berichtete, sagte der CEO von Peloton den Mitarbeitern, dass dies erst der Anfang sei, und operierte mit dem, was ein ehemaliger Mitarbeiter als "blinden Optimismus" bezeichnete. Peloton stellte aggressiv ein, entwickelte neue Produkte und zahlte exorbitante Kosten, um Fahrräder ungeachtet der Hürden der Pandemie auszuliefern, und gab zeitweise fast 500 Dollar pro letzter Meile aus. Peloton gab an, dass sein Umsatz im November 2020 im Vergleich zum Vorjahr um 232 Prozent auf 757,9 Millionen US-Dollar gestiegen ist.[17]

Leider konnten sie aufgrund von Unterbrechungen in der Lieferkette weder mit der Nachfrage noch mit der Qualität mithalten. Die Lieferungen verzögerten sich um Monate, und die ausgelieferten Fahrräder wiesen häufig technische Probleme auf. Peloton investierte im Dezember 2020 100 Mio. USD in Versandlösungen und im Mai 2021 400 Mio. USD in eine große Fabrik in Ohio, um die Produktion zu sichern. Aber das Unternehmen verlor schnell Geld, und als Impfstoffe verfügbar wurden, sank die Nachfrage.

CNBC zitierte einen ehemaligen Peloton-Designer mit den Worten: "Ich glaube, wir waren alle berauscht von dem Wachstum, das Covid brachte, und niemand hielt inne, um sich zu fragen: Hey, vielleicht ist das ein Spiel der Reise nach Jerusalem, und was passiert, wenn die Musik aufhört?"[18]

Gleichzeitig verursachten die Laufbänder von Peloton schwere Verletzungen bei Menschen und Haustieren, darunter Knochenbrüche und Verbrennungen. Ein Kind starb, nachdem es unter ein Laufband gezogen wurde. Die U.S. Consumer Product Safety Commission warnte, das Produkt nicht mehr zu benutzen, und Peloton lehnte zunächst die Aufforderung der Kommission ab, die Produkte zurückzurufen. Letztendlich rief das Unternehmen die Laufbänder zurück und gewährte Rückerstattungen, doch sein Ruf litt darunter.

Peloton entließ im Februar 2022 2.800 Mitarbeiter und sein CEO—der ursprüngliche Visionär von Peloton—trat zurück. Unter der Leitung eines neuen CEO begann das Unternehmen mit der Erprobung neuer Preisstrukturen und Abonnementmodelle, senkte die Preise für Fahrräder und Laufbänder und konzentrierte sich auf die Verbesserung der vorhandenen Hardware. Dennoch verzeichnete Peloton Ende Juni 2022 einen Nettoverlust von 2,83 Mrd. USD.[19] Im Mai 2023 musste das Unternehmen einen weiteren Sicherheitsrückruf verkraften, diesmal bei Fahrrädern; zwei Monate später kündigte das Unternehmen den Abbau weiterer 800 Stellen und Pläne zur Auslagerung an. Der neue CEO trat im Mai 2024 zurück, und im Juni war die Marktkapitalisierung von Peloton auf 1,3 Mrd. USD gesunken.

Eine bleibende Lehre aus der Geschichte von Peloton ist, dass Erfolg nie als selbstverständlich angesehen werden darf. Unternehmen, die Chancen ergreifen, Märkte umwälzen und verändern und in kurzer Zeit außergewöhnliche Werte schaffen, dürfen die Risiken und Chancen, die vor ihnen liegen, nie aus den Augen verlieren. Schließlich ist Selbstzufriedenheit keine Strategie.

FTX

Mittlerweile ist die Geschichte des rasanten Aufstiegs und ebenso raschen Absturzes der Kryptowährungsbörse FTX in den meisten Kreisen bekannt. Sie ist auch eines der anschaulichsten Beispiele für weitverbreitetes Versagen des Risikomanagements, das die Welt je erlebt hat, und steht in einer Reihe mit den Skandalen um WorldCom, Enron und Madoff. Dies waren seismische Ereignisse mit weltbewegenden Auswirkungen. Der atemberaubende Zusammenbruch von FTX zeigt das nicht weniger.

Im Januar 2022 wurde FTX mit 32 Milliarden US-Dollar bewertet und galt als eines der stabileren, gut kapitalisierten und vertrauenswürdigen Kryptounternehmen.[20] Sein Gründer und CEO war der 30-jährige Sam Bankman-Fried, ein scheinbarer Krypto-Visionär und Verfechter des effektiven Altruismus. Er spendete Millionen für wohltätige Zwecke und bot an, andere angeschlagene Kryptounternehmen zu kaufen oder zu retten. Er behauptete, er sei für eine Regulierung der Kryptowährungen.

Dieses schöne Bild wurde im November 2022 völlig zerstört, als die auf Kryptowährungen spezialisierte Nachrichten-Website CoinDesk über eine durchgesickerte FTX-Bilanz berichtete, die die wahre Lage des Unternehmens offenbarte. Alameda Research, der Krypto-Handelszweig von FTX, meldete Vermögenswerte in Höhe von 14,6 Mrd. USD, die sich stark auf die FTX-eigenen Token stützten. Am 11. November beantragte FTX Konkursschutz nach Chapter 11 und gab den Rücktritt von Bankman-Fried bekannt. Am nächsten Tag berichtete Reuters, dass Bankman-Fried heimlich 10 Mrd. USD an Kundengeldern von FTX zu Alameda transferiert hatte und 1–2 Mrd. USD an Kundengeldern unauffindbar waren.[21] Ein weiterer "charismatischer CEO" in der Tat.

John J. Ray III, der Restrukturierungsexperte, der mit der Abwicklung von Enron und mehreren anderen hochkarätigen Liquidationen betraut war, wurde schnell zum CEO von FTX ernannt. In seiner Konkursanmeldung vom 17. November heißt es: "Niemals in meiner Laufbahn habe ich ein derartiges Versagen der Unternehmenskontrolle und ein derartiges Fehlen vertrauenswürdiger Finanzinformationen erlebt." Ein "erheblicher Teil" des FTX-Vermögens sei möglicherweise verschwunden oder gestohlen worden, und den von Armanino LLP in den USA und Prager Metis für die Offshore-Geschäfte erstellten Jahresabschlüssen könne man nicht trauen. Er beschrieb das "Fehlen einer unabhängigen Unternehmensführung" zwischen FTX und Alameda: "Angefangen bei der kompromittierten Systemintegrität und der mangelhaften behördlichen Aufsicht im Ausland bis hin zur Konzentration der Kontrolle in den Händen einer sehr kleinen Gruppe unerfahrener, unbedarfter und potenziell gefährdeter Personen ist diese Situation beispiellos."[22]

Anthony Pugliese, CEO des IIA, und ich haben im Januar 2023 einen Artikel geschrieben, in dem wir über die harten Lektionen von FTX berichten.

> Die Unterlagen und Finanzberichte enthüllten eine tiefgreifende Vernachlässigung der Unternehmensführung, die durch eine Kultur der Verschleierung und Nachlässigkeit untermauert wurde. Weder FTX noch Alameda hatten einen Prüfungsausschuss, Vorstandssitzungen oder eine Interne Revision. In den Reihen der Mitarbeiter herrschten zahlreiche Interessenskonflikte. Alameda hat Berichten zufolge Bankman-Fried und anderen massive persönliche Darlehen gewährt. Eine maßgeschneiderte Software-"Backdoor" wurde verwendet, um die missbräuchliche Verwendung von Kundengeldern zu verschleiern. Bei Transaktionen mit nahestehenden Personen wurden zahllose „red flags" geschwenkt. Ausgaben wurden über personalisierte Emojis in Online-Chats genehmigt. Viele Mitteilungen waren auf automatisches Löschen eingestellt.

> Bemerkenswert ist, dass keiner der externen Wirtschaftsprüfer von FTX in seinen Prüfungsberichten eine Stellungnahme zu den internen Kontrollen des Rechnungswesens und Finanzberichterstattung abgab. Es wurde auch berichtet, dass Bankman-Fried bis zum Schluss an der Kontrolle festhielt und darauf bestand, das Unternehmen zu retten, obwohl sich die Beweise für das Gegenteil häuften, die von anderen FTX-Mitarbeitern vorgelegt wurden.

Wir können versuchen, Ursache und Wirkung zu bewerten. Hat die fehlende Unternehmensführung oder Aufsicht bei FTX zu einer toxischen Unternehmenskultur geführt? Oder war das Gegenteil der Fall? Ehrlich gesagt ist in den meisten Fällen die Kultur ausschlaggebend. Eigentlich sollte der Schwanz nicht mit dem Hund wedeln, aber in Bezug auf die Kultur ist das oft der Fall. Das ist die gleiche Lektion, die uns Enron, WorldCom und all die anderen weltbewegenden Skandale hätten lehren sollen: Gute Governance kann es nicht geben, wenn die Unternehmenskultur sie nicht schätzt.

Ohne solide interne Kontrollen war das Scheitern von FTX eine ausgemachte Sache. Pugliese und ich kamen zu dem Schluss: "Selbst die besten Geschäftsstrategien und die klügsten Köpfe werden scheitern, wenn es keine Kultur gibt, die Wert auf eine wirksame Governance, Risikomanagement und Kontrollen legt."[23]

Die Geschichte von FTX zeigt auch, dass, wie US-Generalstaatsanwalt Merrick Garland in einer Erklärung nach der Verurteilung von Bankman-Fried sagte: "Der Betrug an Kunden und Anlegern hat ernste Konsequenzen. Jeder, der glaubt, dass er seine Finanzverbrechen hinter Reichtum und Macht oder hinter einer glänzenden neuen Sache verstecken kann, von der er behauptet, dass niemand sonst schlau genug ist, sie zu verstehen, sollte es sich zweimal überlegen."[24]

Als Bankman-Fried vor Gericht stand, wurde er des Betrugs und der Verschwörung in sieben Fällen für schuldig befunden und zu 25 Jahren Gefängnis verurteilt.

Fallstudien zur Wertschöpfung

Wir haben dargelegt, wie die Geschwindigkeit des Risikos zur Wertvernichtung beitragen kann. Es liegt auf der Hand, dass das Versäumnis, Risiken zu antizipieren und zu managen, erhebliche Auswirkungen auf Ihr Endergebnis haben kann. Die Geschwindigkeit des Risikos kann jedoch auch als die Geschwindigkeit der Chancen bezeichnet werden. Die Umstände, die bei einem Unternehmen zu Schwierigkeiten führen, können bei einem anderen Unternehmen die Chance sein, zu glänzen. In den richtigen Händen kann die

Geschwindigkeit der Chancen mit einem effektiven Risikomanagement kombiniert werden, um Werte zu schaffen.

Für die meisten Unternehmen, die sich in der Permakrise behaupten konnten, war die Anpassung der Schlüssel zum Erfolg. Die Vorstände und Führungskräfte dieser Unternehmen haben gelernt, das Umfeld zu verstehen und sich entsprechend auszurichten. Für andere waren die Bedingungen der Permakrise einfach der richtige Zeitpunkt, um große Abenteuner zu starten, auch wenn die herkömmliche Weisheit ihnen zur Vorsicht riet. Im Folgenden finden Sie drei Beispiele von Unternehmen, die in der Lage waren, diese Umbrüche in monumentale Chancen zu verwandeln.

Zoom

Zoom wurde 2011 von CEO Eric Yuan mit dem Ziel gegründet, "die beste Videokonferenzlösung auf dem Markt zu entwickeln".[25] Yuan, der während des ersten Teils seiner Karriere als VP of Engineering bei Cisco und WebEx tätig war, kannte sich mit Videokonferenzen bestens aus. Er war einer der Gründungsingenieure von WebEx. Nach der Übernahme von WebEx durch Cisco spielte er eine zentrale Rolle beim Erfolg der Webex Collaboration-Plattform von Cisco (das große E in WebEx wurde gestrichen). Berichten zufolge stellte Yuan Cisco seine Idee für ein Videokonferenzsystem, das auch für mobile Geräte geeignet wäre, vor—doch der Vorschlag wurde abgewiesen.[26] Außerdem war er der Meinung, dass sich die vorhandenen Videokonferenzlösungen auf zu wenige Anwendungsfälle konzentrierten.[27] Yuan war davon überzeugt, dass er es besser machen konnte, und verfügte über das technische Know-how und die nachweislichen Erfolge, um seine Behauptungen zu untermauern. Darüber hinaus war es sein erklärtes Ziel, Menschen "glücklich" zu machen und Kunden und Mitarbeiter gleichermaßen zu begeistern.

Yuan verließ Cisco, um seinen Traum zu verfolgen, aber das Unternehmen hatte anfangs Schwierigkeiten, Investoren zu finden, die den Markt für gesättigt hielten. Im Jahr 2011 gab es Skype bereits seit Jahren, Apple hatte gerade FaceTime auf den Markt gebracht, und Ciscos Webex dominierte bereits den Büromarkt. Aber mehrere Business Angels—darunter ehemalige Cisco- und WebEx-Führungskräfte—waren bereit, auf Yuan zu setzen.[28] Er und seine 40 Ingenieure verbrachten zwei Jahre mit der Entwicklung des Produkts; Zoom Meetings wurde 2013 öffentlich vorgestellt, ein Jahr später folgten Zoom Chat, Zoom Webinars und Zoom Rooms. In weniger als sechs

Monaten hatte Zoom mehr als 400.000 Meetings, 3.500 Unternehmen und eine Million Kunden miteinander verbunden.[29]

Zoom investierte schnell in strategische Partnerschaften mit Anbietern von Business-to-Business (B2B)-Kollaborationssoftware und Herstellern, um mehr Funktionen bereitzustellen. Das schnelle Wachstum des Unternehmens und die gut durchdachte Nutzererfahrung zogen weitere Investitionen und mehr Nutzer an. Im Jahr 2017 hatte Zoom den Status eines „Unicorns" mit einer Bewertung von 1 Milliarde US-Dollar erreicht. Das Unternehmen führte 2018 einen App-Marktplatz ein, um neue Integrationen zu unterstützen, und 2019 einen Cloud-Telefondienst, der das Arbeitserlebnis weiter verbessert und die Geschäftskommunikation rundum unterstützt. Der erfolgreiche Börsengang von Zoom im Jahr 2019 führte dazu, dass der anfängliche Kurs von 36 USD bis zur Jahresmitte auf über 104 USD anstieg.[30]

In dieser Zeit hat Yuan nicht nur bewusst in die Bereitstellung eines erstklassigen Produkts investiert, sondern auch in den Aufbau einer fröhlichen, gesunden Unternehmenskultur. Ein Motley Fool-Artikel vom Oktober 2019 zählte 53 Verwendungen des Wortes "happy" oder seiner Derivate in der S-1-Einreichung von Zoom vor dem Börsengang und führte weiter aus, wie Zoom's Kultur des "Glücklichmachens" das Wachstum unterstützt hat.[31] Zoom wurde von Glassdoor als einer der "Best Places to Work" in den Jahren 2018, 2019, 2021 und 2022 ausgezeichnet.

Zoom war bereit, als die Pandemie ausbrach, die Schließungen begannen und die Nachfrage nach Videokonferenzen in die Höhe schnellte und hoch blieb. Das Unternehmen handelte schnell, um Hilfe anzubieten und sein Angebot weiter zu verbessern. Während Zoom bereits kostenlose Konten anbot, hob Yuan im März 2020 die zeitlichen Beschränkungen für Nutzer in den betroffenen Regionen auf und bot kostenlosen, unbegrenzten Zugang für öffentliche K-12-Schulen in den USA, Japan, Italien und anderen Ländern an. Im Laufe des Jahres 2020 tätigte Zoom strategische Akquisitionen (z. B. Keybase, das auf Ende-zu-Ende-Verschlüsselung spezialisiert ist; Kites, das KI-basierte Sprachübersetzung durchführt), eröffnete neue F&E- und Datenzentren und brachte seine "Hardware-as-a-Service"- und "Zoom for Home"-Produkte auf den Markt.

Die Pandemie hat Zoom einen leichten Sieg beschert. Das Unternehmen hätte sich zurücklehnen, sich auf seinen Lorbeeren ausruhen und die Gewinne eintrudeln lassen können. Stattdessen forderte es sich selbst heraus, um weiter innovativ zu sein, und bot Kunden und Schulen kostenlosen Zugang. Heute ist "Zoom" ein Kürzel für einen Videoanruf, so wie "Kleenex" für Taschentücher steht.

Das Risikomanagement eines Unternehmens ist nicht perfekt. Manche Risiken gehen nicht auf. Im Jahr 2023 kündigte Zoom eine 15-prozentige Verringerung seiner Belegschaft an, die sich an die weit verbreiteten Entlassungen in anderen Technologieunternehmen anlehnte. In einer Erklärung am Tag der Bekanntgabe der Entlassungen übernahm Yuan die Verantwortung—und eine wahrhaft gigantische Gehaltskürzung.

> Wir haben unermüdlich gearbeitet und Zoom für unsere Kunden und Nutzer besser gemacht. Aber wir haben auch Fehler gemacht. Wir haben uns nicht so viel Zeit genommen, wie wir hätten tun sollen, um unsere Teams gründlich zu analysieren oder zu bewerten, ob wir nachhaltig und mit den höchsten Prioritäten wachsen.

Yuan fuhr fort:

> Als CEO und Gründer von Zoom bin ich für diese Fehler und die Maßnahmen, die wir heute ergreifen, verantwortlich—und ich möchte diese Verantwortung nicht nur mit Worten, sondern auch mit meinem eigenen Handeln zeigen. Zu diesem Zweck kürze ich mein Gehalt für das kommende Geschäftsjahr um 98 Prozent und verzichte auf meinen Unternehmensbonus für das Geschäftsjahr 2023. Die Mitglieder meines Führungsteams werden ihre Grundgehälter für das kommende Geschäftsjahr um 20 Prozent kürzen und gleichzeitig auf ihre Unternehmensboni für das GJ23 verzichten.

Zoom machte große Sprünge. Wenn sie nicht erreicht wurden, übernahmen die Führungskräfte die Verantwortung und ergriffen Maßnahmen. In der Erklärung von Yuan wurden den ausscheidenden Mitarbeitern außerdem bis zu 16 Wochen Gehalt und Krankenversicherung, die Zahlung von Boni für das Geschäftsjahr 2023, die Unverfallbarkeit von Aktienoptionen und Outplacement-Dienste (Einzelcoaching, Workshops, Networking) angeboten.[32]

In einem Interview aus dem Jahr 2017 nannte Yuan "fünf Dinge, von denen ich wünschte, jemand hätte sie mir gesagt, bevor ich mein Start-up gegründet habe". Die Liste spiegelt Yuan's Engagement wider, die richtigen Risiken zur richtigen Zeit einzugehen, in Glück und Kultur zu investieren und die richtigen Partner für die Reise zu wählen.

1. Der Weg zur Gründung eines Unternehmens ist lang und schwierig, aber er macht auch Spaß und ist spannend. Habt keine Angst vor dem Start—wagt es einfach!

2. Sie müssen nicht die Leute einstellen, die auf dem Papier am qualifiziertesten sind; stattdessen sollten Sie diejenigen einstellen, die über Eigenmotivation und eine Bereitschaft zu selbsständigem Lernen verfügen.

3. Die Kultur Ihres Unternehmens ist die Nummer Eins, wenn es darum geht, alles richtig zu machen. Alles andere ergibt sich daraus.

4. Wenn Ihre Mitarbeiter nicht zufrieden sind, wird auch nichts anderes in Ihrem Unternehmen gut laufen.

5. Finden Sie die Investoren, die in Sie investieren wollen, nicht nur in Ihr Unternehmen.[33]

NVIDIA

NVIDIA begann ganz bescheiden als Videospielchip-Firma, die von drei Freunden bei einer Mahlzeit ins Leben gerufen wurde. Im Jahr 1993 saßen die Firmengründer Jensen Huang, Chris Malachowsky und Curtis Priem in einem Denny's im Silicon Valley, als sie sich vorstellten, einen Computerchip zu bauen, der realistische 3D-Grafiken auf Personalcomputern möglich machen würde.

Huang erinnert sich, dass er als Kind seinen ersten Hamburger und Milchshake in einem Denny's gegessen hat, nachdem seine Familie aus Taiwan in die USA gezogen war. Sein erster Job im Alter von 15 Jahren, als Tellerwäscher, Hilfskellner und schließlich Kellner, war in einem anderen Denny's, und er schreibt dieser Erfahrung zu, dass sie ihm die Arbeitsmoral, Bescheidenheit und Gastfreundschaft beigebracht hat, die ihm zu seinem Erfolg verholfen haben.[34] Es scheint passend, dass das Restaurant, das eine so wichtige Rolle in Huangs amerikanischem Traum spielte, auch der Ort war, an dem die Idee für NVIDIA geboren wurde.

An diesem Tag im Jahr 1993 wussten die Gründer natürlich, dass Intel und Advanced Micro Devices (AMD) den Chipsektor in den USA stark dominierten. Wie NBC News berichtete, waren diese Unternehmen jedoch auf die

Herstellung von CPUs (Central Processing Unit) spezialisiert, die die Grundlage für grundlegende Computer- und Softwareprozesse bilden, während NVIDIA sich auf Grafikprozessoren (GPUs) spezialisieren wollte, die damals hauptsächlich mit Videospielen in Verbindung gebracht wurden. NBC News fasste zusammen, was dann geschah.

> Es hat sich jedoch herausgestellt, dass GPUs (Graphic Processing Unit) auch in der Lage sind, Berechnungen gleichzeitig durchzuführen, wie es normale CPUs nicht können, wodurch sie energieeffizienter und besser in der Lage sind, anspruchsvolle Rechenanforderungen zu erfüllen.
>
> Im Laufe der Zeit begannen die anderen großen Chiphersteller, ihre eigenen Grafikprozessoren zu produzieren, um mit ihnen zu konkurrieren— aber Nvidia, das einen First-Mover-Vorteil in diesem Bereich genoss, war die erste Anlaufstelle für Unternehmen, die einen Grafikprozessor benötigten.
>
> Das Unternehmen kombinierte seine Chips mit einer Reihe von begleitender Software, die von Programmierern einfach bevorzugt wurden. Außerdem konnte Nvidia dank seiner Lieferkette Grafikprozessoren in größeren Mengen, schneller und zuverlässiger herstellen als seine Konkurrenten. So begannen beispielsweise Automobilhersteller, Nvidia-Chips für den Einsatz in Fahrerassistenzsoftware zu verwenden, die Bildinformationen von Sensoren verarbeiten muss.[35]

NVIDIA CEO Huang und seine Mitbegründer erkannten dieses Potenzial, als sie das Unternehmen gründeten. Die Fokussierung auf Grafikprozessoren ermöglichte es ihnen, mit dem hochprofitablen Videospielmarkt zu beginnen und ihre Fähigkeit zu finanzieren, den Umfang von NVIDIA im Laufe der Zeit zu erweitern. Angesichts des klaren Weges zur frühen Rentabilität konnten sie es sich leisten, dieses Risiko einzugehen. Wie Huang im Jahr 2017 erklärte:

> Wir glaubten, dass dieses Computermodell Probleme lösen könnte, die allgemeine Computer im Grunde nicht lösen können. Außerdem stellten wir fest, dass Videospiele gleichzeitig eines der rechnerisch anspruchsvollsten Probleme darstellen und unglaublich hohe Verkaufszahlen aufweisen würden. Diese beiden Bedingungen sind nicht sehr häufig gegeben. Videospiele waren unsere "Killerapplikation"—ein Schwungrad, um große Märkte zu erreichen, die enorme Forschungs- und Entwicklungsarbeiten zur Lösung massiver Rechenprobleme finanzieren.[36]

Tatsächlich ist es NVIDIA gelungen, einen neuen Weg zur Beschleunigung der Datenverarbeitung zu beschreiten und gleichzeitig durch massive Energieeinsparungen mehr Nachhaltigkeit zu erreichen. Nach Angaben von NVIDIA umfasst das globale Ökosystem des Unternehmens inzwischen 4,5 Millionen Entwickler, 40.000 Unternehmen und mehr als 3.300 Anwendungen. Es ist für einen Großteil der Infrastruktur verantwortlich, die die KI- und maschinellen Lernmodelle der Welt antreibt: ChatGPT wird von einem NVIDIA-Supercomputer betrieben, und Partnerschaften mit Amazon, Google, Microsoft und Oracle ermöglichen es NVIDIA, Tausenden von Unternehmen modernste Funktionen zur Verfügung zu stellen. NVIDIAs umfassende Plattform für autonomes Fahren unterstützt sowohl Autos als auch Rechenzentren. Das Unternehmen hat außerdem eine Plattform für die industrielle Digitalisierung entwickelt, die, "virtuelle Repräsentationen von physischen Dingen und Anlagen erstellt, digitale Zwillinge erzeugt und digitale und physische Welten miteinander verbindet". Die Liste lässt sich beliebig fortsetzen und reicht vom Kryptowährungs-Mining über Design- und Codierungssoftware bis hin zu KI-Anwendungen in der Klimaforschung, im Gesundheitswesen und darüber hinaus.[37] Der potenzielle Markt für NVIDIA ist im Grunde grenzenlos.

Natürlich hat NVIDIA auch sein ursprüngliches Ziel erreicht, die Computergrafik neu zu erfinden und Videospiele schöner und realistischer als je zuvor aussehen zu lassen. Es war jedoch der Wandel von einer "Videospiel-Chip-Firma" zu einem Enabler von KI und industrieller Digitalisierung, der die Aufmerksamkeit der Investoren auf sich zog. Wie *CIO* berichtete:

> Als Nvidia starke Ergebnisse für die drei Monate bis zum 30. April 2023 meldete und prognostizierte, dass sein Umsatz im folgenden Geschäftsquartal um 50 Prozent steigen könnte, schnellte die Börsenbewertung des Unternehmens in die Höhe und katapultierte es in den exklusiven Billionen-Dollar-Club neben den bekannten Tech-Giganten Alphabet, Amazon, Apple und Microsoft. Der einstige Nischenchip-Hersteller, der jetzt ein Liebling der Wall Street ist, wurde zu einem bekannten Namen.[38]

Die KI-Revolution hat gerade erst begonnen; die Nachfrage nach NVIDIA-Produkten wird weiter steigen. Im Februar 2024 überholte NVIDIA Apple und wurde das zweitgrößte börsennotierte Unternehmen in den USA nach Marktkapitalisierung (3 Billionen USD), hinter Microsoft. Zwar konnte Apple den Spitzenplatz zurückerobern, doch der kometenhafte Aufstieg von NVIDIA bleibt bemerkenswert. Außerdem hat NVIDIA all dies erreicht und gleichzeitig eine solide Unternehmenskultur aufgebaut: Seit 2017 ist das Unternehmen unter den "Best Places to Work" von Glassdoor und den "Best Companies to Work For" von Fortune aufgeführt.

Auf seinem Weg hat Huang die für ihn typische Mischung aus Tatkraft und Bescheidenheit beibehalten und sich den Ruf eines zupackenden Chefs erworben, der bereit ist, alles zu übernehmen. So sagte er 2024 vor einem Raum voller Stanford-Absolventen: "Keine Aufgabe ist unter meiner Würde, denn denken Sie daran, ich war früher Tellerwäscher [und] ich habe Toiletten geputzt. Ich habe mehr Toiletten geputzt als Sie alle zusammen."[39]

Huang spielt ein langfristiges Spiel. Er und sein Führungsteam haben eine Strategie entwickelt, die einen Plattformansatz nutzt, um skalierbares Wachstum in verschiedenen Märkten zu ermöglichen und zu unterstützen, darunter Gaming, KI, Krypto, Automotive, industrielle Digitalisierung und Gesundheitswesen. NVIDIA denkt in großen Dimensionen und sorgt gleichzeitig für Nachhaltigkeit.

Figma

Figma, eine kollaborative Webanwendung für die Gestaltung von Benutzeroberflächen und Prototypen, ist eine andere Art von Geschichte. Sicher, auch Figma entstand aus einer "großen Idee". Aber die jungen Gründer wussten anfangs nicht, wie revolutionär das Unternehmen und sein Produkt sein würden. Sie ahnten sicherlich nicht, dass Adobe nur 10 Jahre später zustimmen würde, Figma für 20 Mrd. USD zu übernehmen—doch später im selben Jahr, angesichts kartellrechtlicher Bedenken und Prüfungen durch das US-Justizministerium und die Europäische Kommission wurden die Unternehmen gezwungen, die Fusion aufzugeben.

Gemäß den Bedingungen der ursprünglichen Vereinbarung muss Adobe Figma eine "Rückabwicklungsgebühr" in Höhe von 1 Mrd. USD in bar zahlen. Bei der Betrachtung dieser Zahl sollten Sie bedenken, dass Figma nach wie vor einer der Wettbewerber von Adobe ist. Aber wir wollen nicht voreilig sein.

Die Mitbegründer Dylan Field und Evan Wallace waren 2011 Informatikstudenten an der Brown University, als sie begannen, mit Design-Tools für das Web zu experimentieren. *Der Brown Daily Herald* berichtete, dass Field 2012 ein Stipendium in Höhe von 100.000 USD von der renommierten Thiel Fellowship erhielt und die Brown-Universität verließ, um an dem Produkt des Start-ups zu arbeiten. Zu dieser Zeit war die Software Photoshop von Adobe das dominante Werkzeug für die Grafikbearbeitung, allerdings mit einem hohen Preis und einer langen Lernkurve. Field und Wallace wollten dafür sorgen, "dass jeder kreativ sein kann, indem sie kostenlose, einfache Kreativtools in einem Browser erstellen"[40].

Wallace schloss sich Field in Kalifornien an, nachdem er sein Studium an der Brown University abgeschlossen hatte. Die jungen Gründer verbrachten drei Jahre damit, das Produkt im Stillen zu entwickeln, und brachten es 2015 als kostenlose, nur für geladene Gäste zugängliche Beta-Version auf den Markt. In einem TechCrunch-Artikel aus diesem Jahr wurde die Herausforderung für Adobe durch Figmas "browserbasierte Alternative zu Adobes Desktop-Software" hervorgehoben. Field wurde mit den Worten zitiert, dass Adobe "die Kollaboration nicht versteht" und dass die Adobe Creative Cloud "nur dem Namen nach eine Cloud ist". Der Artikel schlussfolgerte über Field: "Man könnte es als naive Arroganz missverstehen, aber sein jugendliches Selbstvertrauen ist das, was man braucht, um gegen den Design-Goliath zu kämpfen."[41]

Figma ging 2016 an die Öffentlichkeit und war die erste kollaborative, webbasierte Designplattform mit "Multiplayer-Funktionalität". Oft als "Google Docs für Design" bezeichnet, bestand die "Superkraft" von Figma darin, dass es Teams eine einzige sichere Quelle zur Verfügung stellte, die über eine URL geteilt werden konnte, und "den komplexen Workflow abschaffte, der zuvor für die Synchronisierung von Design-Assets erforderlich war, um sicherzustellen, dass jeder in einem Produktteam mit der neuesten Datei arbeitet".[42] Durch die Lösung anhaltender Probleme in Bezug auf Kommunikation, Versionskontrolle, Effizienz, Genehmigungen und Übergaben wurden Design-Workflows effektiv revolutioniert. Außerdem machte es Design für mehr Menschen als je zuvor zugänglich: Bis heute kann jeder Figma kostenlos ausprobieren.

Nicht jeder war von dem Kooperationsmodell von Figma begeistert. Im Jahr 2020 schrieb Field rückblickend:

> Als mein Mitbegründer Evan und ich vor fünf Jahren Figma in der geschlossenen Betaphase starteten, setzten wir alles auf den Browser. Wie viele andere, die in der Schule mit Google Docs gearbeitet haben und dann in virtuelle Welten zurückgekehrt sind, haben wir intuitiv verstanden, dass internetbasierte Software Werte wie Zusammenarbeit, Transparenz und Zugang verkörpert. So ziemlich jeder in unserem

Umfeld—Freunde, Klassenkameraden, Kollegen, bei denen wir ein Praktikum absolviert hatten—teilte diese Werte, so dass wir davon ausgingen, dass sie für uns selbstverständlich waren.

Uns war nicht klar, dass die Einführung von Figma eine Ketzerei war, ein generationsübergreifender Angriff auf die von oben nach unten gerichteten, isolierten Modelle der Entscheidungsfindung und eine Herausforderung für die Identität vieler Designer.

Er fuhr fort:

Jetzt weiß ich, dass die Stärke des Browsers in dem breiteren kulturellen Wandel liegt, den er bewirkt—und dieser Wandel kann beängstigend sein. Der Browser ist von Haus aus multiplayerfähig. Er erzwingt ein Umdenken beim Zugang. Er beseitigt den Bedarf an teurer Hardware. Und es zwingt uns, zusammenzuarbeiten, insbesondere wenn wir blockiert sind und uns normalerweise verstecken.[43]

Glücklicherweise ließen sich Field und Wallace nicht beirren. Die Fans der intuitiven, benutzerfreundlichen Oberfläche der Plattform übertrafen schnell die Kritiker. Figma fügte weitere Funktionen hinzu, darunter 2019 die Figma Community, die es den Nutzern ermöglicht, Design-Kits, Systeme und Dateien auszutauschen, und 2021 FigJam, ein Whiteboarding-Tool, mit dem sowohl Designer als auch Nicht-Designer Ideen brainstormen können. Im Jahr 2022 gingen Google for Education und Figma eine Partnerschaft ein, um die Plattform kostenlos auf Chromebooks für Bildungseinrichtungen anzubieten. Field sagte: "Wir haben Figma von Anfang an mit Blick auf Chromebooks entwickelt. Bereits 2015–2016 testeten wir unsere Tools mit Chromebooks."[44] Als Reaktion auf Nutzeruntersuchungen, die zeigten, dass Entwickler nicht so gerne mit Figma arbeiteten wie Designer, brachte Figma 2023 den Dev Mode auf den Markt, der die Übergabe vom Design an die Entwicklung vereinfacht und Entwickler voll und ganz in die Plattform integriert.

In der Zwischenzeit nahm Adobe dies zur Kenntnis. Während Adobes Kreativsuite, die etablierte Produkte wie Photoshop, Illustrator, Acrobat, After Effects und andere umfasst, als Design-Tools immer noch dominierte, kontrollierte Figma plötzlich den von Adobes Tools besetzten Workflow-Bereich. Als Adobe jedoch seine Absicht ankündigte, Figma für die spektakuläre Summe von 20 Mrd. USD zu übernehmen (wobei Field weiterhin als CEO fungiert und das Unternehmen autonom führt)[45], gab es in der Öffentlichkeit viel Kopfschütteln. Warum eine solche Summe für ein Unternehmen, das nie auch nur annähernd so hoch bewertet worden war?

Im *Guardian* nannte der Technologieprofessor und Autor John Naughton zwei wichtige Gründe. Erstens zitiert er den Analysten Ben Thompson: "Figma soll das 'Betriebssystem für Design' werden, was bedeutet, dass Adobe auf lange Sicht zu den Bedingungen von Figma arbeiten muss und nicht umgekehrt". Zweitens, in Naughtons eigenen Worten: "Der andere Grund ist, dass Figma ziemlich gut lief und keinen Grund hatte, sich selbst zu verkaufen. Es musste also ein Angebot sein, das niemand ablehnen konnte."[46]

Was auch immer hinter der Fusion steckt, Figma und Adobe sind in gutem Glauben und mit großen Visionen in die geplante Partnerschaft gegangen. Die Regulierungsbehörden befürchteten jedoch, dass die Fusion den Wettbewerb in einem Markt, den Adobe bereits beherrscht, einschränken würde. Margrethe Vestager, die für die Wettbewerbspolitik der Europäischen Kommission zuständig ist, sagte in einer Erklärung: "In digitalen Märkten ist es ebenso wie in traditionelleren Branchen wichtig, nicht nur aktuelle Überschneidungen zu betrachten, sondern auch den Wettbewerb in der Zukunft zu schützen"[47].

Die potenziellen Partner mussten die Fusionsabsicht aufgeben, wobei Adobe Figma die milliardenschwere Rückabwicklungsgebühr zahlte. Wie Yahoo! Finance im März 2024 feststellte, "verschwendete Figma, gestärkt durch eine beträchtliche Finanzspritze, keine Zeit damit, seinen Kurs nach vorne weiterzuführen." Nach der gescheiterten Fusion prognostizierte Figma für das Jahr 2023 einen wiederkehrenden Jahresumsatz von 600 Millionen US-Dollar (eine 50-prozentige Steigerung gegenüber 2022) und erwarb Dynaboard, eine Plattform für das Design von Echtzeit-Multiplayer-Webanwendungen.[48]

Der Erfolg von Figma beruht darauf, dass das Unternehmen verstanden hat, was die Benutzer von Arbeitsabläufen erwarten. Die Produkt-, Wettbewerbs- und Wachstumsstrategien des Unternehmens—ursprünglich aus Instinkt, "jugendlichem Selbstvertrauen" und Spieltrieb geboren—wurden verfeinert, indem man verstand, was die Benutzer wünschten und was die Wettbewerber *nicht* boten. Durch die Zustimmung von Figma zu einer Win-Win-Fusion mit seinem größten Konkurrenten wurde das Unternehmen schließlich gestärkt: Die Behörden und der Markt haben eindeutig festgestellt, dass Figma in der Zukunft des Designs eine eigene Rolle spielen muss.

Achten Sie auf die Lücke bei der Risikoexposition—und auf die Lücke bei den Risikochancen

Die unterschiedlichen Erfahrungen, die diese Unternehmen im gleichen Zeitraum gemacht haben, zeigen anschaulich, dass es nicht die Risikobedingungen selbst sind, die letztlich darüber entscheiden, ob Wert geschaffen oder vernichtet wird. Der entscheidende Faktor ist, wie die Unternehmen mit diesen Risikobedingungen umgehen.

Um in der Permakrise erfolgreich zu sein, ist eine Risikomanagementlösung erforderlich, die besser auf die zunehmende Risikogeschwindigkeit und -volatilität reagieren kann. Andernfalls wird die Geschwindigkeit des Risikos und der Wertvernichtung die eingangs erwähnte Kluft in der Risikoexposition weiter vergrößern, in der die Risikoanforderungen die Fähigkeit der meisten Unternehmen, sie zu bewältigen, weit übersteigen.

Ich sehe jedoch eine Kehrseite der Risikolücke: eine "Chancenlücke". Denn wenn wir nicht über angemessene Ressourcen in den „Drei Linien" verfügen, sind wir nicht nur anfälliger für Risiken, sondern nehmen auch die Chancen nicht wahr.

Figma ist nicht ohne Grund die letzte vorgestellte Fallstudie. Die Denkweise, die die kollaborative Designplattform des Unternehmens hervorgebracht hat, ist auch die Denkweise, die wir für ein effektives Risikomanagement im modernen Zeitalter brauchen. Wie CEO Field im Jahr 2020 schrieb:

> Einer der besten Aspekte meiner Arbeit als CEO von Figma ist die Rolle des Anthropologen. In den letzten fünf Jahren habe ich aus erster Hand erfahren, wie die Arbeit in einem kollaborativen digitalen Raum die Teams von der Denkweise "meine Ideen" zu "unsere Ideen" bewegt. Dies erfordert einen radikalen Wandel—ein Maß an Vertrauen und Transparenz, das viele von uns erst noch aufholen müssen.[49]

Bevor wir uns mit dem "radikalen Wandel" befassen, der für das Risikomanagement erforderlich ist, müssen wir jedoch die aktuelle Risikolandschaft und ihre Auswirkungen auf die Unternehmen genauer untersuchen. Wir müssen verstehen, warum und wie die sich daraus ergebenden Herausforderungen zu einem unhaltbaren Zustand—der Risikolücke—geführt haben, der die Unternehmen verwundbar macht.

Teil 2

Die wachsende Kluft bei der Risikoexposition

KAPITEL 4

Die entmutigende Risikolandschaft

Wir haben die Szene beleuchtet: Die Risikolandschaft hat sich für immer verändert, da ein disruptives Risikoereignis nach dem anderen seine tiefgreifende Verflechtung und die Unfähigkeit zur Eindämmung unter Beweis stellt. Die erste Hälfte der 2020er Jahre hat den Business Schools der Zukunft eine Fülle von Fallstudien über die risikobedingte Zerstörung und Schaffung von Werten geliefert. Die Permakrise erfordert eine Umgestaltung des Risikomanagements auf allen Ebenen des Unternehmens.

Diese beispiellosen Bedingungen haben zu einer wachsenden Kluft zwischen den Risiken, denen eine Organisation ausgesetzt ist, und ihrer Fähigkeit, diese Risiken zu bewältigen, geführt. Die Lücke bei der Bewältigung von Risiken, mit der sich moderne Unternehmen konfrontiert sehen, wird durch zwei Hauptfaktoren verursacht: die rasche Zunahme kritischer Risiken und die begrenzten (und weitgehend stagnierenden) Ressourcen, die Unternehmen zur Bewertung und Bewältigung dieser Risiken zur Verfügung stehen. Die Überbrückung dieser Lücke ist für die betriebliche Resilienz und die Erreichung der strategischen Ziele eines Unternehmens von entscheidender Bedeutung.

In diesem Abschnitt werfen wir einen genaueren Blick auf die aktuelle Risikolandschaft, um uns ein klareres Bild von den Risiken zu machen, mit denen Unternehmen heute konfrontiert sind. Dann untersuchen wir die Ursachen und Auswirkungen der Ressourcenbeschränkungen, mit denen die Unternehmen konfrontiert sind. Schließlich untersuchen wir die unzähligen Probleme, die sich in Unternehmen aufgrund der Risikolücke manifestieren.

In Kapitel 2, "Entstehung der Permakrise", haben wir die außergewöhnliche Abfolge von risikobehafteten Ereignissen betrachtet, die die letzten fünf Jahre dominiert haben. Bewaffnet mit dem Rückblick auf die erste Hälfte der

2020er Jahre wollen wir die heute vorherrschenden Risiken durch eine strategischere Linse betrachten, um Einsicht und Vorausschau zu ermöglichen.

Die wichtigsten globalen Risiken von heute

Ich gebe oft den Rat, "den Risiken zu folgen". Natürlich ist das Risiko in der Permakrise ein sich ständig bewegendes Ziel. Um die Notwendigkeit einer Umgestaltung des Risikomanagements zu verstehen, müssen die Hauptrisiken, mit denen die heutigen Unternehmen konfrontiert sind, deutlicher in den Mittelpunkt gerückt werden. Um einen angemessenen Überblick zu erhalten, stütze ich mich auf eine Reihe von extern erstellten Umfragen, Berichten und Analysen, von denen viele jährlich aktualisiert werden. Da Aufsichtsräte und Vorstände bestrebt sind, die Risiken zu verstehen, die sich auf ihr Unternehmen auswirken, bieten diese externen Ressourcen äußerst wertvolle Perspektiven, die auf zukunftssorientierten Daten. Zu den wichtigsten Quellen gehören:

- Der *Global Risks Report* des Weltwirtschaftsforums (WEF), dessen Ergebnisse von weltweit führenden Vertretern aus Wirtschaft, Regierung, Wissenschaft, Zivilgesellschaft und der internationalen Gemeinschaft stammen

- *Executive Perspectives on Top Risks*, eine Zusammenarbeit zwischen Protiviti und der ERM-Initiative der NC State University, die sich auf die Erfassung von Erkenntnissen von Führungskräften und Direktoren konzentriert

- The *Global Technology Audit Risks Survey*, eine von Protiviti und dem IIA durchgeführte Umfrage, die die Risiken in allen drei Linien sowie aus der Sicht von IT-Prüfungsleitern und Chief Audit Executives bewertet

- Die Erhebungen *"Risk in Focus-North America"* und *"North America Pulse of Internal Audit"* der Internal Audit Foundation (IAF) sowie der *"Focus on the Future Report"* von AuditBoard, die sich auf die Erfassung der Perspektiven von Führungskräften der Internen Revision konzentrieren

- KPMG's *Chief Ethics & Compliance Officer Survey* und *Chief Risk Officer Survey*, die sich auf die Erkenntnisse von CCOs und CROs konzentrieren

- EY's *Global Board Risk Survey*, die Erkenntnisse über die Top-Risiken aus Sicht der Vorstände sammelt
- Der *Audit Committee Practices Report* des Center for Audit Quality und des Deloitte Center for Board Effectiveness, der die Perspektive des Prüfungsausschusses wiedergibt

Digitales Risiko

Technologie ist für die Wertschöpfung und die Erfüllung der Anforderungen der Stakeholder unerlässlich geworden. Dementsprechend ist die Fähigkeit, Technologie zu nutzen zur Förderung von Innovation, Effizienz, Produktivität und Wettbewerbsdifferenzierung für die meisten Unternehmen zu einem strategischen Ziel geworden. Doch während sich die Technologie unaufhaltsam weiterentwickelt, haben Governance und Risikomanagement nicht Schritt gehalten. Das digitale Risiko—das Risiko, das durch die Entwicklung, Bereitstellung und Nutzung von technologischen Prozessen, Produkten und Dienstleistungen im Geschäftsbetrieb entsteht—gehört zu den am weitesten verbreiteten, am schnellsten wachsenden und potenziell folgenreichsten Risiken, mit denen jedes Unternehmen konfrontiert ist. Das digitale Risiko nimmt exponentiell zu, da die Unternehmen versuchen, aus den neuen Technologien Kapital zu schlagen.

Die digitale Transformation ohne effektives Governance- und Risikomanagement schafft ein erstaunliches Spektrum an neuen Schwachstellen, die zu unerwünschten Geschäftsergebnissen führen können. Von externen Bedrohungen wie Datenschutzverletzungen, Lösegeldforderungen und Sicherheitsproblemen bei Geschäftspartnern bis hin zu internen Problemen wie Betrug, Datenmanipulation und Systemfehlfunktionen können diese äußerst störenden Vorfälle betriebliche, finanzielle und rufschädigende Schäden anrichten, die den Wert auf einer wahrhaft tektonischen Ebene zerstören. Vor allem Datenschutzverletzungen können astronomische Kosten verursachen: Der IBM *Cost of a Data Breach Report 2024* verzeichnet mit 4,88 Mio. USD die höchsten durchschnittlichen Gesamtkosten für eine Datenschutzverletzung.[1]

Als Nächstes werden wir uns mit einigen der wichtigsten technologiebezogenen Risiken befassen.

Cybersecurity

Die Cybersicherheit ist nach wie vor eines der größten Risiken für Unternehmen weltweit. *Executive Perspectives on Top Risks* kommt zu dem Schluss, dass "Cybersicherheit das schwerstwiegende Risiko ist, wenn man kurz- und langfristige Sichtweisen kombiniert", und verweist auf die "wachsende Anerkennung einer komplexen Cyber-Risikolandschaft, die von der exponentiellen Kurve des technologischen Fortschritts, der zunehmenden Abhängigkeit von Dritten und anderen Marktkräften beeinflusst wird".[2] Die *Global Technology Audit Risks Survey* zeigt, dass mehr als 75 Prozent der Befragten in allen drei Linien Cybersicherheit als einen Bereich mit hohem Risiko betrachten.[3] Wenn man die Perspektiven der zweiten und dritten Linie genauer betrachtet, wird das Ausmaß der Bedrohung noch deutlicher sichtbar:

- Innerhalb der Gesamtgruppe der Befragten *der Global Technology Audit Risks Survey* stufen 82 Prozent der CAEs und IT-Prüfungsleiter die Cybersicherheit als hohes Risiko ein.[4]

- Die in der *KPMG-Umfrage 2023 zum Thema Chief Risk Officer* befragten Risikoverantwortlichen stufen Cybersecurity-Bedrohungen als die zweitwichtigste Herausforderung ein, der sich ihre Unternehmen in den nächsten zwei bis fünf Jahren stellen müssen.[5]

Obwohl das Thema Cybersicherheit seit mehr als einem Jahrzehnt an oder nahe der Spitze aller Risikokategorien steht, mit denen Unternehmen weltweit konfrontiert sind, zeigen sich immer noch zu viele Unternehmen überrascht, wenn sie Opfer eines Cyberangriffs werden. Aufsichtsräte und Vorstände müssen sich nicht nur über die Realität des Cybersecurity-Risikos im Klaren sein, sondern auch über die Effektivität des Cyber-Risikomanagements in ihren Unternehmen. Kein Unternehmen kann sich eine Haltung der Selbstüberschätzung leisten.

Die Cybersicherheitsvorschriften der SEC, die im September 2023 in Kraft treten, verleihen dieser Realität erhebliches regulatorisches Gewicht. Das Mandat sieht vor, dass börsennotierte Unternehmen der SEC wesentliche Cybersicherheitsvorfälle innerhalb von vier Werktagen formell melden müssen. Um die Schnelligkeit und Genauigkeit zu gewährleisten, die erforderlich sind, um diese Vorfälle zu identifizieren, ihre Wesentlichkeit zu bewerten und sie in einem so engen Zeitrahmen zu melden, müssen Unternehmen kontinuierlich auf Cybervorfälle und ihre Wesentlichkeit achten.

Führungskräfte in Privatunternehmen könnten davon ausgehen, dass diese Gesetzgebung keine Auswirkungen auf sie hat. Das ist jedoch nicht der Fall. Die SEC-Bestimmungen zur Cybersicherheit sind ein Hinweis auf andere bevorstehende Cybersicherheitsgesetze, von denen viele ihren Geltungsbereich über öffentliche Unternehmen hinaus erweitern. Darüber hinaus sind Privatunternehmen häufig Geschäftspartner von öffentlichen Unternehmen—und damit potenziell haftbar für Cybervorfälle, die ihre Partner in öffentlichen Unternehmen betreffen. In jedem Fall machen Cyberkriminelle keinen Unterschied: In ihrem Vorschlag für die neue Vorschrift zitierte die SEC eine Studie aus dem Jahr 2023, aus der hervorgeht, dass 98 Prozent der Unternehmen mindestens einen Drittanbieter nutzen, bei dem es in den vergangenen zwei Jahren zu einer Sicherheitsverletzung kam.[6]

Aufkommende Technologien

Aufstrebende Technologien bergen erstaunliche Versprechen, aber auch ein großes Risiko. Der Einsatz von generativer KI, Blockchain, dem Internet der Dinge, robotergestützter Prozessautomatisierung (RPA), Quantencomputing und anderen aufkommenden Technologien im Unternehmen bringt grundlegende Herausforderungen in Bezug auf die Integration mit Altsystemen, Bedrohungen der Cybersicherheit, ethische Erwägungen und andere wichtige Fragen mit sich. In der Tat sehen die Geschäftsleitungen vieles, worüber sie sich Sorgen machen sollten: In den *Executive Perspectives on Top Risks* wird die "rasche Geschwindigkeit disruptiver Innovationen, die durch neue und aufkommende Technologien und/oder andere Marktkräfte ermöglicht werden" als viertwichtigstes Risiko für das Jahr 2034 eingestuft.[7]

Künstliche Intelligenz

Insbesondere die künstliche Intelligenz (KI) birgt Bedrohungen und Chancen in einem Ausmaß, wie es nur wenige Male in der Geschichte vorkam. KI wirft nicht nur ethische Überlegungen zu Voreingenommenheit, Diskriminierung, Betrug und mangelnder Rechenschaftspflicht oder Transparenz auf, sondern wirft auch ernsthafte Fragen zu Halluzinationen, Genauigkeit, Rechenschaftspflicht, Datenschutz, geistigem Eigentum, Rechtmäßigkeit, Regulierung, Einhaltung von Vorschriften, Umwälzungen in der Belegschaft und Vernichtung von Arbeitsplätzen auf. Der *Global Risks Report* des WEF nennt "negative Auswirkungen von KI-Technologien" als sechsthöchstes globales Risiko in den nächsten 10 Jahren.[8]

Und während Unternehmen das Potenzial der KI nutzen, hält die Governance nicht Schritt. Eine ISACA-Umfrage aus dem Jahr 2023 unter mehr als 2.300 Fachleuten aus den Bereichen Interne Revision, Risiko, Sicherheit, Datenschutz und IT-Governance zeigt:

- Nur 28 Prozent der befragten Unternehmen erlauben ausdrücklich den Einsatz generativer KI.

- Dennoch nutzen die Mitarbeiter der meisten Unternehmen generative KI: 41 Prozent sagen, dass ihre Mitarbeiter sie nutzen—weitere 35 Prozent sind sich nicht sicher.

- Nur 10 Prozent geben an, dass ihre Unternehmen über eine formelle, umfassende Richtlinie für generative KI verfügen.

- Mehr als 25 Prozent geben an, dass sie weder eine Richtlinie haben noch planen, eine zu erstellen.

- Weniger als ein Drittel geben jedoch an, dass das KI-Risiko eine unmittelbare Priorität darstellt.[9]

KI wird unsere Welt weitaus nachhaltiger beeinflussen als alles andere, was in den letzten fünf Jahren geschehen ist. Andere Ereignisse werden zwar weiterhin disruptiv sein, aber ihre Wirkung wird vergehen. Bei einem kürzlichen Treffen mit KI-Experten sagte einer von ihnen, er glaube, dass die KI "die menschliche Zivilisation so grundlegend verändern wird wie die Elektrizität". Ich stimme dem voll und ganz zu und werde das Potenzial und die Auswirkungen der KI in diesem Buch weiter erforschen.

Fehlinformation und Desinformation

Fehlinformationen (falsche oder ungenaue Informationen) und Desinformationen (falsche oder ungenaue Informationen, die absichtlich irreführend sind) nehmen auf Social-Media-Plattformen und im Internet im Allgemeinen zu. Die *globalen Risiken* des *WEF Report* sieht Fehlinformation und Desinformation als ein kritisches, sich beschleunigendes Risiko an und setzt es auf Platz 1 aller Risiken in den nächsten zwei Jahren.[10] *Executive Perspectives on Top Risks* hebt diese Risiken ebenfalls hervor und weist auf die potenziellen Auswirkungen auf die Art und Weise hin, wie Unternehmen Geschäfte machen, mit Kunden interagieren, die Einhaltung von Vorschriften gewährleisten und ihre Marken schützen.[11]

Natürlich wirken sich Fehlinformationen und Desinformationen auf Gesellschaften weltweit aus und tragen dazu bei, die Polarisierung zu verschärfen, andere soziale und politische Gräben zu vertiefen, Wahlen zu beeinflussen, Regierungen zu untergraben und Unruhen zu fördern, was die geopolitische Instabilität weiter erhöht. Die Bedrohung durch Fehlinformationen und Desinformationen wird nur noch zunehmen, da die KI-Tools, die sie erzeugen und verbreiten können, immer ausgefeilter und weithin verfügbar werden.

Datenschutz

Der Datenschutz stellt nach wie vor ein massives Risiko für jedes Unternehmen dar, unabhängig von seinem Geschäftsmodell und seinem Standort. *Executive Perspectives on Top Risks* stuft sie für das Jahr 2024 insgesamt auf Platz zehn ein.[12]

Der Datenschutz gehört auch zu den verwirrendsten Risiken, die es zu bewältigen gilt, angesichts des äußerst komplexen und wachsenden Netzes von Datenschutzvorschriften und Compliance-Verpflichtungen auf der ganzen Welt. Die Datenschutz-Grundverordnung der EU (GDPR), die erstmals 2016 in der EU verabschiedet wurde, hat weltweit rasch an Bedeutung gewonnen. Aus den Daten der Vereinten Nationen geht hervor, dass 78 Prozent der Länder weltweit Datenschutzgesetze verabschiedet haben, und weitere 4 Prozent der Länder arbeiten derzeit an der Ausarbeitung von Gesetzen.[13] Laut dem von der International Association of Privacy Professionals geführten Tracker haben 19 US-Bundesstaaten umfassende Datenschutzgesetze erlassen, und weitere Staaten werden wahrscheinlich folgen.[14] Diese Gesetze haben massive Auswirkungen. Im Jahr 2023 wurde Meta zu einer Rekordstrafe in Höhe von 1,3 Milliarden US-Dollar verurteilt, weil es gegen EU-Vorschriften verstoßen hatte, indem es Daten von Facebook-Nutzern aus der EU in die USA übertrug.[15]

Wie in *Privacy and Data Protection*, einem Bericht von Crowe und IAF aus dem Jahr 2024, festgestellt wird, "ist ein bemerkenswerter Trend in der Entwicklung des regulatorischen Umfelds ein wachsender Konsens, der die Privatsphäre als grundlegendes Menschenrecht anerkennt"[16].

Beschränkungen der bestehenden IT-Infrastruktur

Executive Perspectives on Top Risks nennt als Top-10-Risiko sowohl für 2024 (Platz sieben) als auch für 2034 (Platz acht) "bestehende Betriebsabläufe und veraltete IT-Infrastrukturen, die die Leistungserwartungen nicht erfüllen können, sowie 'born digital' Wettbewerber".[17] Die Geschäftsleitungen scheinen sich zunehmend bewusst zu sein, dass ihre alternde

IT-Infrastruktur weitreichende Auswirkungen nicht nur auf die Qualität, die Kosten, die Rentabilität, die Markteinführungszeit und die fortlaufende Innovation ihrer Produkte und Dienstleistungen haben kann, sondern auch auf ihre Fähigkeit, sich an Veränderungen anzupassen, fortschrittliche Technologien zu implementieren, Risiken und Probleme zu erkennen (einschließlich solcher, die Bedenken hinsichtlich der Cybersicherheit und des Datenschutzes auslösen können) und ihre Risiken und Beziehungen zu Geschäftspartnern effektiv zu verwalten.

Es sind nicht nur die "born digital" Konkurrenten, über die sich Führungskräfte Gedanken machen sollten. Der Bericht weist darauf hin, dass auch andere Wettbewerber "in großem Umfang investieren, um Technologie als Wettbewerbsvorteil zu nutzen".[18] In Kapitel 11 werden wir einen detaillierten Blick darauf werfen, wie Technologie Unternehmen sowohl helfen als auch behindern kann.

Makroökonomische Bedingungen

Sowohl weltweit als auch in den USA leiden die Unternehmen und die Gesellschaften, in denen sie tätig sind, weiterhin unter den weit verbreiteten makroökonomischen Problemen.

- *Executive Perspectives on Top Risks* stuft "wirtschaftliche Bedingungen, einschließlich Inflationsdruck" als Top-Risiko für 2024 und als siebtes Risiko für 2034 ein, und "Veränderungen im aktuellen Zinsumfeld" als achtes Risiko für 2024.[19]

- Im *Global Risks Report* des WEF werden mangelnde wirtschaftliche Möglichkeiten, Inflation und wirtschaftlicher Abschwung als sechstes, siebtes und neuntes Risiko für die nächsten zwei Jahre genannt.[20]

- Aus der Perspektive der zweiten und dritten Linie nennen 33 Prozent der Risikoverantwortlichen in der *Chief Risk Officer Survey 2023* "wirtschaftlichen Abschwung oder Rezession" als Top-Fünf-Risiko, dem ihre Organisation in den nächsten zwei bis fünf Jahren ausgesetzt sein wird[21], und 41 Prozent der Leiter der Internen Revision, die in der Umfrage *2024 Risk in Focus-Nordamerika* befragt wurden, stufen "Marktveränderungen" als Top-Fünf-Risiko ein.[22]

Obwohl eine "sanftere Landung" erwartet wird, sind Inflationsdruck, das derzeitige Zinsumfeld, steigende Zölle und Grenzbeschränkungen, eine anhaltende Lebenshaltungskostenkrise, die sich auf Haushalte mit niedrigem und mittlerem Einkommen auswirkt, angebotsseitiger Preisdruck und ein allgemeines Gefühl der wirtschaftlichen Unruhe und der Ungewissheit, die sich weiterhin auf die Geschäftstätigkeit, die Kosten und die Gewinnspannen auswirken werden und die Wachstumsmöglichkeiten einschränken werden.

Die Realität ist, dass viele Audit-, Risiko-, Compliance- und Informationssicherheit-Experten die Inflation vor diesem Jahrzehnt noch nie am eigenen Leib erfahren haben. Als junger Interner Revisor, der in der zweiten Hälfte der 1970er Jahre anfing, kannte ich kein anderes Umfeld als jenes, in dem die Inflation ständige Risiken für mein Unternehmen darstellte. Bis in die 2020er Jahre war Inflation jedoch seit mehr als 40 Jahren nicht mehr die Norm, und es ist nicht leicht, eine Anleitung zur Bewältigung zu finden.

Unternehmen sollten sich darüber im Klaren sein, dass sie wahrscheinlich vor der Herausforderung stehen werden, ihre Budgets effektiv zu planen und Prognosen zu erstellen, steigende Kosten und andere Ausgaben, einschließlich Personal, Infrastruktur, Rohstoffe und Kapital, zu bewältigen und die Preise effektiv anzupassen, um die Gewinnspannen zu erhalten. Sie sollten sich auch der Risiken zweiter und dritter Ordnung bewusst sein, die die Inflation mit sich bringen kann, einschließlich Betrug, Kapitalmarktvolatilität und Unterbrechung der Lieferkette.

Globalisierung und geopolitische Instabilität

Ereignisse in einem Teil der Welt können sich überall auswirken. Das Peterson Institute for International Economics definiert Globalisierung als "die zunehmende Verflechtung der Volkswirtschaften, Kulturen und Bevölkerungen der Welt, die durch den grenzüberschreitenden Handel mit Waren und Dienstleistungen, Technologie und Investitions-, Personen- und Informationsflüssen hervorgerufen wird"[23].

Bislang waren die 2020er Jahre eine tiefgreifende Lektion über die weitreichenden Auswirkungen der Globalisierung. Unklarheit, Unsicherheit und Instabilität scheinen die einzigen erkennbaren Konstanten zu sein. Im Vorwort des *Global Risks Report 2024* zeichnet die geschäftsführende Direktorin des WEF, Saadia Zahidi, ein düsteres Bild einer von Konflikten, Sorgen und Frustration geplagten Welt.

Grundlegende geopolitische Spannungen in Verbindung mit dem Ausbruch aktiver Feindseligkeiten in mehreren Regionen tragen zu einer instabilen globalen Ordnung bei, die durch polarisierende Narrative, schwindendes

Vertrauen und Unsicherheit gekennzeichnet ist. Gleichzeitig haben die Länder mit den Auswirkungen rekordverdächtiger Wetterextreme zu kämpfen, da die Anstrengungen zur Anpassung an den Klimawandel und die Ressourcen nicht ausreichen, um Art, Ausmaß und Intensität der bereits eingetretenen klimabedingten Ereignisse zu bewältigen. Der Druck auf die Lebenshaltungskosten ist angesichts der anhaltend hohen Inflation und Zinssätze sowie der anhaltenden wirtschaftlichen Unsicherheit in weiten Teilen der Welt weiterhin spürbar. Verzweifelte Schlagzeilen kennen keine Grenzen, werden regelmäßig und weit verbreitet geteilt, und die Frustration über den Status quo wird immer deutlicher spürbar.[24]

Die Risiken sind auf globaler Ebene miteinander verknüpft, und die erste Hälfte der 2020er Jahre ist durch eine wahrhaft erschreckende Anzahl weltverändernder Ereignisse gekennzeichnet. COVID-19 hat das Potenzial von Pandemien für weitreichende Störungen sowie die ängstliche Sehnsucht nach Normalität hervorgehoben, die wir alle in ihrem Gefolge spüren würden. Geopolitische Spannungen sind weit verbreitet, und in vielen Regionen scheint es zu bemerkenswerten geopolitischen Verschiebungen zu kommen. Auf einen unvorstellbaren Krieg in Europa folgte ein unvorstellbarer Krieg im Nahen Osten. Instabile Regierungssysteme, ein sich wandelndes politisches Klima, wachsende Polarisierung und Terrorismus sind weltweit weiterhin an der Tagesordnung. Naturkatastrophen und der Klimawandel verschärfen weiterhin sowohl die physischen als auch die Lieferkettenrisiken.

Diese und unzählige andere Kräfte tragen zu einem allgemeinen Risikoklima der Unsicherheit und Unklarheit bei. Angesichts all dieser Konflikte inmitten eines scheinbar ständigen Wandels fragen sich Führungskräfte zu Recht: "Was kommt als nächstes?"

Die Risiken der geopolitischen Instabilität und der Globalisierung sollten in den Risikoportfolios vieler Unternehmen einen wichtigen Platz einnehmen und als Bestandteil eines effektiven Risikomanagements überwacht werden. Bedauerlicherweise wird ihnen nur selten die gebührende Aufmerksamkeit geschenkt—bis es zu spät ist und die Unternehmen von unerwartet brutalen Auswirkungen überrascht werden. Meiner Erfahrung nach konzentrieren sich Risiko- und Versicherungsexperten nicht oft auf die Risiken der Globalisierung und der politischen Instabilität. Obwohl die in der EY-Umfrage *"Global Board Risk Survey 2023"* befragten Vorstandsmitglieder "geopolitische Ereignisse (z. B. zunehmender Nationalismus, Handelskriege)" als wichtigste

Risikoquelle einstufen, die in den nächsten 12 Monaten wahrscheinlich schwerwiegende Auswirkungen auf das Unternehmen haben wird, betrachten nur relativ wenige (43 Prozent) geopolitische Risiken als Teil ihrer Governance-Aufsicht.[25]

Risiko durch Dritte

Die Zeiten, in denen die Lieferanten oder Partner eines Unternehmens ausschließlich bekannte und vertrauenswürdige Geschäftspartner waren, sind vorbei. In der verbundenen globalen Wirtschaft der 2020er Jahre kauft Ihr Unternehmen wahrscheinlich Rohstoffe, Waren und Dienstleistungen von Unternehmen aus der ganzen Welt. Diese Drittparteien arbeiten wiederum mit ihren eigenen Drittparteien zusammen, wodurch ein labyrinthartiges Netz von n^{ten} Parteien entsteht, das sich weit über das Wissen und die Kontrolle Ihres Unternehmens hinaus erstreckt.

Alles, was in diesem weit verzweigten Ökosystem geschieht, kann sich auf Ihr Unternehmen auswirken. Insbesondere die finanzielle Stabilität, der CO_2-Fußabdruck, die Schwachstellen in der Datensicherheit, das geistige Eigentum, die Nutzung von KI, die Arbeitsbedingungen und die Einstellungspraktiken von Dritt- und n^{ten} Parteien können einen deutlichen Einfluss auf Ihr Unternehmen haben.

Aus diesem Grund ist das Drittparteirisiko ein schnell wachsendes Risikouniversum für sich, das weitreichende Kategorien wie Finanzen, Betrieb, Strategie, Reputation, ESG, Digitalisierung, Geopolitik, Regulierung/Compliance, Betrug, Korruption, Cybersicherheit, Datenschutz, Lieferkette, Geschäftskontinuität und Resilienz und darüber hinaus umfasst. *Executive Perspectives on Top Risks* stuft Risiken durch Dritte als viertwichtigstes Risiko für 2024 und als sechstwichtigstes Risiko für 2034 ein.[26]

Der Trend, dass sich Unternehmen bei kritischen Geschäftsprozessen auf Dritte verlassen, hat sich während der COVID-19-Pandemie beschleunigt. Unternehmen lagern häufig wichtige Funktionen aus und verlassen sich bei anderen auf Geschäftspartner und IT-Anbieter. Auch wenn die zunehmende Abhängigkeit von Dritten durchaus enorme Vorteile mit sich bringen kann, sollten Unternehmen, die sich im Risikoklima der 2020er Jahre bewegen, besonders auf die folgenden Risiken durch Dritte achten:

- **Datenschutz und Datensicherheit.** Zugekaufte Technologien haben oft Zugriff auf sensible Unternehmensdaten. Eine Verletzung des Datenschutzes durch Dritte kann Ihr Unternehmen finanziellen, rechtlichen und rufschädigenden Kosten aussetzen.

- **Geschäftskontinuität und Resilienz.** Serviceausfälle oder Störungen bei Drittanbietern, auf die man sich bei zentralen Geschäftsfunktionen verlässt, können den Betrieb, die Leistung, den Ruf, die Kunden- und Geschäftsbeziehungen und die Fähigkeit zur Umorientierung von Unternehmen in Frage stellen.

- **Einhaltung gesetzlicher Vorschriften.** In einigen Bereichen der Gesetzgebung können Unternehmen für die Nichteinhaltung von Vorschriften durch dritte oder sogar nte Parteien in ihren Lieferketten haftbar gemacht werden, was zu rechtlichen Problemen oder hohen Geldstrafen führen kann.

Regulatorische Änderungen und Kontrolle

Ich habe in der Vergangenheit geschrieben, dass der Bogen des Regulierungspendels in Krisenzeiten tendenziell weiter ausschlägt. Dies ist in der Permakrise sicherlich der Fall. Das Tempo des regulatorischen Wandels beschleunigt sich weiter und fügt dem ohnehin schon komplizierten Geflecht von Compliance-Verpflichtungen noch mehr Komplexität hinzu und stellt neue Anforderungen an die Unternehmen, ihre Prozesse, Produkte, Dienstleistungen und Richtlinien zu ändern, um die Compliance zu gewährleisten. In wichtigen Bereichen hat die regulatorische Kontrolle deutlich zugenommen, darunter Datenschutz, ESG (ein Bereich, in dem die Anforderungen an die integrierte Berichterstattung sowohl weltweit als auch in den USA zunehmen) und Cybersicherheit angesichts der neuen SEC-Vorschriften, wonach börsennotierte Unternehmen wesentliche Cybersicherheitsvorfälle melden müssen. Auch mögliche Gesetze zur Regulierung von sozialen Medien und KI stehen bevor.

Die Führungskräfte erwarten nicht, dass dieser Druck in den nächsten 10 Jahren nachlässt: Die Befragten der *Executive Perspectives on Top Risks* nennen "verstärkte regulatorische Änderungen und Kontrollen" als fünftwichtigstes Risiko für 2024 und 2034. Die Umfrage nennt spezifische Anforderungen, die den Finanzdienstleistungs- und Technologiesektor beunruhigen, und fügt hinzu:

Solche Bedenken sind auch in anderen Branchen weit verbreitet, da die Sorgen über die Ausweitung staatlicher Vorschriften und die Durchsetzung durch die Behörden—insbesondere in Bezug auf den Datenschutz, die Offenlegung der Klima- und Nachhaltigkeitsberichterstattung, die Offenlegung von Cyberverletzungen, die erweiterten Anforderungen an die Bestätigungen und andere Themen—höher sind als in der letztjährigen Umfrage sowohl für das kommende Jahr als auch für die nächsten zehn Jahre.[27]

Perspektiven aus der zweiten und dritten Linie verstärken die Allgegenwärtigkeit dieser Sorgen.

- In der von KPMG durchgeführten *Umfrage 2023 unter Chief Risk Officers* werden regulatorische Änderungen und Compliance-Themen als die größte Herausforderung für ihre Unternehmen in den nächsten zwei bis fünf Jahren genannt.[28]

- In der Studie *2024 Risk in Focus-Nordamerika* stufen 43 Prozent der Chief Audit Executives den regulatorischen Wandel als eines der fünf größten Risiken ein, denen ihr Unternehmen ausgesetzt ist, was ihn zum drittgrößten Risiko insgesamt macht.[29]

- Die *KPMG-Studie* 2024 *Global Chief Ethics and Compliance Officer Survey* zeigt, dass 84 Prozent der CCOs erwarten, dass die Erwartungen und die Kontrolle durch die Regulierungsbehörden in den nächsten zwei Jahren weiter steigen werden.[30]

Insgesamt trägt die Welle neuer Gesetze und Vorschriften—sowohl derjenigen, die bereits die Küste erreicht haben, als auch derjenigen, die in naher Zukunft erwartet werden—weiter dazu bei, dass die Unternehmen unsicher sind, was die Zukunft angeht.

Nachhaltigkeit

Unternehmen sind mit einer immer größeren Bandbreite von Nachhaltigkeitsrisiken konfrontiert. Es gibt die offensichtlichen kurzfristigen physischen Risiken, die durch plötzliche und schwere Wetterereignisse (z. B. Waldbrände, Wirbelstürme, Überschwemmungen) verursacht werden, die Anlagen und Infrastrukturen beschädigen und Lieferketten unterbrechen können. Es gibt auch physische Risiken durch die kurz- und langfristigen Auswirkungen von Ressourcenknappheit, steigenden Temperaturen und steigende Meeresspiegel. Unternehmen sollten besonders auf die sich entwickelnden Erwartungen der Stakeholder in Bezug auf Nachhaltigkeit achten, die das Potenzial für Auswirkungen auf die Reputation und die Nichteinhaltung von Vorschriften erhöhen.

Weltweit ist das Interesse an Nachhaltigkeit und anderen ESG-bezogenen Themen seit 2020 dramatisch gestiegen. Vor dem Hintergrund von Klima-wandel, COVID-19 und sozialen Bewegungen haben Investoren, Regierun-gen, Aufsichtsbehörden, Verbraucher, Mitarbeiter und andere Stakeholder ihre Erwartungen daran, wie Unternehmen für eine verantwortungsvolle ESG-Leistung zur Rechenschaft gezogen werden können, überprüft und neu kalibriert. Insbesondere Investoren wollen wissen, wie sich nachhaltig-keitsbezogene Risiken auf Ihr Unternehmen und dessen aktuelle und länger-fristige finanzielle Leistung und Position auswirken. Sie wollen möglichst fundierte Entscheidungen treffen, und die Regulierungsbehörden auf der ganzen Welt folgen ihrem Ruf.

Auf regulatorischer Ebene hat dies zu nicht weniger als einem globalen Wandel in der Landschaft der Offenlegung von Nachhaltigkeitsrisiken geführt. In den letzten Jahren wurden alle der folgenden Punkte gleichzeitig umgesetzt:

- Die EU-Richtlinie über die Nachhaltigkeitsberichterstattung von Unternehmen (CSRD) und die damit verbundenen Europäischen Standards für die Nachhaltigkeitsberichterstattung (ESRS)

- Die britischen Verordnungen zur Offenlegung von Finanzdaten im Zusammenhang mit dem Klimawandel

- Die ersten S1- und S2-Standards, die vom International Sustainabi-lity Standards Board (ISSB) der IFRS Foundation herausgegeben wurden

- Die endgültigen Regeln der SEC für die Verbesserung und Stan-dardisierung der klimabezogenen Berichterstattung

Auch wenn die Einhaltung dieser Vorschriften in der Regel schrittweise erfolgt, sollte kein Unternehmen die Einführung der notwendigen Prozesse, Kontrollen und Technologien aufschieben, um eine genaue, vollständige, zuverlässige und prüfungsreife Berichterstattung über klimabezogene Risi-ken zu unterstützen.

Steigender Fachkräftemangel und Arbeitskosten

Das Gewinnen von Talenten wird immer schwieriger und entwickelt sich weiter, so dass es für Unternehmen immer wichtiger wird, sich mit den ändernden Erwartungen von Talenten, Generationsunterschieden, Nachfol-geproblemen und steigenden Vergütungsanforderungen umzugehen. In der

Umfrage *"Executive Perspectives on Top Risks"* wird die "Fähigkeit, Top-Fachkräfte zu gewinnen, zu entwickeln und zu halten, mit den veränderten Erwartungen der Arbeitnehmer umzugehen und die Nachfolgeproblematik zu bewältigen" als das zweitgrößte Risiko eingestuft.[31] Talentrisiken stehen ebenfalls ganz oben auf dem Radar der Vorstandsmitglieder: 42 Prozent der Befragten in der *Global Board Risk Survey 2023* von EY gaben an, dass „Personalprobleme wie Talentmangel oder fehlende Qualifizierung" im nächsten Jahr wahrscheinlich schwerwiegende Auswirkungen auf ihr Unternehmen haben werden.[32]

Der Wettbewerb um Fachleute ist in allen drei Linien sehr hart. Für Unternehmen wird es nicht nur immer schwieriger, Mitarbeiter mit den gesuchten Fachkenntnissen zu finden, sondern überhaupt Mitarbeiter zu finden. Der Inflationsdruck verkompliziert das Bild zusätzlich: Die Befragten der *Executive Perspectives on Top Risks* geben an, dass der sich verschärfende Wettbewerb um Talente sowohl jetzt als auch in Zukunft die Arbeitskosten in die Höhe treiben wird.[33]

Organisatorische Kultur

Die Unternehmenskultur ist eines der größten, aber dennoch oft übersehenen Risiken in jedem Unternehmen, da sich die Unternehmenskultur auf nahezu jeden Aspekt des Risikomanagements auswirkt. Die Kultur ist auch ein Schlüsselfaktor für eine erfolgreiche Transformation in jedem Unternehmensbereich.

Fachleute aus allen drei Linien beginnen, den Beitrag der Kultur zum Unternehmenserfolg besser zu verstehen. Leider schlägt sich dieses wachsende Bewusstsein nicht immer in Maßnahmen nieder. Das Kulturrisiko ist in vielen Umfragen sogar zurückgegangen. Dennoch ist das Risiko real, und die Führungskräfte scheinen dem zuzustimmen: 42 Prozent der Befragten in der *Global Board Risk Survey 2023* von EY halten eine "falsch ausgerichtete Kultur" für eine Risikoquelle, die ihr Unternehmen innerhalb des nächsten Jahres wahrscheinlich stark beeinträchtigen wird.[34]

In einem so engen Talentmarkt sollten Unternehmen den enormen Einfluss der Unternehmenskultur auf die Gewinnung und Bindung von Talenten nicht unterschätzen.

- Die *EY US Generation Survey 2022* ergab, dass 92 Prozent der Arbeitnehmer sagen, dass die Unternehmenskultur einen Einfluss auf ihre Absicht hat, bei ihrem derzeitigen Arbeitgeber zu bleiben.[35]

- In einer Gallup-Umfrage gaben die Befragten, die sich mit ihrer Kultur stark verbunden fühlen, an, dass sie sich mit 55% geringerer Wahrscheinlichkeit nach einem anderen Arbeitsplatz umsehen, dass sie sich viermal häufiger bei der Arbeit engagieren und dass sie ihr Unternehmen mit fünfmal höherer Wahrscheinlichkeit als einen großartigen Arbeitsplatz empfehlen.[36]

Das Zusammenwirken vieler Risiken—und begrenzter Ressourcen für das Risikomanagement

Die hier untersuchten Risiken stellen nur einige der wichtigsten Risiken dar, die wir bereits kennen. Die Unternehmen müssen sich auch fragen: Welche nachgelagerten Auswirkungen werden diese Risiken haben? Welche neuen Risiken werden scheinbar aus dem Nichts auftauchen? Und, was vielleicht am wichtigsten ist, werden sie über die Ressourcen verfügen, die sie benötigen, um diese wachsenden Anforderungen zu bewältigen?

Es ist besonders wichtig, die Risiken und Auswirkungen im Zusammenhang mit dem Bedrohungsgrad der einzelnen Risikobereiche im Verhältnis zum Vorbereitungsgrad der Organisation zu verstehen. Genau aus diesem Grund sollte die Frage nach fehlenden Ressourcen und Fähigkeiten in den wichtigsten Risikobereichen für jede Organisation von großer Bedeutung sein. Genau mit dieser Frage beschäftigt sich unser nächstes Kapitel.

KAPITEL 5

Stagnierende Ressourcen

Das Argument scheint klar genug: Angesichts der zunehmenden Risiken und der Permakrise, die einen Zustand anhaltender Krisen verspricht, muss sich die Art und Weise unseres Risikomanagements weiterentwickeln. Die Mitarbeitenden aller drei Linien—also diejenigen, die täglich ihre Fähigkeiten, ihr Wissen, ihre Erfahrung und ihre Entscheidungen einbringen, um Risiken zu erkennen, zu bewerten, zu mindern, zu überwachen und abzusichern— sind nach wie vor das Herzstück eines jeden wirksamen Risikomanagementprogramms. Da neue Risiken immer schneller und unvorhersehbarer auftreten, steigt der Bedarf an qualifizierten Fachkräften, die Unternehmen dabei unterstützen, sowohl bekannte als auch unbekannte Risiken zu bewältigen.

Leider stagniert der Ressourcenpool bestenfalls. In kritischen Technologiebereichen (z. B. Cybersicherheit, künstliche Intelligenz, Cloud Computing, Verwaltung der Einführung digitaler Technologien) sowie in wichtigen Funktionen der zweiten und dritten Linie besteht ein gravierender Mangel an gefragten Qualifikationen. Es gibt einfach nicht genug Ressourcen für viele Funktionen. Hinzu kommt, dass sich die Erwartungen und Präferenzen der Mitarbeiter verschieben und Prioritäten jenseits der alten Standards wie Gehalt, Sozialleistungen und Stabilität widerspiegeln—und der wachsende Einfluss von KI und Automatisierung wird das Spiel weiter verändern.

Vor diesem beeindruckenden Hintergrund ist jedes Unternehmen bestrebt, ein Team der nächsten Generation aufzubauen, das ihnen hilft, die Anforderungen und Risiken der Zukunft zu bewältigen. Aber wie wir gesehen haben, ist es für die meisten bereits jetzt eine Herausforderung, genügend fähige Ressourcen zu finden, um den aktuellen Bedarf zu decken.

Dieser Fachkräftemangel ist eine echte Krise. Auch wenn das Wort "Krise" oft überstrapaziert oder falsch verwendet wird, ist es in diesem Zusammenhang der treffendste Begriff, wenn man die komplexen und massiven Herausforderungen betrachtet, die sich daraus für Organisationen ergeben. Der Mangel an Fachkräften schränkt unsere Fähigkeit ein, nicht nur mit den Risiken Schritt zu halten, sondern uns auch weiterzuentwickeln, zu innovieren und unsere Organisationen strategisch so zu positionieren, dass sie relevant, resilient, erfolgreich und zukunftsfähig sind. Tatsächlich ist "Stagnation" eine Untertreibung, wenn es darum geht, die Situation in vielen Unternehmen zu beschreiben, in denen die Ressourcen für Interne Revision, Risikomanagement und Compliance tatsächlich abnehmen.

Die Herausforderungen bei der Gewinnung und Bindung von Fachkräften werden bestehen bleiben—Vorstände und Führungskräfte, die dies ignorieren, handeln auf eigene Gefahr. In diesem Kapitel werden wir uns mit den Faktoren und Kräften befassen, die den Fluss, das Wachstum und die Entwicklung der Ressourcen einschränken, die Unternehmen benötigen, um die Risikolücke zu verringern.

Die sich verändernden Herausforderungen bei der Fachkräftegewinnung

Wie im vorangegangenen Kapitel dargelegt, ist die Gewinnung, Bindung und Entwicklung von Fachkräften zu einem der Hauptanliegen von Vorständen und Geschäftsleitungen in fast allen Branchen und Regionen geworden. Sie erfahren zunehmend, wie der Mangel an Fachkräften ihre Fähigkeit einschränkt, ihre Ziele zu erreichen oder die Erwartungen der Stakeholder zu erfüllen.

Die Verflechtung vom Fachkräftemangel mit anderen Risiken wird ebenfalls immer deutlicher. So nehmen beispielsweise die Risiken durch Dritte, sowie digitale Risiken exponentiell zu, da sich Unternehmen bei der Unterstützung ihrer Kerngeschäfte zunehmend auf Dritte verlassen. Neben Kapazitätsengpässen, hoher Fluktuation, schlechter Arbeitsmoral, einer gestörten Unternehmenskultur und steigenden Personalbeschaffungs-, Entwicklungs- und Arbeitskosten kommen operative und finanzielle Risiken sowie Reputationsrisiken hinzu. Auch die Abgrenzumg von Wettbewerbern und der Wettbewerbsvorteil stehen auf dem Spiel, da Unternehmen nicht auf spezialisierte Fähigkeiten und neue Perspektiven zugreifen können, was für Innovationen unerlässlich ist. Ich könnte immer weiter fortfahren. Lassen Sie uns stattdessen von den Vorständen und Geschäftsleitern selbst hören, wie Talent mit anderen Schlüsselrisiken zusammenhängt.

Verschärfung des Drittparteirisikos

Wir haben uns eingehend damit befasst, wie Vorstände, C-Suite-Führungskräfte und Funktionen der zweiten und dritten Linie das Risiko von Geschäftspartnern priorisieren. Dennoch lohnt sich ein zweiter Blick auf die eskalierende Prioritätsstufe im Zusammenhang mit dem "Krieg um Talente".

Unter den 36 Risiken, die in den *Executive Perspectives on Top Risks* am häufigsten genannt werden, hat sich das Geschäftspartnerrisiko im Vergleich zum Vorjahresbericht am meisten vergrößert und ist von Platz 17 im Jahr 2023 auf Platz vier im Jahr 2024 vorgerückt. Auch in der vorausschauenden Top-10-Liste der Führungskräfte für 2034 rangiert das Geschäftspartnerrisiko auf Platz sechs.[1]

Der Bericht weist schließlich auf einen direkten Zusammenhang zwischen der bemerkenswerten Zunahme des Ranges und dem verstärkten Fokus der Führungskräfte auf "neue Risiken, die angesichts dieser externen Partnerschaften entstehen können" hin. Diese Risiken ergeben sich daraus, dass viele Unternehmen verstärkt auf Joint Ventures, Allianzen und andere Beziehungen zu Dritten zurückgreifen, um die durch die Herausforderungen des Talentmanagements entstandenen Lücken zu schließen.[2] Mit anderen Worten: Mit den wachsenden Herausforderungen bei der Fachkräftegewinnung steigt (wahrscheinlich) auch das Risiko durch Drittparteien.

Wachsender Mangel an Fachkräften in Schlüsselbereichen

Technologie

Unternehmen können technologiebezogene Risiken nur dann verstehen und managen sowie Technologie als Wettbewerbsvorteil nutzen, wenn sie Zugang zu hochqualifizierten IT-Fachkräften haben. Der *Technology Trends Outlook 2023* von McKinsey warnt jedoch: "Es besteht eine große Kluft zwischen der Nachfrage nach Menschen mit den Fähigkeiten, die erforderlich sind, um aus den Technologietrends Nutzen zu ziehen, und den verfügbaren

Talenten: Unsere Untersuchung von 3,5 Millionen Stellenausschreibungen in diesen Technologietrends ergab, dass für viele der am stärksten nachgefragten Fähigkeiten weniger als halb so viele qualifizierte Fachkräfte pro Ausschreibung zur Verfügung stehen wie im weltweiten Durchschnitt." Der McKinsey-Bericht stellt insbesondere einen erheblichen Anstieg der Stellenausschreibungen in den Bereichen angewandte KI, Softwareentwicklung der nächsten Generation, Cloud- und Edge-Computing, Vertrauensarchitekturen und digitale Identität sowie die Zukunft der Mobilität fest.[3]

Viele Unternehmen bekommen die Auswirkungen dieser Lücke bereits zu spüren. Laut der 2024 *Global Technology Audit Risks Survey* von Protiviti und The IIA sieht fast die Hälfte der befragten Unternehmen erhebliche Lücken zwischen den in ihrem Unternehmen vorhandenen Fähigkeiten und den für ein effektives Risikomanagement und die Einführung von Technologien erforderlichen Fähigkeiten. Etwa 44 Prozent der Befragten nennen "fehlende technische Fähigkeiten" als drittwichtigstes Hindernis für die Einführung von IT-Audit-Tools und -Technologien, und 45 Prozent der Befragten sind der Meinung, dass ihre IT-Audit-Abteilung eine bessere Ausbildung benötigt, um sowohl aktuelle als auch neu entstehende Technologierisiken effektiver handhaben zu können, womit dies die meistgenannte Antwort insgesamt ist.[4]

Vor allem in der Cybersicherheitsbranche herrscht ein immer größerer Mangel. Die Ergebnisse der ISC2 2023 *Cybersecurity Workforce Study*, für die weltweit fast 15.000 Cybersecurity-Fachleute und -Führungskräfte befragt wurden, verdeutlichen das enorme Ausmaß der Lücke und das damit verbundene Problem.

- Im Jahr 2023 werden weltweit etwa vier Millionen Fachleute für Cybersicherheit benötigt. Um die volle Kapazität zu erreichen, muss sich der Berufsstand fast verdoppeln.

- Mehr als zwei Drittel der Befragten (67 Prozent) geben an, dass es an Personal für die Cybersicherheit mangelt, das für die Vorbeugung und Behebung von Problemen benötigt wird, und 92 Prozent berichten von Qualifikationsdefiziten.

- Drei von vier Befragten halten die aktuelle Bedrohungslage für die größte Herausforderung der letzten fünf Jahre, und nur etwas mehr als die Hälfte (52 Prozent) ist der Meinung, dass ihr Unternehmen über die erforderlichen Instrumente und Mitarbeiter verfügt, um in den nächsten zwei bis drei Jahren auf Cyber-Vorfälle zu reagieren.[5]

Risikomanagement, Interne Revision und Compliance

Gleichzeitig sind die Unternehmen mit einem Mangel an Nachwuchskräften in den Bereichen Risikomanagement, Interne Revision und Compliance konfrontiert. Die Auswirkungen dieses Mangels rücken für viele Mitglieder von Prüfungsausschüssen immer mehr in den Vordergrund: Auf die Frage, welche Prioritäten sie für das nächste Jahr setzen, wählten die Mitglieder von Prüfungsausschüssen, die im Rahmen des 2024 *Audit Committee Practices Report* befragt wurden, "Finanz- und Interne Revisions-Talente" als drittwichtigste Priorität, nur gefolgt von Cybersicherheit (Platz 1) und ERM (Platz 2).[6] Ich bedauere zwar, dass die Umfrage Finanzwesen und Interne Revision in eine einzige Kategorie packt, aber das ist dennoch ein sehr beeindruckendes Ergebnis.

Die Wurzeln dieses wachsenden Mangels reichen in viele Richtungen:

- Die Belegschaften werden älter und gehen in den Ruhestand. So berichtet *Strategic Risk*, dass 68 Prozent der Risikomanager in den USA über 40 Jahre alt sind und nur 6 Prozent zwischen 20 und 30 Jahre alt sind.[7] Ein Bericht des US-Senats über *America's Aging Workforce: Opportunities and Challenges (Amerikas alternde Arbeitskräfte: Chancen und Herausforderungen)* stellt fest, dass die Zahl der älteren Arbeitnehmer in den USA schneller wächst als die Gesamtzahl der Arbeitskräfte: Während für die gesamte Erwerbsbevölkerung zwischen 2016 und 2026 ein durchschnittliches Wachstum von nur 0,6 Prozent prognostiziert wird, soll die Zahl der Personen im Alter von 65 bis 74 Jahren jährlich um 4,2 Prozent und die Zahl der Personen im Alter von 75 Jahren und älter jährlich um 6,7 Prozent steigen.[8]

- Es kommen immer weniger Menschen in diese Bereiche. Viele dieser Bereiche haben sich in der Vergangenheit auf Studenten der Betriebswirtschaft verlassen, um ihre Reihen zu füllen, aber sie schöpfen jetzt aus einem schrumpfenden Pool von Bewerbern. *Der 2023 Trends Report* des AICPA stellt fest, dass die Zahl der Bachelor-Abschlüsse im Bereich Rechnungswesen im Zeitraum 2021–2022 um 7,8 Prozent im Vergleich zu früheren Jahren abgenommen hat.

Dieser Rückgang folgt auf einen stetigen Rückgang von 1 bis 3 Prozent seit dem Studienjahr 2015–2016.[9]

- Die Wahrnehmung dieser Berufe leidet. Einige junge Berufstätige sehen einen Mangel an beruflichen Entwicklungsmöglichkeiten und Aufstiegschancen. Andere haben einfach ein falsches Bild von der Arbeit und halten sie für langweilig, repetitiv oder ohne lohnende Herausforderungen. Wieder andere befürchten, dass diese Aufgaben in nicht allzu ferner Zukunft durch Automatisierung und künstliche Intelligenz ersetzt werden könnten. Letzteres ist eine berechtigte Sorge; wir werden diese Frage im weiteren Verlauf noch genauer untersuchen.

- Viele Menschen kündigen einfach. Wie in einem Artikel *des Wall Street Journal aus* dem Jahr 2023 berichtet wird, entscheiden sich diejenigen, die bereits in diesem Beruf tätig sind und unter einer höheren Arbeitsbelastung und weniger Unterstützung leiden, häufig dafür, "das Schiff zu verlassen". Daten aus der Bevölkerungserhebung 2023 des Bureau of Labor Statistics zeigen, dass zwischen 2019 und 2021 mehr als 300.000 Buchhalter ihren Job aufgaben.[10] Wie das *Wall Street Journal* in einem anderen Artikel berichtet, zeigen andere Daten, dass ein steigender Prozentsatz von Buchhaltern ihre Karriere in späteren Jahren verlässt: Der Anbieter von Beschäftigungsdaten, Live Data Technologies, stellt fest, dass etwa 82 Prozent der Buchhalter, die zwischen dem 1. Januar und dem 1. September 2023 aus dem Beruf ausschieden, mindestens sechs Jahre Erfahrung hatten.[11]

- Den Mitarbeitern mangelt es an den entscheidenden Fähigkeiten, die für die Zukunft benötigt werden. Der *RIMS Risk Management Talent 2025 Report* zeigt zum Beispiel, dass fast alle Befragten (94 Prozent) glauben, dass Risikomanagement-Fachleute neue Fähigkeiten benötigen, um die zukünftigen Herausforderungen zu meistern—und nur 32 Prozent der Führungskräfte glauben, dass die heutigen Risikomanagement-Fachleute darauf vorbereitet sind.[12] Protiviti's 2023 *Next- Generation Internal Audit Survey* kommt zu dem Ergebnis, dass weniger als 6 von 10 Internen Revisionsabteilungen Zugang zu den Talenten haben, die sie für die Kompetenzen der nächsten Generation benötigen, wie z.B. kontinuierliche Überwachung, hochwirksames Reporting, dynamische Risikobewertungen, agiles Auditing, fortschrittliche Analytik, Automatisierung, Process Mining, Machine Learning (ML), künstliche Intelligenz (KI), strategische Vision und Talentmanagement.[13]

Das Schrumpfen der traditionellen Talentpools für Risikomanagement, Interne Revision und Compliance sowie die wachsende Qualifikationslücke machen es erforderlich, dass Unternehmen ihren Ansatz für die Rekrutierung und Bindung von Mitarbeitern neu überdenken. Ich schwenke schon seit Jahren diese Fahne und ermutige die Revisions-, Risiko- und Compliance-Funktionen dazu, nicht-traditionelle Quellen für Talente zu erschließen und Wege zu finden, die tägliche Arbeit zu erleichtern, Arbeit sinnvoller, engagierter und motivierender zu gestalten und in eine Mitarbeiterentwicklung zu investieren, die besser auf die Präferenzen der nächsten Generation abgestimmt ist.

Veränderte Mitarbeitererwartungen

Die sich ändernden Erwartungen der Arbeitnehmer wirken sich durchaus auf das Problem der stagnierenden Ressourcen aus. Abgesehen von den eindeutigen Unterschieden in den Präferenzen der Generationen in Bezug auf Arbeit und Arbeitsplatz, hat die COVID-19-Pandemie die Art und Weise verändert, wie viele von uns über ihre Arbeit denken.

Ich werde immer auf das Jahr 2020 als ein Jahr zurückblicken, das mein Leben verändert hat. In den 11 Jahren zuvor war ich CEO einer globalen Organisation und ein Sprecher der Internen Revision gewesen, der global aufgetreten ist. Plötzlich war ich eine an die Heimat gebundene Führungskraft, und das erzwungene Experiment ermöglichte es mir, einen Blick in eine alternative Version meiner Welt zu werfen. Diese Erfahrung hat wahrscheinlich meine Entscheidung beschleunigt, die Fackel Anfang 2021 an einen neuen CEO weiterzureichen.

Meine Erfahrung war nicht ungewöhnlich. Im Zuge der Großen Kündigungswelle verließ eine beträchtliche Anzahl von Arbeitnehmern in den USA freiwillig ihren Arbeitsplatz und begründete dies mit niedriger Bezahlung, schlechter Work-Life-Balance, fehlenden Sozialleistungen oder Aufstiegsmöglichkeiten oder dem Gefühl, an ihrem Arbeitsplatz generell nicht geschätzt zu werden. Als die große Resignation abzuflauen schien, gewann stattdessen das Phänomen der „stillen Kündigung" (Quiet Quitting), bei dem wenig engagierte Arbeitnehmer berichten, dass sie nur das Nötigste tun, um ihren Verpflichtungen nachzukommen, an Bedeutung. Obwohl die Analysen beider Phänomene in den Medien etwas übertrieben wurden, sollten die Unternehmen ein besseres Verständnis für die unterschiedlichen Prioritäten der Generationen entwickeln.

Eine eingehende Analyse dieser Unterschiede würde den Rahmen dieses Buches sprengen, aber die allgemeine Botschaft wird immer deutlicher: Die verschiedenen Generationen von Arbeitnehmern haben unterschiedliche Prioritäten, Vorlieben, Ziele und alltägliche Bedürfnisse. Jedes Unternehmen, das diese Mitarbeiter anziehen, binden und sinnvoll weiterentwickeln will, muss diese sich ändernden Präferenzen berücksichtigen. Diese Überlegungen sollten nicht nur in die Talentmanagement-Strategie einfließen, sondern auch in die Organisationsstruktur, den Führungs- und Kommunikationsstil, die physische Umgebung, die Richtlinien (z. B. Flexibilität, Telearbeit, Vergütung, Anerkennung, Sozialleistungen, Anreize, Verhaltenskodex), die Mission und die Wertvorstellungen, die Strategien für den Aufbau und die Aufrechterhaltung einer gesunden Kultur und sogar die Auswahl der Technologie.

Die sich beschleunigenden Auswirkungen von KI und Automatisierung

Automatisierung und KI-Funktionen wirken sich auch auf die Talentkrise aus. Diese Auswirkungen werden sich in den kommenden Jahren noch verschärfen.

Sicherlich profitieren Unternehmen von Effizienzsteigerungen, die es ihnen ermöglichen, Bandbreite und Talente anderweitig einzusetzen. Der *Future of Jobs Report 2023* des WEF geht davon aus, dass sich die meisten Technologien in den nächsten fünf Jahren positiv auf die Beschäftigung auswirken werden.[14] Eine ISACA-Umfrage unter Fachleuten aus den Bereichen Audit, Risiko, Sicherheit, Datenschutz und IT-Governance aus dem Jahr 2023 ergab, dass 85 Prozent der Befragten KI als ein Werkzeug ansehen, das die menschliche Produktivität steigert, und 62 Prozent glauben, dass sie sich positiv oder neutral auf die Gesellschaft als Ganzes auswirken wird. Ihre Aussichten sind jedoch nicht ganz so rosig: 45 Prozent glauben, dass eine beträchtliche Anzahl von Arbeitsplätzen aufgrund von KI wegfallen wird, und 80 Prozent glauben, dass sie zusätzliche Schulungen benötigen werden, um ihren Arbeitsplatz zu behalten oder in ihrer Karriere voranzukommen.[15]

In einer Newsweek-Story über die Berufe, die am stärksten von der Ersetzung durch KI bedroht sind, werden viele der Berufe genannt, die einem angesichts der aufkeimenden Fähigkeiten der KI bei der Nutzung, Analyse und Synthese großer Datenmengen sofort einfallen. Zu diesen Berufen gehören Datenanalysten, Buchhalter, Kundendienstmitarbeiter, Ersteller von Medieninhalten, Rechtsassistenten und Anwaltsgehilfen sowie Finanzanalysten.[16]

Ein Accenture-Bericht aus dem Jahr 2023 kommt zu dem Schluss, dass der Bankensektor am stärksten vom Einsatz von KI betroffen sein könnte, da bis zu 54 Prozent der Aufgaben in diesem Sektor durch generative KI automatisiert werden könnten. Versicherungen, Software/Plattformen, Kapitalmärkte, Energie und Kommunikation/Medien sind die nächsten Sektoren, die am stärksten betroffen sind. Der Bericht geht ferner davon aus, dass 40 Prozent der Arbeitszeit in allen Branchen von Large Language Models (LLMs) wie zum Beispiel ChatGPT beeinflusst werden können.[17]

Kein Beruf ist von den wachsenden Auswirkungen von KI und Automatisierung ausgenommen. Im Rahmen der *edX AI Survey* 2023 wurden 800 Führungskräfte aus dem C-Suite-Bereich zu verschiedenen Aspekten der Auswirkungen von KI befragt.

- Erschütternde 77 Prozent sagen, dass KI ihre Geschäftsstrategie beeinträchtigt, und 79 Prozent befürchten, dass sie durch die Unfähigkeit, den Umgang mit KI zu erlernen, nicht auf die Zukunft der Arbeit vorbereitet sind.

- Sie schätzen gemeinsam, dass mehr als die Hälfte (56 Prozent) der Einstiegsberufe wegfallen werden.

- Fast die Hälfte (47 Prozent) ist der Meinung, dass die Rolle des CEO ganz oder teilweise automatisiert oder durch KI ersetzt werden sollte—und 49 Prozent der CEOs in der Gruppe stimmen dem zu.[18]

Einem Artikel *der New York Times* zufolge experimentieren einige Unternehmen bereits mit KI-CEOs. Anant Agarwal, Gründer von edX und ehemaliger Direktor des Computer Science and AI Lab des MIT, schätzt, dass 80 Prozent der Arbeit eines CEO durch KI ersetzt werden können. Agarwal glaubt auch, dass KI dazu beitragen wird, die Rolle des Top-Managements zu demokratisieren: "Früher gab es eine Gruppe von Leuten, die gut mit Zahlen umgehen konnten, und solchen, die es nicht konnten. Dann kam der Taschenrechner auf und war der große Gleichmacher. Ich glaube, dass die KI dasselbe für die Bildung tun wird. Jeder könnte CEO werden."[19]

Die übergeordnete Realität ist, dass Unternehmen wahrscheinlich Schwierigkeiten haben werden, bei der Einführung von KI und Automatisierung einen menschenzentrierten Ansatz zu verfolgen. Dies erhöht nicht nur das Potenzial für die Verdrängung von Arbeitern und Angestellten, sondern setzt auch die traditionellen Talentmanagementmethoden, die Organisationskultur und die Unternehmensführung erneut unter Druck.

Qualifikationsdefizite erfordern einen grundlegenden Wandel

Die Stagnation des Risikoressourcenpools, die mit den technologischen Fortschritten der KI, der Automatisierung, des maschinellen Lernens (ML), der Datenanalyse und anderer aufkommender Technologien einhergeht, stellt Unternehmen und menschliche Arbeitskräfte gleichermaßen vor neue und tiefgreifende Herausforderungen. Insbesondere wird deutlich, dass sich die Art und Weise, wie wir verschiedene Fähigkeiten verstehen und bewerten, grundlegend ändern wird. Der *WEF-Bericht über die Zukunft der Arbeitsplätze 2023* zeigt, dass in den nächsten fünf Jahren etwa 44 Prozent der Qualifikationen von Arbeitnehmern nicht mehr gefragt sein werden.

Kognitive Fähigkeiten nehmen den Angaben zufolge am schnellsten an Bedeutung zu, was die zunehmende Bedeutung komplexer Problemlösungen am Arbeitsplatz widerspiegelt. Die befragten Unternehmen geben an, dass kreatives Denken etwas schneller an Bedeutung gewinnt als analytisches Denken. Technologiekompetenz ist die am drittschnellsten wachsende Kernkompetenz. Das Vertrauen in die eigenen Fähigkeiten und Kompetenzen rangiert noch vor der Fähigkeit, mit anderen zusammenzuarbeiten, wenn es um die von den Unternehmen erwartete Zunahme der Bedeutung von Fähigkeiten geht. Die sozio-emotionalen Eigenschaften, deren Bedeutung nach Ansicht der Unternehmen am schnellsten zunimmt, sind Neugier und lebenslanges Lernen, Belastbarkeit, Flexibilität und Agilität sowie Motivation und Selbstbewusstsein. Systemisches Denken, KI und Big Data, Talentmanagement sowie Serviceorientierung und Kundenservice vervollständigen die Top 10 der wichtigsten Kompetenzen. Während die Befragten die Bedeutung dieser Fähigkeiten als gleichbleibend einstuften, schätzt eine beträchtliche Minderheit von Unternehmen Lesen, Schreiben und Mathematik, Weltbürgertum, sensorische Fähigkeiten sowie manuelle Geschicklichkeit, Ausdauer und Präzision als weniger wichtig für ihre Mitarbeiter ein.[20]

Der Bericht enthält einen faszinierenden und vielschichtigen Blick auf die Qualifikationen, die an Bedeutung gewinnen oder verlieren. Abbildung 5–1 zeigt die 10 wichtigsten Qualifikationen.

Abbildung 5–1
Top 10 Qualifikationen auf dem Vormarsch

Anteil der befragten Unternehmen, die der Ansicht sind, dass die Bedeutung von Qualifikationen zunimmt oder abnimmt, geordnet nach der Nettodifferenz.

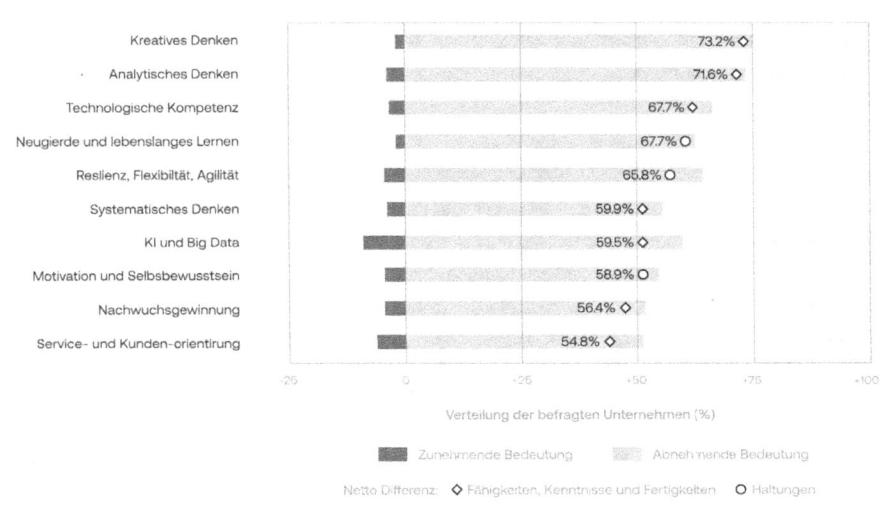

Quelle: World Economic Forum, Future of Jobs Survey 2023.

Das bedeutet, dass einige Fähigkeiten abgewertet werden, während andere an Bedeutung gewinnen. Wie werden Unternehmen ihre Talentmanagement-Strategien weiterentwickeln, um diese Fähigkeiten zu beschaffen oder zu pflegen? Wie werden sich die Arbeitskräfte angesichts dieses grundlegenden Wandels anpassen?

Menschliche Arbeitnehmer sagen bereits, dass sie sich zunehmend ersetzbar fühlen. Der *2024 Career Optimism Index* der University of Phoenix zeigt, dass mehr als die Hälfte (53 Prozent) der Amerikaner sagen, dass sie in ihrer Position "leicht ersetzbar" sind.[21]

Wir werden grundlegend darüber nachdenken müssen, wie wir—als Menschen—weiterhin einen Mehrwert schaffen können, der die Fähigkeiten der generativen KI übersteigt. Letztlich müssen Menschen Rollen übernehmen, die KI nicht ohne Weiteres nachbilden kann, z. B. solche, die emotionale Intelligenz, Kreativität, komplexe Problemlösungsfähigkeiten und ein differenziertes Urteilsvermögen erfordern. Unternehmen müssen in das Überdenken von Rollen und in Umschulungs- und Umschulungsprogramme investieren, um Mitarbeitern den Übergang zu diesen Rollen zu erleichtern.

Das Gesamtbild ist noch nicht ganz klar, aber es ist schon erkennbar, dass die potenziellen Auswirkungen der KI auf die Belegschaft für die Unternehmen ein großes Risiko darstellen und den Fachkräftemangel wahrscheinlich noch weiter verschärfen werden.

Risikonachfrage und Kapazitätsengpässe kollidieren

Obwohl die Risiken umfangreicher, vielfältiger und unsicherer sind als je zuvor, setzen die Unternehmen in der Regel keine zusätzlichen Ressourcen in den Bereichen Interne Revision, Risikomanagement, Compliance und Informationssicherheit ein, um diese Risiken zu bewältigen, wie wir gezeigt haben. Vielmehr sind sie mit einem stagnierenden Ressourcenpool konfron-

Abbildung 5–2
Die Lücke bei der Risikoexposition

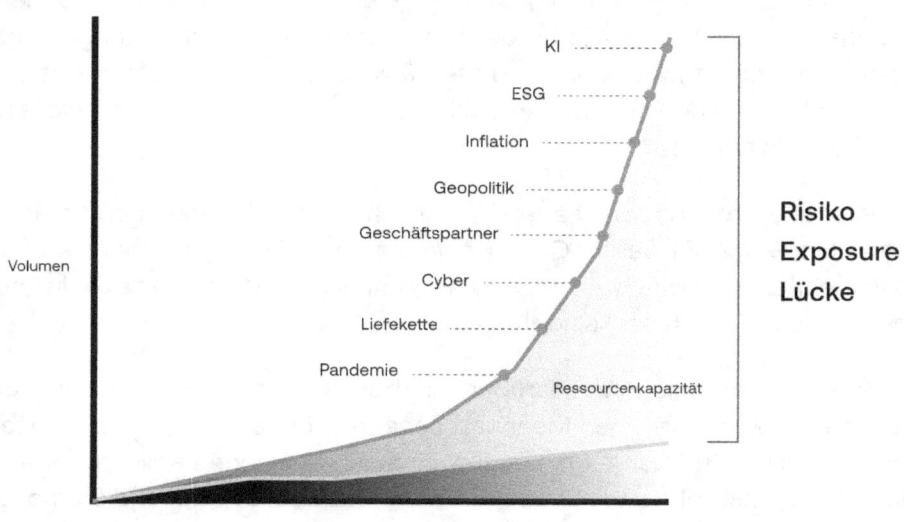

tiert, in dem es an qualifizierten Fachkräften mit den erforderlichen Spezial-kenntnissen für die Bewältigung vieler der dringendsten Risiken von heute fehlt. Erschwerend kommt hinzu, dass es ihnen oft an umfassenden Strate-gien für das Talentmanagement mangelt.

Und selbst wenn die Unternehmen in der Lage wären, ihre Teams vollständig zu besetzen, hätten sie angesichts der zunehmenden Risiken und Unsicher-heiten immer noch Probleme. Steigende Risikoanforderungen kollidieren mit einem anhaltenden Mangel an Fachkräften, der sich in unzureichenden Kapazitäten und Fähigkeiten zur Risikobewältigung zeigt. Das Ergebnis ist eine untragbare Lücke in der Risikoexposition, und es sollte die oberste Prio-rität jedes Unternehmens sein, diese zu schließen. Abbildung 5–2 zeigt, wie das steigende Risikovolumen auf begrenzte Ressourcen trifft und die Lücke entsteht.

Nachdem wir nun ein besseres Verständnis für die Kräfte haben, die die Risi-kolücke verursachen, können wir uns genauer ansehen, wie sich die Lücke kurz- und langfristig auf die Unternehmen auswirkt. Welche Probleme schafft sie und warum? Wie gefährden diese Probleme die Wertschöpfung?

KAPITEL 6

Die untragbare Lücke bei der Risikoexposition

Die Lücke im Risikomanagement hindert Unternehmen daran, Risiken effektiv zu bewältigen, Wertschöpfungspotenziale zu nutzen und ihre strategischen Ziele zu erreichen. Die Überbrückung dieser Lücke ist von entscheidender Bedeutung für den Schutz und die Schaffung von Werten für die Stakeholder sowie für die Schaffung von agilen und operativ resilienten Organisationen. Resiliente Organisationen besitzen die Fähigkeit, Einflüssen zu widerstehen, sich anzupassen und angemessen zu reagieren, sowie unter veränderten Bedingungen erfolgreich zu agieren.

Welche Auswirkungen hat die Risikolücke auf Ihr Unternehmen? Wo und wie manifestiert sie sich am ehesten? Obwohl sich die Lücke auf unzählige Arten zeigen kann, werden wir in diesem Kapitel einige der häufigsten Symptome untersuchen.

Da Ihr Unternehmen das Risikomanagement strategischer, vorausschauender und zukunftsorientierter gestalten will, ist es wichtig, die Auswirkungen der aktuellen Vorgehensweisen auf Arbeitsabläufe, Entscheidungsfindung, Leistung, Strategie, Fachkräftegewinnung, Widerstandsfähigkeit, Reputation und Compliance-Risiken kritisch zu hinterfragen.

So sieht die Lücke aus

Die Lücke im Risikomanagement ist dynamisch und vielschichtig; ihre Ausprägungen und die spezifischen Kennzeichen unterscheiden sich je nach

Organisation. Die folgenden Symptome sind jedoch in vielen Organisationen äußerst häufig anzutreffen.

Veraltete Werkzeuge/Vorgehensweisen und geringe Technologieübernahme

Das Risikomanagement ist häufig auf arbeitsintensive, fehleranfällige manuelle Prozesse, unzusammenhängende Tools und Technologien, unverbundene Prozesse und fragmentierte, veraltete Daten angewiesen. Teams begnügen sich mit Zusatztechnologien, die nicht zusammenarbeiten oder Daten gemeinsam nutzen, was die Abgrenzung zwischen Teams verstärkt und die Zusammenarbeit erschwert. Die verwendeten Technologien können zu Reibungsverlusten führen, da sie nicht zweckmäßig sind oder nicht in die Arbeitsabläufe integriert wurden. Und da es keine einheitliche Datenbasis gibt, können KI-Tools nur begrenzt effektiv eingesetzt werden.

Führungskräfte und leitende Angestellte scheinen sich der Beschränkungen und Schwachstellen, die durch ältere IT-Systeme entstehen, sehr wohl bewusst zu sein, einschließlich derer, die von Experten für Interne Revision, Risiko und Compliance verwendet werden: Wie in Kapitel 4 erwähnt, stuften die Befragten in der Studie *Executive Perspectives on Top Risks (Perspektiven der Führungskräfte zu den größten Risiken)* "bestehende Betriebsabläufe und ältere IT-Infrastrukturen, die nicht in der Lage sind, die Leistungserwartungen zu erfüllen, sowie 'geborene digitale' Konkurrenten" als Top-10-Risiko sowohl für 2024 als auch für 2034 ein.[1]

Abgeschottete Teams

Die Führungsebene der ersten Linie sowie die Teams für Interne Revision, Risikomanagement, Compliance und Informationssicherheit arbeiten meist unabhängig voneinander und haben keine formalen Kommunikations- und Kooperationswege etabliert. Diese Teams sprechen oft unterschiedliche Sprachen, stützen sich auf inkonsistente Definitionen und Taxonomien und liefern der Geschäftsleitung und dem Vorstand Perspektiven, die nicht miteinander übereinstimmen. Im Allgemeinen nutzen sie auch nicht die Möglichkeiten, von den Perspektiven der anderen zu lernen und sich (gegebenenfalls) auf die Arbeit der anderen zu stützen. Umfragen zeigen häufig, dass die Kommunikation und Zusammenarbeit zwischen den Audit-, Risiko- und Compliance-Teams nur informell oder inkonsistent ist und dass es keine formelle Strategie gibt, die ihre Arbeitsergebnisse miteinander verbindet. Bei der Beschreibung des aktuellen Niveaus der Interaktion zwischen

ERM und der Internen Revision berichten die Teilnehmer der Umfrage des *AuditBoard-Berichts "Focus on the Future 2024"*, die ich jährlich leite, dass nur 9 Prozent der Funktionen alle wichtigen Aspekte des Managements von Unternehmensrisiken koordinieren.[2]

Ich habe begonnen, dieses anhaltende Siloing mit noch weniger schmeichelhaften Worten zu betrachten: Teams ziehen sich zu oft in ihre sprichwörtlichen "Höhlen" zurück, um ihre Aufgabe zu erfüllen. In der Unantastbarkeit ihrer Höhlen können andere ihre Arbeit nicht unterbrechen, verkomplizieren oder stören. Vielleicht sind sie wirklich der Meinung, dass sie auf diese Weise ihre beste Arbeit leisten, aber die Isolation verlangsamt zweifellos die Kommunikation und verhindert die gemeinsame Nutzung von Ressourcen, verringert die Koordinierung und behindert die Produktivität und Effizienz.

Mangelndes Engagement und fehlende Eigenverantwortung der ersten Linie

Die Teams in der ersten Linie spielen eine zentrale Rolle bei der Erkennung und Minderung von Risiken und der Umsetzung von Richtlinien und Prozessen. Doch schwerfällige Technologien—gepaart mit schlechter Benutzerfreundlichkeit und mangelnder Integration in die täglichen Arbeitsabläufe—bedeuten oft, dass die Mitarbeiter in der ersten Linie nicht sinnvoll mit Audit-, Risiko- und Compliance-Technologien arbeiten. Da sie keine direkte Verbindung zu ihrer Arbeit oder Rolle sehen und keinen Wert darin erkennen, ist es unwahrscheinlicher, dass sie sich am Risikomanagement beteiligen oder ihre Fähigkeit dazu erkennen.

Mangel an kontinuierlicher Überwachung

Die Unternehmen sind nicht in der Lage, Risiken und Kontrollen wirklich kontinuierlich zu überwachen, und begnügen sich mit jährlichen oder vierteljährlichen Risikobewertungen. Das ist nicht kontinuierlich, und das ist auch nicht das, was benötigt wird. Risikobewertungen sind nur punktuelle Momentaufnahmen; ohne Echtzeitverfolgung der wichtigsten Risikoindikatoren (KRIs) und anderer interner und externer Risikoindikatoren sind Unternehmen angreifbar. Sicher gibt es CAEs oder Risikoverantwortliche, die sich mit dem Geschäfts- und Funktionsmanagement und anderen Risikofunktionen beraten—eine Praxis, die ein leistungsfähiges Instrument innerhalb eines größeren kontinuierlichen Überwachungsplans sein kann. Kontinuierliche Überwachungsansätze, die sich weitgehend auf die Ideen und Meinungen anderer stützen, gehen jedoch nicht weit genug. Wir werden auf dieses Thema in Kapitel 13 zurückkommen.

Anhaltende Herausforderungen im Talentmanagement

Stellenbewerber lehnen möglicherweise eine Stelle ab—oder bestehende Mitarbeiter verlassen ihre Position -, nachdem sie festgestellt haben, dass das Unternehmen Investitionen in Technologie keine Priorität einräumt. Die besten Fachkräfte suchen nach Möglichkeiten, wertvolle Fähigkeiten zu erlernen, die ihnen helfen, ihre Karriere voranzutreiben. Dazu gehört in der Regel die Möglichkeit, Technologien der nächsten Generation zu nutzen. Vor allem junge Fachkräfte sehen ein übermäßiges Vertrauen in veraltete, schwerfällige Legacy-Technologien als bedrohliches und unattraktives Warnsignal.

Wie sich die Lücke auf Organisationen auswirkt

Vorstände und Bereichsleiter aller drei Linien sollten sich ein genaueres Bild davon machen, wie viel für Unternehmen auf dem Spiel steht, die keine Maßnahmen zur Behebung der Risikolücke ergreifen. In Situationen, in denen die Unternehmensführung die Umstrukturierungsbemühungen in den Bereichen Risikomanagement und Technologie zurückgedrängt hat, kann es sich als nützlich erweisen, die in diesem Abschnitt beschriebenen Konsequenzen zu beleuchten.

Produktivitätsverlust und eingeschränkte Effizienz

Es ist nicht schwer zu verstehen, dass manuelle Prozesse im Zusammenspiel mit unzusammenhängenden Daten und Tools die Arbeit und Berichterstattung in den Bereichen Interne Revision, Risiko, Compliance und Informationssicherheit arbeitsintensiv, zeitaufwändig, fehleranfällig und wenig wertvoll machen. Da so viel Zeit und Aufwand für herkömmliche Arbeits- und Verwaltungsaufgaben aufgewendet wird, haben kritische Risikoressourcen nur wenig Kapazität, sich auf strategischere oder höherwertige Aktivitäten zu konzentrieren. Ihre äußerst wertvolle, zunehmend begrenzte Zeit—Zeit, die zweifellos besser genutzt werden könnte, um den Erfolg zu steigern—geht verloren und wird entwertet. Das gilt auch für Spitzenkräfte, die in einem solchen Umfeld schnell frustriert und unzufrieden werden.

Doppelter Arbeitsaufwand und Prüfungsmüdigkeit

Die Schwerpunktbereiche der Risikoteams überschneiden sich zwangsläufig, so dass ihre Arbeit (z. B. Datenerfassung/Aggregation, Kontrolltests, Risikobewertungen) ohne bewusste Koordinierung häufig redundant ist. Auch die Bemühungen, auf Risiken zu reagieren, können sich überschneiden, da die Teams ihre eigenen, uneinheitlichen Lösungen verfolgen. Außerdem erhalten die Verantwortlichen für die Kontrollen oft doppelte Informationsanfragen, was zu Prüfungsmüdigkeit führt. Diese wiederholten Anfragen nach Beiträgen zu Risikobewertungen oder Dokumentation/Beweisen sind oft uneinheitlich und umständlich. Niemand schätzt es, wenn er dieselben Informationen mehrmals im Jahr an verschiedene Anforderer weitergeben muss.

Darüber hinaus tragen Doppelarbeit und Prüfungsmüdigkeit erheblich zu den steigenden Kosten der zweiten und dritten Linie bei. Interne Revisions-, Risiko-, Compliance- und Informationssicherheit-Teams fordern oft mehr Ressourcen, und die Budgets steigen entsprechend. Werden die Führungskräfte der ersten Linie die Geschäftsleitung oder die Vorstandsmitglieder den Wert darin sehen, dass ihnen Mitglieder mehrerer verschiedener Teams die gleichen Fragen stellen? Oder schlimmer noch, wie werden sie reagieren, wenn diese Teams mit unterschiedlichen Sichtweisen und Lösungen für die wichtigsten Risiken, denen das Unternehmen ausgesetzt ist, vor ihnen aufmarschieren?

Lücken in der Risikodeckung

Ineffiziente Prozesse, gepaart mit einem Mangel an konzertierter Koordination und Informationsaustausch zwischen Interner Revision-, Risiko-, Compliance- und Informationssicherheitsteams, können ebenfalls zu erheblichen Lücken in der Abdeckung führen und neue Risiken und Schwachstellen eröffnen. Wie können Unternehmen sicherstellen, dass alle Schlüsselrisiken angemessen berücksichtigt werden, wenn niemand für die Überprüfung der gesamten Arbeit dieser Teams verantwortlich ist?

Das können sie größtenteils nicht. Wie Schiffe, die in der Nacht aneinander vorbeiziehen, geht jedes Team seiner Arbeit nach, ohne die Arbeit und die Perspektiven der anderen Teams zu kennen—so dass jedes Team davon ausgeht, dass die anderen sich mit einem wichtigen Aspekt des Risikomanagements befassen, obwohl das in Wirklichkeit niemand tut. Ohne eine bewusste aktive Kommunikation ist es unmöglich zu wissen, was die anderen Teams denken oder tun, welche Risiken sie identifizieren und priorisieren und wie sie das Risikomanagement des Unternehmens insgesamt bewerten. In solchen Umgebungen erfolgt die Identifizierung und Schließung von Lücken in der Regel rückwirkend. Das bedeutet oft, dass eine Deckungslücke bereits zu einem unerwünschten Resultat geführt hat, das sich negativ auf das Unternehmen auswirkt.

Dies ist nicht der Zustand, den ein Unternehmen als die erwartete Art des Risikomanagements bereitwillig akzeptieren sollte. Leider ist dies in vielen Unternehmen nach wie vor der Status quo.

Wie bereits erwähnt, sind die meisten Unternehmen mit ihren bestehenden Technologien und Prozessen nicht in der Lage, Risiken kontinuierlich zu überwachen, so dass sie Schwierigkeiten haben, Schlüsselrisiken zu identifizieren, zu bewerten und zu mindern, KRIs effektiv zu überwachen, gesetzliche Anforderungen zu erfüllen oder Bemühungen zur Verbesserung von operativem Betrieb und Leistung zu verfolgen. Wir werden zwar in Kapitel 13 detailliert auf Strategien zur kontinuierlichen Risikoüberwachung eingehen, aber an dieser Stelle ist es wichtig zu verstehen, dass ein Mangel an kontinuierlichen Überwachungsfunktionen—gepaart mit der Unfähigkeit, Risiken in Echtzeit zu identifizieren—bedeutet, dass Risiken und Probleme viel wahrscheinlicher unter den Tisch fallen.

Dieses Szenario öffnet die Tür zu potenziell existenziellen Bedrohungen für das Unternehmen. Um eine Permakrise zu überstehen, müssen Unternehmen die Fähigkeit entwickeln, die Anfänge und Frühwarnzeichen einer sich entwickelnden Krise zu erkennen und zu überwachen. Ebenso wichtig ist es, dass die Risikoressourcen eines Unternehmens es ermöglichen, mögliche Silberstreifen unter den dunklen Risikowolken am Horizont zu erkennen, damit die Krise, wenn möglich, in eine Chance verwandelt werden kann.

Schlechte Datenqualität und -verfügbarkeit

Die Unternehmen von heute erzeugen mehr Daten als je zuvor. Bei so vielen verschiedenen Datenbeständen in so vielen verschiedenen Händen ist es eine unglaubliche Herausforderung, sicherzustellen, dass die Risikodaten aktuell, zuverlässig und für die Stakeholder, die darauf zugreifen müssen, leicht verfügbar sind. Angesichts gestiegener Kundenerwartungen und gesetzlicher Auflagen (z. B. Cybersicherheit, ESG, Datenschutz) erhöht dieser Mangel an Datenqualität und -verfügbarkeit auch das Reputationsrisiko, das Compliance-Risiko und andere Risiken.

Darüber hinaus sind die Datenkontrollen oft unzureichend, so dass die Unternehmen nicht genau wissen, wer wann auf welche Daten zugreift und sie aktualisiert. Den meisten Unternehmen fehlt auch der Überblick darüber, wie Risikodaten erfasst, gespeichert, geschützt und innerhalb und außerhalb des Unternehmens weitergegeben werden, was das Risiko für Datenschutz, Cybersicherheit und Dritte weiter erhöht.

Schnell wachsendes digitales Risiko

Wie wir in Kapitel 4 dargelegt haben, investieren zu viele Unternehmen in digitale Lösungen, ohne die gleichzeitig notwendigen Investitionen zu tätigen, um diese zu steuern und zu verbinden. Mit der zunehmenden Verbreitung von Insellösungen in den Bereichen Interne Revision, Risiko und Compliance steigen auch die Kosten für deren Wartung. Mit der zunehmenden Nutzung von Technologien, die außerhalb der zentralen IT-Abteilung betrieben und nicht von ihr kontrolliert werden (sogenannte „Schatten-IT" oder „Schatten-KI"), steigen auch die digitalen Risiken. Dies erhöht das Risiko unerwünschter Geschäftsergebnisse wie unbefugter Zugriff, Datenschutzverletzungen oderlecks, Identitätsdiebstahl, Fehler, Systemstörungen, fehlerhafte IT-Verwaltung, Betrug, Lösegeldforderungen, Sicherheitsversagen Dritter, Datenmanipulation, Löschung, Vandalismus oder andere Cyberkriminalität.

Die Wahrheit ist, dass die meisten Unternehmen gar nicht wissen, was in der von ihnen verwendeten Software steckt, und daher nicht in der Lage sind, ihr Risiko zu erkennen und rechtzeitig Maßnahmen zu ergreifen, um Schwachstellen zu finden und zu beheben. Genau aus diesem Grund werden viele der Schwachstellen, die von Cyberangreifern ausgenutzt werden, Unternehmen auch in den kommenden Jahren noch plagen. Das Cyber Safety Review Board der US-Regierung schätzt zum Beispiel, dass die äußerst schädliche Log4Shell/Log4j-Schwachstelle noch bis mindestens 2032 Systeme beeinträchtigen wird.[3]

Ein Bericht des Consortium for Information & Software Quality aus dem Jahr 2022 schätzt, dass sich die Kosten für schlechte Softwarequalität in den USA auf mindestens 2,4 Billionen US-Dollar belaufen und dass die kumulierten technischen Softwareschulden inzwischen 1,52 Billionen US-Dollar erreicht haben.[4] Stellen Sie sicher, dass der Anteil Ihrer Organisation an diesen Kosten möglichst gering ist.

Mangelnde Verknüpfung zwischen den Risikodaten

Ohne eine einheitliche Datenbasis, die eine einzige Quelle der Wahrheit darstellt, wird die Datenintegrität regelmäßig in Frage gestellt und die Berichterstattung wird für die Entscheidungsträger deutlich weniger wertvoll. Es liegt auf der Hand, dass Risikodaten von entscheidender Bedeutung sind, da sie in der Regel Geschäftsstrategien und -ziele, Unternehmensrisiken, individuelle Risikoerklärungen, KRIs, Problemdaten, Unternehmensrichtlinien und -verfahren, Kontrollrahmen, interne Kontrollziele und Testverfahren, Test- und Sicherungsarbeiten, Compliance-Anforderungen und vieles mehr umfassen. Sind Sie bereit, von der Geschäftsleitung zu verlangen, dass sie kritische Entscheidungen zur Risikopriorisierung und -minderung auf der Grundlage widersprüchlicher, weitgehend ungeprüfter Daten trifft?

Fehlende Risikosichtbarkeit und -kontext

Unverbundene Daten und Prozesse sowie Interne Revisions-, Risiko-, Compliance- und Informationssicherheit-Teams, die sich in ihre Höhlen zurückziehen, führen dazu, dass sie die Risikodaten, Erkenntnisse und Prioritäten der anderen Teams nicht sehen und den Kontext nicht verstehen. Diese Teams verpassen häufig wichtige Gelegenheiten, die Erkenntnisse und Arbeiten der anderen Teams für ihre Prüfungsplanung, Risikobewertung und Prioritätensetzung zu nutzen.

Wenn die Daten und Erkenntnisse der verschiedenen Teams (einschließlich ihrer Einschätzungen der Bereiche mit dem höchsten Risiko) in einem unzureichenden Kontext stehen, hat das Unternehmen nur einen sehr unvollständigen Überblick über seine Risiko- und Bedrohungslandschaft. Dies schränkt die Fähigkeit des Managements und des Vorstands erheblich ein, die Beziehungen zwischen den Risiken zu verstehen oder zu erkennen, wo Anstrengungen investiert werden sollten, um den größten Nutzen zu erzielen. Wie soll beispielsweise das mit der ERM-Verwaltung beauftragte Team die Unternehmensrisiken richtig einschätzen, wenn es keinen einfachen Zugang zu Informationen des Restrisikos, das von anderen Teams ermittelt wurde, hat oder keinen klaren Einblick in die durchgeführten Prüfungsarbeiten?

Fehlende Echtzeit-Risikoidentifizierung oder -Einblicke

Angesichts der Risikolücke verfügen die Unternehmen nicht über die Daten und Erkenntnisse, die sie benötigen, um schnell und rechtzeitig auf entstehende Risiken zu reagieren oder risikobasierteEntscheidungen zu treffen.

Ohne Echtzeit-Zugriff auf (und Einblick in) den gesamten Umfang der Risiko-daten des Unternehmens können die Teams aufkommende oder sich ver-ändernde Risiken nicht schnell genug erkennen oder verwertbare Erkenntnisse über Risiken gewinnen. Dies schwächt die Fähigkeit der Teams der ersten Linie, schnell auf entstehende Risiken zu reagieren, und die Fähig-keit der Internen Revisions-, Risiko-, Compliance- und Informationssicherheit-Teams, als vertrauenswürdige Partner des Unternehmens zu fungieren. Stattdessen bleibt das Unternehmen darauf beschränkt, auf Risiken und Probleme zu reagieren.

Da die Teams getrennte Wege gehen—oft werden Probleme und Aktions-pläne manuell verfolgt und getrennte Lösungen für dieselben oder ver-wandte Probleme erarbeitet -, sind sie weniger in der Lage, etwas zu bewirken oder rasche Lösungen zu finden. Es gibt zwar kein Patentrezept für die Erkennung neu auftretender Risiken, aber die Permakrise verlangt, dass wir es besser machen.

Fehlende Ausrichtung oder gemeinsame Sprache

Viele Interne Revisions-, Risiko-, Compliance-, Informationssicherheit- und sogar -Teams der ersten Linie sprechen unterschiedliche Sprachen, wenn sie über Risiken sprechen. Sie verwenden möglicherweise unterschiedliche Risiko- und Prozessdefinitionen, Bewertungssysteme zur Quantifizierung von Risiken (z. B. Farbcodierung, Ampeln, hoch, mittel, niedrig), Methoden und KRIs. Die Risikobewertungen der verschiedenen Gruppen berücksichti-gen oft unterschiedliche Attribute zur Quantifizierung von Risiken, was einen sinnvollen Vergleich der Bewertungsergebnisse erschwert.

Dieser Mangel an Abstimmung kann zu vielen unerwünschten Ergebnissen führen. Die Prüfungspläne halten möglicherweise nicht mit den sich ändern-den Geschäftsanforderungen und dem Risikoprofil des Unternehmens Schritt. Die Teams sind nicht in der Lage, die Arbeit anderer Teams effektiv zu nutzen, geschweige denn sich auf sie zu verlassen. Und wenn Interne Revisions-, Risiko-, Compliance- und Informationssicherheit-Teams nicht einmal aufeinander abgestimmt sind, wie kann das Unternehmen dann sicherstellen, dass sie mit seinen Prioritäten, Strategien und den Erwartun-gen der Stakeholder übereinstimmen und nicht mit widersprüchlichen Zie-len arbeiten?

Das unglücklichste Ergebnis dieser mangelnden Abstimmung ist für viele Organisationen jedoch, dass Management und Vorstand regelmäßig unterschiedliche Perspektiven von verschiedenen Beratern erhalten. Dezentralisierte Daten und disaggregierte Berichterstattung (z. B. Ergebnisse, Probleme, Perspektiven, Prioritäten) machen die Kommunikation dieser Teams mit dem Vorstand und den Führungskräften schwer verständlich und potenziell widersprüchlich. Wie kann die Geschäftsleitung effektiv Entscheidungen treffen oder der Aufsichtsrat eine wirksame Aufsicht ausüben, wenn er widersprüchliche oder sogar unvereinbare Standpunkte erhält?

Ich habe immer wieder diese Rückmeldung von Führungskräften und Vorständen gehört, die von der Internen Revision, den Risiko- und Compliance-Abteilungen, der Abteilung für Informationssicherheit und den Wirtschaftsprüfern völlig unterschiedliche Risikoperspektiven erhalten. Die Verwirrung wird noch größer, wenn niemand dieselbe Brille, dieselben Daten, dieselbe Terminologie oder dieselben Bewertungssysteme verwendet. Ein verärgerter Vorsitzender des Prüfungsausschusses sagte mir: "Wir sagen ihnen, sie sollen weggehen, sich abstimmen und wiederkommen, wenn sie die gleiche Sprache sprechen. Und wenn sie sich dann immer noch nicht einig sind, sollen sie uns sagen, warum".

Mangelnde Resilienz

Jede Kombination der vorgenannten Auswirkungen verringert leicht die Resilienz von Organisationen. *Der Global Crisis and Resilience Survey 2023 von PwC* definiert Resilienz in drei Dimensionen:

1. **Strategische Resilienz,** d. h. die Fähigkeit, die Organisation weiterzuentwickeln und agil zu gestalten

2. **Operative Resilienz,** d. h. die Fähigkeit, kritische Abläufe während einer Unterbrechung aufrechtzuerhalten

3. **Finanzielle Resilienz,** d. h. die Fähigkeit, Kapital und Cashflow während einer Störung aufrechtzuerhalten[5]

Die Verbesserung der Resilienz sollte ein wichtiges strategisches Ziel für jede Organisation sein. Dazu muss man sich verpflichten, den Austausch von Daten, Erkenntnissen, Perspektiven und Arbeit zwischen allen wichtigen Risikoteams zu verbessern. Wie Peter Bäckman in seinem LinkedIn-Artikel aus dem Jahr 2022 feststellte, erfordert ein modernes ERM, dass resiliente Organisationen vom reaktiven zum proaktiven Handeln übergehen und bewusst eine risikobewusste Kultur im gesamten Unternehmen leben.[6]

Wie der Bericht des WEF und von McKinsey *Building a Resilient Tomorrow: Concrete Actions for Global Leaders (Konkrete Maßnahmen für globale Führungspersönlichkeiten)* feststellt, "müssen Führungskräfte Resilienz aktiv leben". Zu diesem Zweck schlagen sie vor:

- Entwicklung eines neuen Resilienz-Führungsstils

- Erstellung einer Resilienz-Agenda, die kurz- und langfristige Risiken und Chancen berücksichtigt

- Bewertung der Organisation anhand eines Resilienzrahmens

- Entwicklung von Methoden zur Berücksichtigung der Resilienz bei der Entscheidungsfindung

- Messung und Berichten des Resilienzstatus an die Beteiligten

- Entwicklung von Finanzierungs- und Versicherungsmechanismen zur Entschärfung von Risiken

- Einrichtung von öffentlich-privaten Partnerschaften zur Förderung der Zusammenarbeit[7]

Ein Mandat zur Transformation

Letztlich gefährden die vielschichtigen Auswirkungen der Risikolücke die Fähigkeit von Unternehmen, ihre strategischen Ziele zu erreichen—einschließlich des Schutzes, der Realisierung und der Schaffung von Werten—erheblich. Außerdem machen sie es den Mitgliedern von Internen Revisions-, Risiko-, Compliance- und Informationssicherheitsteams unglaublich schwer, zu den vertrauenswürdigen Beratern zu werden, die ihre Unternehmen in Zeiten von Permakrisen dringend benötigen.

Wie ich bereits im vorigen Kapitel erwähnt habe, zeigt der *WEF-Bericht über die Zukunft der Arbeitsplätze 2023*, dass Unternehmen "Resilienz, Flexibilität und Agilität" heute als eine der drei wichtigsten Kernkompetenzen ihrer Mitarbeiter ansehen, nur noch hinter "analytischem Denken" und "kreativem Denken".[8] Die führenden Unternehmen der Zukunft werden sich diese Prioritäten zu Herzen nehmen, da sie wissen, dass in unserem gefährlichen Risikoklima eine mangelnde Anpassungsfähigkeit zur Überalterung führt.

Selbstzufriedenheit ist keine Strategie. Die wachsenden Krisen erfordern die Zusammenarbeit zwischen den traditionellen Linien mit Hilfe eines verbundenen Risikoansatzes zu verbessern. Visionäre Führungskräfte aus allen drei Linien müssen jetzt handeln, um diese Dringlichkeit zu vermitteln und einen besseren Weg in die Zukunft zu finden. Bevor wir uns jedoch mit den Einzelheiten der Lösung befassen, sollten wir einen genaueren Blick darauf werfen, warum das alte Modell nicht funktioniert und wie wir es neu gestalten können, um das Risikomanagement zu verbessern und die Risikolücke zu schließen.

Teil 3

Ein isoliertes Risikomanagement birgt seine eigenen Risiken

KAPITEL 7

Risikomanagement ist das Mittel, nicht der Zweck

Warum findet nicht bereits eine effektive Zusammenarbeit zwischen den drei Linien statt? Ein wichtiger Teil des Puzzles besteht darin, dass die wichtigsten Risikoverantwortlichen in einigen Unternehmen den Fehler machen, das Risikomanagement als Selbstzweck zu betrachten. Ein anderer Teil ergibt sich aus der Geschichte des Risikomanagements.

Betrachten wir zunächst die Branche und das Geschäftsmodell, in dem das Risikomanagement seinen Ursprung hat. Wie der ehemalige COSO-Vorsitzende Paul Sobel erklärte:

> "Die Interne Revision als Beruf hat eine ziemlich lange Geschichte. Das Risikomanagement hat eine etwas weniger lange Geschichte. Aber die Wurzeln liegen in der Versicherungsbranche, und die Versicherung selbst ist ein Produkt. Man hofft, dass nichts passiert—aber wenn doch, springt die Versicherung ein und mindert zumindest die Auswirkungen. In vielen Unternehmen setzt sich also immer noch diese eher strategische Risikomanagement-Mentalität durch."

Wie in Kapitel 1 erwähnt, dauerte es eine Weile, bis das Risikomanagement Fuß fasste—aber bald genug gewann es so viel Glaubwürdigkeit, dass viele Leute begannen, das Risikomanagement selbst als das A und O zu betrachten. Indem sie die wichtigen Aktivitäten des Risikomanagements als ihr geschäftskritisches Ziel ansahen, verloren diese Experten meiner Meinung nach den Fokus auf das Ergebnis eines effektiven Risikomanagements: die Unterstützung von Organisationen bei der Erreichung ihrer Ziele.

Wenn wir uns auf das konzentrieren, „was" wir tun, und nicht auf das, "warum" wir es tun, übersehen wir leider das Wichtigste: ob unsere Arbeit zu Ergebnissen führt, die zur Wertschöpfung des Unternehmens beitragen.

In diesem Kapitel wird untersucht, wie die Konzentration der verschiedenen Risikoteams auf ihre jeweiligen Tätigkeiten und Ziele das Problem nicht nur verschärft hat, sondern auch Hürden geschafft hat, die Unternehmen auf dem Weg zur Umgestaltung des Risikomanagements überwinden müssen.

Bewertung individueller Aktivitäten gegenüber organisatorischen Ergebnissen

Jeder wichtige Akteur im Risikomanagement hat eine bestimmte Aufgabe zu erfüllen. Bei einigen Teams vermengen sich diese Ziele jedoch mit den spezifischen Aktivitäten, für die sie verantwortlich sind. Wenn wir uns in die grundlegenden Aktivitäten unseres eigenen Teams vertiefen, ist es nicht schwer, den Blick für das große Ganze zu verlieren, das es umgibt.

Es ist auch verständlich, dass Risiko- und Versicherungsteams stolz darauf sind, über qualitativ hochwertige Prozesse zu verfügen. Wir sind mit Leidenschaft bei der Sache und streben nach Aufgaben, die uns im Alltag Spaß machen. Problematisch wird es dann, wenn wir beginnen, die Prozesse selbst höher zu bewerten als den Wert, den sie liefern sollen, und den Zweck, dem sie dienen sollen.

Als junger Interner Revisor nahm ich die Qualität meiner Arbeitspapiere sehr ernst. Ich dokumentierte die Ergebnisse meiner Arbeit sehr sorgfältig, da ich der Meinung war, dass gut organisierte, umfassende Arbeitspapiere entscheidend für den Nachweis der Qualität meiner Arbeit sind. In der Tat sind die Arbeitspapiere als Grundlage für die Prüfungsberichte von entscheidender Bedeutung. Das Problem entstand jedoch, als ich—der damals vorherrschenden Meinung folgend—zu glauben begann, dass es umso besser sei, je mehr Arbeitspapiere ich erstellte. Ich war wirklich der Meinung, dass ich den Wert meiner Tätigkeit als Interner Revisor dadurch unter Beweis stellen konnte, dass ich meine Nachweise so akribisch dokumentierte.

Nachdem ich CAE geworden war, änderte sich meine Sichtweise schnell und dramatisch. Ich erkannte, dass der Enthusiasmus meines Teams für die Dokumentation nicht nur zu einer schockierenden Menge an Papier führte, sondern auch dazu, dass sehr viel Zeit falsch eingesetzt wurde. Der Prozess war ineffizient, zeitaufwändig und von geringem Wert und nahm uns die

Möglichkeit, uns um höherwertige Aktivitäten zu kümmern, die einen tatsächlichen Wert für das Unternehmen darstellen.

Arbeitspapiere sind wichtig. Aber Arbeitspapiere sind nur das Mittel, mit dem die Prüfungsergebnisse dokumentiert werden, und zu detaillierte Arbeitspapiere verlangsamen den internen Prüfungsauftrag und erweisen der Organisation letztlich einen schlechten Dienst.

Jeder der drei Linien hat seine eigenen, gleichwertigen Beispiele für meine "Arbeitspapiere". Diese Aktivitäten und Prozesse ermöglichen es uns, unsere Leidenschaft, unsere Stärken und unseren Scharfsinn unter Beweis zu stellen. Sie sind jedoch nicht der Grund, warum wir Risiken managen. Sie sind nur insofern wertvoll, als sie zu den gewünschten Ergebnissen führen und unsere Organisationen in die Lage versetzen, ihre Ziele zu erreichen.

In der Zusammenfassung des ERM-Frameworks von COSO aus dem Jahr 2017 heißt es: "Enterprise Risk Management ist keine Checkliste."[1] Es handelt sich nicht um eine Reihe von Aufgaben, die zu erledigen sind, um eine Bestandsaufnahme oder um eine bestimmte Funktion oder Abteilung. Risikomanagement gibt es nicht um des Risikomanagements willen. Es dient einem größeren, übergreifenden Zweck und einem universellen Ziel für alle Organisationen: dem Erhalt, der Schaffung und der Aufrechterhaltung von Werten für die Beteiligten.

Unterschiedliche Zielsetzungen mit einem gemeinsamen Ziel

Interne Revisions-, Risikomanagement-, Compliance- und Informationssicherheits-Teams tragen auf unterschiedliche Weise zu einem effektiven Risikomanagement bei und dienen unterschiedlichen, aber gleichermaßen gültigen und respektierten Zwecken. Gleichzeitig ist es jedoch unbestreitbar, dass sie ein gemeinsames Ziel verfolgen—zum Erfolg der Organisationen beizutragen, denen sie dienen. Denn wie kann einer von ihnen Erfolg beanspruchen, wenn die Organisationen, denen sie gemeinsam dienen, scheitern? Diese gemeinsame Aufgabe ist der Punkt, an dem sie sich angleichen können und sollten.

Die Realität sieht jedoch so aus, dass durch die Art und Weise, wie diese Teams ihre Rollen und Aufgaben sehen, Silos entstanden und verhärtet sind, die sie oft daran hindern, effektiv zu kommunizieren und zusammenzuarbeiten. Auf den folgenden Seiten werden die Rollen dieser Hauptakteure im Zusammenhang mit dem Risikomanagement näher beleuchtet, wobei sowohl die einzelnen Aufgaben als auch ihre Ausrichtung auf die Ziele des Unternehmens erläutert werden.

In der Vergangenheit haben sich diese Teams oft auf ihre individuellen Rollen konzentriert und nicht auf die Gemeinsamkeiten, die sie verbinden sollten. Wenn sie sich konsequenter auf die Art und Weise konzentrieren, wie sich ihre Aufgaben überschneiden, sich gegenseitig informieren und unterstützen, erhöht sich die Wahrscheinlichkeit, dass eine sinnvolle, produktive Kommunikation und Zusammenarbeit entsteht.

Risikomanagement

Individueller Zweck

- Identifizieren, bewerten, überwachen und kommunizieren Sie Risiken, damit die Teams in der ersten Linie Bedrohungen besser vorhersehen, bewältigen und abmildern und Chancen zur Wertschöpfung nutzen können.

- Berücksichtigen Sie das Risiko in Bezug auf interne Kontrollen, Strategie, Governance, Leistungsmessung, Compliance-Anforderungen sowie Erwartungen und Kommunikation der Stakeholder.

- Unterstützung der Organisation bei der Verankerung des Risikomanagements in der Unternehmensführung, der Struktur, den Verfahren, den Richtlinien und den Zielen, Strategie, Entscheidungsfindung, Werte und Kultur.

Organisatorische Ausrichtung

Wie von COSO und ISO beschrieben:

- Die Organisation muss in die Lage versetzt werden, Risiken, die sich auf die Erreichung ihrer Ziele auswirken könnten, zu steuern und zu mindern.

- Vermeiden Sie Überraschungen und erhöhen Sie die Wahrscheinlichkeit eines positiven Ergebnisses.

- Verbesserung von Governance, Leistung und Resilienz; Verbesserung der Entscheidungsfindung und des Ressourceneinsatzes.

- Bereicherung des Managementdialogs durch Hinzufügen einer Perspektive (basierend auf den sich ändernden Bedingungen) zu den Stärken/Schwächen der Unternehmensstrategie.

Interne Revision

Individueller Zweck

- Risikobewertung zur Erstellung und Pflege dynamischer risikobasierter Prüfungspläne.

- Bringen Sie Objektivität und einen disziplinierten, systematischen Ansatz ein, um die Wirksamkeit des Risikomanagements, der Governance und der Kontrollen zu bewerten und zu verbessern.

- Unabhängige Gewährleistung, dass Risikomanagement, Governance und Kontrollen angemessen sind und wirksam funktionieren.

Organisatorische Ausrichtung

Wie in den IIA's Standards beschrieben, verbessern Sie die Organisation:

- Erfolgreiche Verwirklichung ihrer Ziele

- Governance, Risikomanagement und Kontrollprozesse

- Entscheidungsfindung und Aufsicht

- Reputation und Glaubwürdigkeit bei den Stakeholdern

- Fähigkeit, dem öffentlichen Interesse zu dienen[2]

Compliance

Individueller Zweck

- Risikobewertung, um die kritischsten Compliance-Risiken des Unternehmens zu ermitteln und zu kommunizieren und zu bestimmen, welche Verpflichtungen gelten.

- Sicherstellen, dass die Organisation nach ethischen Grundsätzen und in Übereinstimmung mit den geltenden Gesetzen und Vorschriften arbeitet.

- Festlegung von Standards und Bereitstellung von Anleitungen und Schulungen, um die Organisation in die Lage zu versetzen, die Standards wirksam umzusetzen.

Organisatorische Ausrichtung

- Unterstützung der Organisation beim Aufbau, der Stärkung und der Bewahrung einer Kultur der Compliance und Ethik, die dazu beiträgt, Probleme zu vermeiden, bevor sie entstehen.

- den Ruf der Organisation, das Vertrauen ihrer Stakeholder und ihre Fähigkeit, diesen Stakeholdern einen Mehrwert zu bieten, zu schützen.

- Die Organisation muss in die Lage versetzt werden, die Einhaltung und Förderung ethischer Standards zu gewährleisten und so zum öffentlichen Interesse beizutragen

Informationssicherheit

Individueller Zweck

- Risikobewertung, um IT-bezogene Risiken zu ermitteln und die IT-Systeme, die Infrastruktur und die Daten der Organisation vor Bedrohungen, Diebstahl und Schwachstellen zu schützen.

- Unterstützung bei der Entwicklung und Umsetzung von Kontrollen und Prozessen zur Minderung von IT-Risiken, einschließlich derjenigen, die für die Einhaltung von Gesetzen/Vorschriften in Bezug auf Datenschutz, Cybersicherheit und andere IT-bezogene Bereiche erforderlich sind.

- Aufrechterhaltung einer optimalen IT-Sicherheitslage.

Organisatorische Ausrichtung

- Stärkung der Resilienz der Organisation durch Erkennen und Abschwächen von Problemen, bevor sie den Betrieb stören oder Verluste verursachen (z. B. finanzielle Schäden oder Rufschädigung).

- Gewährleistung einer kontinuierlichen Datenqualität, Vertraulichkeit, Integrität und Verfügbarkeit.

- Ermöglicht es dem Unternehmen, risikobasierte Entscheidungen darüber zu treffen, wie und wo Ressourcen für Cyber- und andere Technologiekontrollen investiert werden sollen.

Noch einmal, beachten Sie die Gemeinsamkeit der Ziele all dieser Funktionen: sicherzustellen, dass Organisationen ihre Ziele erreichen, einschließlich des Schutzes, der Schaffung und der Erhaltung von Werten. Das ist der rote Faden, der sich durch die gesamte Risikomanagement-Gemeinschaft zieht—das gemeinsame Ziel, um das sich alle Beteiligten kümmern sollen.

Dieses übergreifende Ziel verdeutlicht auch, warum mehr Kommunikation, Zusammenarbeit und Abstimmung erforderlich sind. Ein „Connected Risk Ansatz" ist ein natürlicher Weg für Teams, zusammenzukommen, um dieses Ziel zu erreichen.

Die Hürden der Zusammenarbeit verstehen

Die erfolgreiche Umsetzung des Connected Risk Ansatzes erfordert zunächst die Überwindung der erheblichen Hürden für die Zusammenarbeit, die in vielen

Unternehmen seit jeher bestehen. Die Geschäftsleitung und die Vorstände—ebenso wie die Fachleute aus den Bereichen Interne Revision, Risiko, Compliance und Informationssicherheit—sollten sich bemühen, diese Hindernisse zu verstehen. Auf diese Weise sind sie besser in der Lage, Bedenken zu zerstreuen und geeignete Methoden zur Überwindung dieser Hindernisse zu fördern.

Einige dieser Hürden sind darauf zurückzuführen, dass das Risikomanagement als Produkt und nicht als Prozess betrachtet wird. Wir tragen zu diesem Problem bei, wenn wir:

- Risikomanagement-Aktivitäten als Gelegenheit nutzen, die Qualität unserer Fähigkeiten zu zeigen oder Anerkennung für unsere Leistungen zu erhalten.

- Unsere eigene Bequemlichkeit und unsere Vorlieben über das stellen, was für unsere Organisationen am besten ist.

- Die Auswahl und Implementierung von Technologien durch eine funktionsspezifische Brille betrachten.

- Bedenken zulassen hinsichtlich der Unabhängigkeit der Internen Revision und dadurch verhindern, den Teams der ersten und zweiten Linie bei der Gestaltung und Umsetzung des Risikomanagements zu helfen.

Dies sind alles natürliche und verständliche Tendenzen. Sie tragen jedoch nicht zu einem wirksamen Risikomanagement bei. Lassen Sie uns sicherstellen, dass wir verstehen, warum.

Den Wert nachweisen und nach Anerkennung trachten

Es ist nur menschlich, seinen Wert durch individuelle Leistungen beweisen zu wollen. Diese Botschaft wird durch das, was wir von unseren Eltern hören, wie wir in der Schule benotet werden und wie die meisten Arbeitgeber Leistung anerkennen und belohnen, noch verstärkt. Der Nachweis des Wertes oder der Eignung wird in diesen Kontexten zumeist durch individuelle Leistung erbracht. Ist es da verwunderlich, dass so viele Berufstätige mit der tief verwurzelten Einstellung "Das ist mein Job und ich kann ihn selbst machen" auftauchen?

Natürlich freuen wir uns alle, wenn wir für eine gut gemachte Arbeit gelobt werden. Wir sind stolz darauf, wenn wir besonders hervorgehoben werden, weil wir hart gearbeitet haben oder die Extrameile gegangen sind. Wir können uns des nagenden Gefühls nicht erwehren, dass es einfacher ist, seinen Wert zu beweisen, wenn man unabhängig arbeitet.

Diese Haltung ist jedoch für ein wirksames Risikomanagement in den heutigen Organisationen nicht förderlich. In Kapitel 6 wurden die vielen Nachteile untersucht, die ein Mangel an Kommunikation und Koordination mit sich bringen kann. Die wachsende Kluft bei der Risikoexposition verlangt von uns, dass wir uns verbessern—und die Erkenntnis, dass wir unser Ego und unser Verlangen nach Anerkennung an der Tür abgeben müssen, ist ein solider erster Schritt. Sobel hat dieses Gefühl gut eingefangen:

> Der menschliche Faktor ist hier sehr wichtig. Ich glaube nicht, dass genügend Menschen in Organisationen das richtige Maß an Bescheidenheit haben, um zu erkennen, dass sie nicht alles allein schaffen können. Das klingt wie ein gesunder Menschenverstand. Aber wir müssen es wirklich so angehen: "Es ist mir egal, ob es deine oder meine Idee ist. Solange es gut für das Unternehmen ist, ist es eine gute Idee. Machen wir's." Die Frage, wer die Lorbeeren erntet, ist nicht so entscheidend.

Diese Tendenz, Anerkennung zu wollen, wird durch die Tatsache verstärkt, dass die Leistung von Risiko- und Assurance-Fachleuten in der Vergangenheit häufig anhand einzelner Ergebnisse gemessen wurde, so dass der Blick für die Faktoren, die diese Ergebnisse unterstützen, gelegentlich verloren ging. Obwohl beispielsweise das Risikoverzeichnis eine wertvolle Entwicklung in der Herangehensweise der Internen Revision an ihre Arbeit darstellte und die Grundlage für die inzwischen gut etablierte Praxis der risikobasierten Prüfungsplanung bildete, müssen die Internen Revisoren lernen, darüber hinaus zu blicken, wenn sie sich bemühen, ihren Wert zu zeigen. Wie Sobel sagte: "Es geht nicht um das Risikoverzeichnis, das Risikouniversum oder gar die Risikobewertung. Letztlich geht es darum, die Ungewissheit so gut zu verstehen, dass das Management bessere Entscheidungen treffen kann".

In Kapitel 10 werden wir uns eingehender mit der Frage befassen, inwieweit uns die historische Konzentration auf den Output gegenüber dem Ergebnis zurückhält. Für unsere gegenwärtigen Zwecke genügt es zu sagen, dass jeder von uns erkennen muss, ob und wie der Wunsch nach individueller Anerkennung uns daran hindert, unseren Teams mehr zu bieten.

Widerstand gegen Veränderungen

Ein weiterer Grund ist die mangelnde Bereitschaft, sich auf Veränderungen einzulassen. Es liegt in der menschlichen Natur, Dinge so zu tun, wie man sie immer getan hat, und sich auf die Prozesse und Technologien zu verlassen, mit denen man bereits vertraut ist. Um jedoch nicht zu veralten, muss sich jeder Beruf mit den Werkzeugen, der Technologie, dem Wissen und den Bedingungen, unter denen er ausgeübt wird, weiterentwickeln.

Vor vielen Jahren habe ich den Begriff "Jurassic Auditors" geprägt, um Interne Revisoren zu beschreiben, die dazu neigen, an überholten Praktiken festzuhalten. Ich habe diesen Begriff verwendet, weil die überwältigende Mehrheit der Arten aus der Jurazeit ausgestorben ist, weil sie sich nicht angepasst haben. Ich führe ihn hier als Warnung für alle "jurassischen" Internen Revisions-, Risiko-, Compliance- und Fachleute für Informationssicherheit wieder ein, die immer noch in der Vergangenheit verharren. Wie John F. Kennedy sagte: "Veränderung ist das Gesetz des Lebens. Und wer nur auf die Vergangenheit oder die Gegenwart schaut, verpasst die Zukunft".

Durch veraltete Technologien gehärtete Silos

In den letzten Jahrzehnten haben sich die Aufgabenbereiche und Mandate von Internen Revisions-, Risiko-, Compliance- und Informationssicherheit-Teams erweitert und verändert, so dass sie zunehmend auf technologische Unterstützung angewiesen sind. Schon früh schuf die Nachfrage ein entsprechendes Angebot: Technologieunternehmen reagierten bereitwillig auf den Ruf und entwickelten Lösungen, die auf die individuellen Bedürfnisse und Prioritäten der einzelnen Teams zugeschnitten waren. Jede Funktion hatte scheinbar ihre Lieblingstechnologie; im Laufe der Zeit nahm die Beliebtheit von Einzellösungen zu und die Fähigkeit zur individuellen Anpassung wuchs.

Unternehmen überlassen es oft einzelnen Funktionen, ihre eigenen Technologien auszuwählen und zu implementieren. In der Anfangszeit hatte man kaum das Gefühl, einen "großen Plan" zu brauchen, weil sich die Technologielandschaft so schnell veränderte. Man ging davon aus, dass jedes Team seine eigenen Bedürfnisse am besten kannte und dass diese Einzellösungen das Beste waren, worauf diese Teams zu diesem Zeitpunkt hoffen konnten. Natürlich arbeiteten die Technologieunternehmen unermüdlich an der Verbesserung dieser Lösungen und fügten in ihrem Bestreben, den jeweiligen Markt zu beherrschen, neue Funktionen hinzu.

Viele Teams verwenden immer noch diese Einzellösungen-Legacy-Technologien. Leider sind diese Technologien in der Regel nicht darauf ausgelegt, die funktionsübergreifende Zusammenarbeit, den Datenaustausch oder die Berichterstattung zu unterstützen. In dem Maße, in dem die einzelnen Funktionen immer mehr auf ihre eigenen maßgeschneiderten Technologielösungen angewiesen sind, die sich nicht miteinander integrieren lassen, werden sie auch immer isolierter.

Bedenken der Internen Revision hinsichtlich ihrer Unabhängigkeit

Ein weiterer Teil des Problems besteht darin, dass viele Risiko- und Sicherheitsexperten darauf konditioniert wurden, in ihren metaphorischen Höhlen zu bleiben, um Glaubwürdigkeit zu schaffen und zu bewahren. Vor allem Interne Revisoren haben das Bedürfnis, sich vor dem Vorwurf mangelnder Unabhängigkeit oder Objektivität zu schützen. Dies führt oft zu einer tief verwurzelten Abneigung gegen die Zusammenarbeit. Diese Abneigung kann ziemlich tiefgreifend sein. Als ich mich kürzlich auf ein Seminar der Risikomanagementbranche vorbereitete, bei dem es darum ging, die Angleichung zwischen den drei Linien voranzutreiben, wurde ich gewarnt: "Sie müssen vorsichtig sein, das Wort Zusammenarbeit nicht zu verwenden." Die Kernaussage war, dass viele Audit- und Risikopraktiker nicht glauben, dass "Zusammenarbeit" ein Wort ist, das *jemals* im Zusammenhang mit dem Beruf verwendet werden sollte.

Ich wünschte, das wäre überraschend, aber ich weiß seit langem, dass die Terminologie "Zusammenarbeit" für einige problematisch ist. Ich habe im Laufe der Jahrzehnte mit zahllosen Internen Revisoren gesprochen, die sich gegen den Begriff sträuben, weil sie ihn als Widerspruch zu ihrer Unabhängigkeit betrachten oder diese gefährdet.

Ich bin seit langem ein Befürworter einer stärkeren Zusammenarbeit zwischen den drei Linien, und ich halte die Bedenken hinsichtlich der Unabhängigkeit für vertretbar. Es ist jedoch wichtig, bei der Erörterung dieser Bedenken respektvoll zu bleiben. Die Unabhängigkeit ist seit langem ein Teil der Kernprinzipien der Internen Revision, daher ist ein gewisses Zögern bei der Zusammenarbeit verständlich. Ich halte es für hilfreich, sich in der Diskussion auf die Unterschiede zwischen Unabhängigkeit und Objektivität zu konzentrieren und angemessen zu definieren, wie Unabhängigkeit erreicht wird. Die folgenden Seiten bieten eine Orientierungshilfe in beiden Bereichen.

Die Hürden der Zusammenarbeit überwinden

Unterscheidung zwischen Unabhängigkeit und Objektivität

Objektivität und Unabhängigkeit sind nicht dasselbe.

Das Konzept der Unabhängigkeit ist ein organisatorisches Attribut. Das heißt, dass die Interne Revision innerhalb des Unternehmens unabhängig organisiert ist, so dass sie ihren Auftrag der Objektivität erfüllen kann. Wie wir später in diesem Kapitel erläutern werden, müssen die Internen Revisoren ihre Unabhängigkeit mindestens einmal jährlich gegenüber dem Leitungs- und Überwachungsorgan bestätigen und alle potenziellen Beeinträchtigungen mitteilen. Darüber hinaus besagt **Standard 7.1 Organisatorische Unabhängigkeit**, dass die Geschäftsordnung der Internen Revision die "Berichtslinien und die organisatorische Positionierung der Internen Revision, wie vom Leitungs- und Überwachungsorgan festgelegt", enthalten muss, um zu dokumentieren, wie die Unabhängigkeit der Internen Revision unterstützt wird.[3]

Dennoch ist keine Interne Revison ohne ein gewisses Maß an "Abhängigkeit" von der Organisation, für die sie Sicherheit bietet. Unabhängig davon, ob sie als externer Auftragnehmer oder als Angestellte tätig sind, sind die Internen Revisoren Teil der Organisationen, für die sie arbeiten, und von ihnen abhängig, was ihre Gehälter betrifft. Diese Abhängigkeit schließt jedoch nicht aus, dass die Interne Revision objektiv bleibt, und Objektivität ist ein zentrales Anliegen der Internen Revisoren im Hinblick auf die Wahrung ihrer Unabhängigkeit.

Wie ich in meinem Buch *Agents of Change: Internal Auditors in the Era of Permacrisis* geschrieben habe:

> Objektivität ist eine unvoreingenommene Geisteshaltung, die es den Internen Revisoren ermöglicht, einen Auftrag unvoreingenommen und ohne vorgefasste Meinung anzugehen und ihre Arbeit konsequent und ohne Kompromisse durchzuführen. Objektivität ist insofern von entscheidender Bedeutung, als sie die Interne Revision als echten Vermittler von Sicherheit fördert. Wenn die Interne Revision über den Zustand oder das Wohlergehen einer Kontrolle oder eines Prozesses berichtet, ist ihre Objektivität das Herzstück ihrer Glaubwürdigkeit.[4]

Meiner Erfahrung nach ist es wahrscheinlicher, dass die Beeinträchtigung der Objektivität die Wirksamkeit der Internen Revision mehr untergräbt als ihre Unabhängigkeit. Die Zusammenarbeit mit Risikomanagern und Compliance-Experten kommt dem Unternehmen zugute. Wenn wir die Führung bei der Förderung einer stärkeren Zusammenarbeit übernehmen, wird unsere Unabhängigkeit nicht beeinträchtigt. Glücklicherweise ist Objektivität eine Geisteshaltung. Als Fachleute, die ihren eigenen Geisteszustand kontrollieren, können Interne Revisoren zusammenarbeiten, ohne ihre Objektivität aufzugeben.

Die Zusammenarbeit erfordert nicht, dass man die Kontrolle über seine Objektivität aufgibt. Kein starker, unabhängig denkender Interner Revisor würde es zulassen, dass seine Objektivität untergraben wird, nur weil er an einer Sache mitgearbeitet hat, die für seine Organisation insgesamt von Nutzen war.

Verlassen auf professionelle Standards und Leitlinien

Glücklicherweise können uns die professionellen Standards und Leitlinien des IIA dabei helfen, einige der vermeintlichen Hürden für die Zusammenarbeit zu senken.

Das Drei-Linien-Modell 2020 des IIA

Schauen wir uns zunächst an, was das Drei-Linien-Modell des IIA über die Unabhängigkeit der Internen Revision aussagt. Wie ich schon oft betont habe—und wie das IIA in seiner Aktualisierung des Modells für 2020 ausdrücklich feststellte—bedeutet "Unabhängigkeit" nicht „Isolation".

Im Positionspapier des IIA für 2020 heißt es weiter (Hervorhebung hinzugefügt):

> **Es muss ein regelmäßiger Austausch zwischen Interner Revision und dem Management stattfinden**, um sicherzustellen, dass die Arbeit der Internen Revision relevant und auf die strategischen und operativen Bedürfnisse der Organisation abgestimmt ist. Durch all ihre Aktivitäten baut die Interne Revision ihr Wissen und Verständnis über die Organisation auf, was zu der Prüfungssicherheit und Beratung beiträgt, die sie als vertrauens-würdiger Berater und strategischer Partner liefert. Es besteht ein **Bedarf an Zusammenarbeit und Kommunikation zwischen der ersten und der zweiten Linie des Managements und der Internen**

Revision, um sicherzustellen, dass es keine unnötigen Doppelarbeiten, Überschneidungen oder Lücken gibt.[5]

In der Aktualisierung wurde auch speziell darauf eingegangen, wie die Unabhängigkeit der Internen Revision erreicht wird. **Grundsatz 5: Unabhängigkeit der dritten Linie** erklärt:

> Die Unabhängigkeit der Internen Revision von den Verantwortlichkeiten des Managements ist von kritischer Bedeutung für ihre Objektivität, Autorität und Glaubwürdigkeit. Sie wird durch Verantwortung gegenüber dem Leitungsorgan, ungehinderten Zugang zu Menschen, Ressourcen und Daten, die für die Durchführung der Tätigkeiten erforderlich sind, sowie unvoreingenommene und frei von Einflussnahme durchgeführte Planung und Erbringung von Revisionsleistungen erreicht[6.]

IIA's 2024 Global Internal Audit Standards

Die Berufsstandards des IIA für die Praxis der Internen Revision gehen auch speziell auf Fragen der Unabhängigkeit, Objektivität und Zusammenarbeit ein.

Die Standards befassen sich seit langem mit dem wahrgenommenen Konflikt, für die Geschäftsleitung zu arbeiten und gleichzeitig den Gesamtinteressen der Organisation zu dienen. Die neuen, im Jahr 2024 veröffentlichten *Standards* stärken jedoch die bewährte Unterscheidung zwischen Unabhängigkeit und Objektivität weiter.

Der Standard 7.1 "Organisatorische Unabhängigkeit" legt die Unabhängigkeit der Internen Revision von der Geschäftsleitung fest und bekräftigt sie. Sie verschafft den CAEs auch das Vertrauen und die Fähigkeit, das Management ohne Angst vor Repressalien zu überprüfen (und möglicherweise sogar zu kritisieren).[7]

Außerdem *erlauben* die neuen Standards der Internen Reviison nicht nur *die* Zusammenarbeit mit der ersten und zweiten Linie. Sie fordern sie ausdrücklich dazu auf. Als ich mir den **Standard 9.5 Koordination und Vertrauen** im Detail ansah, begann ich, sie als "Standard für Connected Risk" zu betrachten, da die Formulierung des Standards viele Parallelen zu dem von mir empfohlenen Ansatz eines kooperativen Risikomanagements aufweist.

Der Abschnitt "Anforderungen" in Standard 9.5 enthält die Richtlinie und hebt gleichzeitig die Vorteile hervor (Hervorhebung hinzugefügt):

Die Revisionsleitung *muss sich mit internen und externen Assurance Providern abstimmen und erwägen, sich auf deren Arbeit zu verlassen.* Die Koordination von Dienstleistungen minimiert Doppelarbeit, zeigt Lücken in der Abdeckung wichtiger Risiken auf und verbessert insgesamt den Mehrwert aller Anbieter.

Sollte es nicht möglich sein, ein angemessenes Maß an Koordination zu erreichen, *muss die Revisionsleitung alle Bedenken bei der Geschäftsleitung und, falls erforderlich, beim Überwachungsorgan zur Sprache bringen.*[8]

Bemerkenswert ist, dass das IIA in diesem Abschnitt den sichereren Begriff „Koordination" verwendet. Der Abschnitt „Überlegungen zur Umsetzung" im Standard 9.5 enthält jedoch eine Liste mit „Beispielen für Koordination", die ebenso gut als „Beispiele für Zusammenarbeit" bezeichnet werden könnten.

- Abstimmung von Art, Umfang und Zeitpunkt geplanter Arbeiten.
- Schaffung eines gemeinsamen Verständnisses von Prüfungstechniken, -methoden und -terminologie.
- Gegenseitiger Zugang zu Arbeitsprogrammen und Berichten.
- Nutzung der Risikoinformationen des Managements zur Bereitstellung gemeinsamer Risikobeurteilungen.
- Schaffung eines gemeinsamen Risikoregisters oder einer gemeinsamen Liste von Risiken.
- Kombinieren von Ergebnissen für eine gemeinsame Berichterstattung.

In den "Überlegungen zur Umsetzung" von Standard 9.5 heißt es weiter (Hervorhebung hinzugefügt):

Die Revisionsleitung berücksichtigt die Vertraulichkeitsanforderungen der Organisation, bevor sie auf die verschiedenen Anbieter zugeht, um die für die **Koordination der Dienstleistungen erforderlichen Informationen einzuholen. Häufig teilen die Anbieter Ziele, Umfang und Zeitplan bevorstehender Aufträge und die Ergebnisse früherer Aufträge**. Die Anbieter besprechen auch das Potenzial, sich auf die Arbeit des jeweils anderen verlassen zu können.

Außerdem heißt es dort (Hervorhebung hinzugefügt):

Die Revisionsleitung **kann** sich aus verschiedenen Gründen dafür entscheiden, **sich auf die Arbeit anderer Anbieter zu verlassen**, z. B. bei der Beurteilung von Spezialgebieten außerhalb des Fachwissens der Internen Revision, um den Umfang der für den Abschluss eines Auftrags erforderlichen Tests zu verringern und **die Risikoabdeckung über die Ressourcen der Internen Revision hinaus zu verbessern**[9]

Weitere Standards spiegeln diese verstärkte Betonung von Koordination und Zusammenarbeit wider—einige davon scheuen sich nicht, den Begriff "Zusammenarbeit" zu verwenden.

Der Standard 9.3 Methoden "Überlegungen zur Umsetzung" besagt, dass zu den dokumentierten Methoden, die zur Umsetzung der Strategie und der Panung der Internen Revision und zur Einhaltung der *Standards* erforderlich sind, auch der Ansatz der Internen Revision zur "Koordinierung mit internen und externen Prüfern" gehört.[10]

Standard 11.1 Aufbau von Beziehungen und Kommunikation mit Stakeholdern: Die "Anforderungen" besagen, dass (Hervorhebung hinzugefügt):

*Die Revisionsleitung muss einen Ansatz für die Interne Revision entwickeln, um Beziehungen und Vertrauen zu den wichtigsten Stakeholdern aufzubauen, einschließlich des Überwachungsorgans, der Geschäftsleitung, des operativen Managements, der Aufsichtsbehörden sowie interner und externer Assurance Provider und anderer Berater. Die Revisionsleitung **muss die formelle und informelle Kommunikation zwischen der Internen Revision und den Stakeholdern fördern** und zum gegenseitigen Verständnis über Folgendes beitragen:*

- *Organisatorische Interessen und Anliegen.*

- *Ansätze zur Identifikation und zum Management von Risiken und zur Lieferung von Prüfungssicherheit.*

- *Aufgaben und Verantwortlichkeiten relevanter Parteien und **Möglichkeiten zur Zusammenarbeit**.[11]*

Der Standard 10.3 Technologische Ressourcen "Überlegungen zur Umsetzung" empfiehlt, dass—"um zu bewerten, ob die Interne Revision über technologische Ressourcen zur Erfüllung ihrer Verantwortlichkeiten verfügt", soll die Revisionsleitung "mit anderen Abteilungen bei gemeinsamen Governance-, Risiko- und Kontrollmanagementsystemen zusammenarbeiten".[12]

Der Standard 3.1 "Überlegungen zur Umsetzung" schlägt vor, dass „Interne Revisoren Kompetenzen in Bezug auf „Kommunikation und Zusammenarbeit" entwickeln sollten.[13]

Zusammenfassend lässt sich sagen, dass das IIA inzwischen mehrheitlich die Ansicht vertritt, dass das Mandat der Internen Revision unabhängig zu bleiben, sie nicht daran hindert, zusammenzuarbeiten, und dass die Koordinierung und Zusammenarbeit zwischen den drei Linien von entscheidender Bedeutung ist, damit wir die Ziele unserer Organisationen besser erreichen können.

Den Wert in den Mittelpunkt des Risikomanagements stellen

Erinnern Sie sich daran, wie COSO und ISO "Risiko" definieren: die Möglichkeit, dass Ereignisse eintreten und das Erreichen der Ziele beeinträchtigen oder zumindest die Fähigkeit der Organisation, ihre Ziele zu erreichen, in Frage stellen.

Die entscheidende Notwendigkeit besteht nun darin, alle Mitarbeiter des Unternehmens auf die übergeordneten Ziele des Risikomanagements auszurichten—den Schutz, die Realisierung und die Schaffung von Werten -, um sicherzustellen, dass das Risikomanagement nicht als Endpunkt betrachtet wird, sondern als eine Schlüsselkomponente der Mittel. Wenn es darum geht, dem übergeordneten Ziel der Wertschöpfung und -erhaltung für die Beteiligten zu dienen, sollte niemand der Zusammenarbeit abgeneigt sein.

In einem LinkedIn-Artikel aus dem Jahr 2022 bemerkte Peter Bäckman:

> Ein risikobewusstes Unternehmen ist sich bewusst, dass ERM eine Gruppenleistung ist. In einer risikobewussten Kultur ist jedes Mitglied der Unternehmensgemeinschaft befähigt und in der Lage, alle Risiken zu erkennen und darauf zu reagieren, die sie wahrnehmen. Organisatorische Resilienz kann nicht von Abteilung zu Abteilung isoliert werden, sondern muss eine einheitliche Anstrengung im gesamten Unternehmen sein.[14]

Lassen Sie mich noch einmal betonen, dass die Diskussionen respektvoll bleiben müssen, so dass einige Organisationen vielleicht ein anderes Wort brauchen, um sich mit dem Thema vertraut zu machen. Überlegen Sie, welche Sprache für Ihre Organisation am sinnvollsten ist, sei es Zusammenarbeit, Koordination, Ausrichtung, Verbindung oder ein anderes Wort. Alle diese Begriffe stehen im Mittelpunkt des nachhaltigen Nutzens, den das Connected Risk für Unternehmen bietet. Sie sollten den Begriff wählen, der für Sie am besten passt.

Leider ist es in der Realität so, dass alle sorgfältig formulierten professionellen Standards, Leitlinien und Richtlinien der Welt nicht geeignet sind, die tief verwurzelten Hindernisse für die Zusammenarbeit schnell zu beseitigen. Um dies zu erreichen, müssen wir ein paar Schritte weiter gehen, um die Wurzeln des Problems zu verstehen. Trägt die Art und Weise, wie wir über die "drei Linien" denken, übermäßig zu dem Problem bei?

KAPITEL 8

Jenseits des Drei-Linien-Modells

Wie wir gezeigt haben, steht die Verbesserung der Zusammenarbeit zwischen allen Risikoteams vor Herausforderungen, die von hartnäckiger Abschottung bis hin zu Bedenken hinsichtlich der Unabhängigkeit und darüber hinaus reichen. Wir werden diese Hürden nicht überwinden, ohne unser Denken und unsere Annahmen darüber, wie die wichtigsten Akteure im Risikomanagement zusammenarbeiten, zu hinterfragen.

Ich habe großen Respekt vor dem Drei-Linien-Modell des IIA und davor, wie das IIA das Modell im Laufe der Jahre sinnvoll weiterentwickelt hat. Ich habe oft an diesen Bemühungen teilgenommen. Es ist jedoch an der Zeit, die Wirksamkeit des Modells bei der Ermöglichung einer echten Zusammenarbeit zwischen den drei Linien zu überdenken und seine Struktur, Sprache und Grenzen neu zu betrachten. Unter diesen außergewöhnlichen Risikobedingungen wird das Konzept der drei getrennten Linien zunehmend zu einer Stolperfalle.

Es ist auch an der Zeit, eine der Grenzen des Modells direkt anzusprechen. Ich war schon immer der Meinung, dass das Drei-Linien-Modell und seine Vorgänger weitgehend aus einer auf die Interne Revision ausgerichteten Perspektive heraus geschrieben wurden. Seine Struktur positioniert die Internen Revisoren im Wesentlichen als die "Helden" des Risikomanagements, die bereit sind, den Tag zu retten, indem sie Schwachstellen im Risikomanagement, in der Kontrolle und in der Unternehmensführung aufdecken, die alle anderen übersehen haben. Ich bin natürlich ein Verfechter der Internen Revision und des Wertes, den sie in der Vergangenheit erbracht hat, aber es ist genauso wichtig, dass neben der Internen Revision auch die Funktionen der zweiten und ersten Linie als entscheidend für ein wirksames Risikomanagement anerkannt werden.

Im Laufe der Jahre haben einige Risiko- und Compliance-Fachleute privat geäußert, dass sie durch das Drei-Linien-Modell (wenn auch unbeabsichtigt) in eine scheinbar weniger wichtige Rolle gedrängt werden. Außerdem werden Fachleute für Informationssicherheit in den Formulierungen nicht ausdrücklich erwähnt. Ihre Einbeziehung wird zwar angedeutet, aber es ist an der Zeit, ihre unverzichtbare Präsenz als eine der wesentlichen Risiko- und Kontrollfunktionen, die die zweite Linie bilden, ausdrücklich anzuerkennen.

Da ich selbst an der Entwicklung des Modells beteiligt war, kann ich bestätigen, dass das IIA es mit den besten Absichten übernommen hat. Ich kann auch bestätigen, dass das IIA sich verpflichtet hat, das Zusammenwirken der drei Linien ständig weiterzuentwickeln, um den Zielen der Organisationen, für die wir arbeiten, bestmöglich zu dienen; diese Verpflichtung wird in der Überarbeitung des Modells für 2020 deutlich. In diesem Sinne werden wir uns zunächst ansehen, wo das Modell und seine Leitlinien ihren Ursprung haben und wie sie sich im Laufe der Jahre entwickelt haben. Anschließend werde ich meine Idee für einen begleitenden Rahmen—das Connected Risk Modell—vorstellen, der einen besser abgestimmten und kooperativen Ansatz für das Risikomanagement unterstützen soll.

Die Ursprünge des Modells der drei Verteidigungslinien

Während die genaue Quelle des Drei-Linien-Ansatzes umstritten ist, sind sich viele Quellen darüber einig, wann und wo das erste Three Lines of Defense Model veröffentlicht wurde. Es wurde zwischen 2008 und 2010 von der Federation of European Risk Management Associations (FERMA) und der European Confederation of Institutes of Internal Auditing (ECIIA) als Leitfaden für die 8. EU-Richtlinie Art. 41 2b. entworfen. In Abschnitt 2b der Richtlinie heißt es: "Der Prüfungsausschuss überwacht unter anderem die Wirksamkeit des internen Kontrollsystems, der Internen Revision und des Risikomanagementsystems des Unternehmens."

Im Leitfaden von FERMA und ECIIA aus dem Jahr 2010 wird der Grund für die Herausgabe des Leitfadens wie folgt erläutert: "Während dies eine recht einfache Aussage zu sein scheint, sind 'was zu überwachen ist' und 'wie zu überwachen ist' wesentlich komplexer". Dementsprechend zielte der Leitfaden darauf ab, "das 'Was' und 'Wie' der Überwachung zu beleuchten", indem er einen Überblick über die Rolle und die Zuständigkeiten in Bezug auf ein effektives Risikomanagement und die Gewährleistung der Kontrolle für den Vorstand/Prüfungsausschuss, den CEO und die Geschäftsleitung, das operative Management sowie die Überwachungs- und Prüfungsfunktionen gab. Darüber hinaus wird die "empfohlene Interaktion zwischen Internem Kontrollsystem, Risikomanagement und Interner Revision" erläutert und es werden "bewährte Praktiken für die Aufsicht durch den Vorstand und den Prüfungsausschuss" in Bezug auf den Risikomanagementprozess, das Interne Kontrollsystem und die Interne Revision vorgeschlagen.[1]

Zu diesem Zweck enthielt der Leitfaden ein Modell der drei Verteidigungslinien, das diese verschiedenen Verantwortlichkeiten und Wechselwirkungen veranschaulichte. In der Mitte der Grafik befanden sich drei große blaue Kästen—die drei Verteidigungslinien -, die wie folgt dargestellt wurden:

- **Erste Verteidigungslinie:** Operatives Management; Internes Kontrollsystem

- **Zweite Verteidigungslinie:** Risikomanagement; Compliance; Sonstige

- **Dritte Verteidigungslinie:** Interne Revision

Wichtig ist, dass diese „Verteidigungslinien" die verschiedenen Funktionen, die am Risikomanagement beteiligt sind, in drei verschiedene Gruppen aufteilen: Die erste Verteidigungslinie besitzt und verwaltet die Risiken, die zweite Verteidigungslinie überwacht die Wirksamkeit des Risikomanagements und der Kontrollen, die von der ersten Verteidigungslinie durchgeführt werden, und die dritte Verteidigungslinie liefert eine unabhängige Bestätigung für die Wirksamkeit des Risikomanagements und der Kontrollen.

Das Modell befasste sich auch mit der Aufsicht und der externen Rechnungsprüfung. Zwei kleinere blaue Kästchen wurden über den drei Zeilen angezeigt: "Senior Management" wurde über der ersten und zweiten Linie dargestellt und "Board/Audit Committee" über der zweiten und dritten Linie. Rechts von der dritten Zeile befand sich ein weiteres kleines Kästchen mit der Bezeichnung "Externe Prüfung", wobei eine durchgezogene Linie die interne Prüfung von der externen Prüfung trennte.

Gepunktete Linien zwischen den Kästchen, die die drei Verteidigungslinien darstellen, suggerierten sowohl Trennung als auch Durchlässigkeit. Zwischen den einzelnen Kästchen gab es keine Pfeile oder Verbindungen. Das Dokument folgte jedoch dem Modell mit kurzen Erklärungen, in denen die Verantwortlichkeiten und Wechselwirkungen zwischen den drei Linien beschrieben wurden. Außerdem wurde die externe Prüfung als "vierte Verteidigungslinie" ausdrücklich erwähnt.

Das Drei-Linien-Verteidigungsmodell des IIA von 2013

Wie FERMA und ECIIA im Jahr 2010 schrieben, fand ihr Modell "rasch allgemeine Anerkennung"[2]. Tatsächlich baute das IIA auf diesem Rahmen auf und unterstützte 2013 offiziell das Three Lines of Defense Model.

Zu dieser Zeit war ich Präsident und CEO des IIA. Die Veröffentlichung des Modells im Jahr 2013 und seine breite Akzeptanz (insbesondere innerhalb der Internen Revision) waren ein bedeutender Schritt nach vorne, um Organisationen zu helfen zu verstehen, wie die verschiedenen Funktionen zusammenarbeiten können, um eine solide Governance und ein solides Risikomanagement zu gewährleisten. Das Positionspapier des IIA aus dem Jahr 2013, in dem das Modell vorgestellt wurde, erläutert unsere Beweggründe (Hervorhebung hinzugefügt):

> In Unternehmen des 21. Jahrhunderts ist es nicht ungewöhnlich, dass verschiedene Teams aus Internen Revisoren, Spezialisten für Risikomanagement, Compliance-Beauftragten, Internen Kontrollspezialisten, Qualitätsprüfern, Betrugsermittlern und anderen Risiko- und Kontrollexperten zusammenarbeiten, um ihre Organisationen beim Risikomanagement zu unterstützen. **Jeder dieser Fachbereiche verfügt über eine einzigartige Perspektive und spezifische Fähigkeiten, die für die Unternehmen, denen sie dienen, von unschätzbarem Wert sein können**. Da die Aufgaben im Zusammenhang mit Risikomanagement und -kontrolle jedoch zunehmend auf mehrere Abteilungen und Bereiche verteilt werden, **müssen die Aufgaben sorgfältig koordiniert werden, um sicherzustellen, dass die Risiko- und Kontrollprozesse wie vorgesehen funktionieren.**

Es reicht nicht aus, dass es die verschiedenen Risiko- und Kontrollfunktionen gibt—die **Herausforderung besteht in der Zuweisung spezifischer Rollen und in der effektiven und effizienten Koordinierung zwischen diesen Gruppen, damit es weder "Kontrolllücken" noch unnötige Doppelarbeit gibt**. Es müssen klare Verantwortlichkeiten definiert werden, damit jede Gruppe von Risiko- und Kontrollexperten die Grenzen ihrer Zuständigkeiten kennt und weiß, wie sich ihre Positionen in die gesamte Risiko- und Kontrollstruktur des Unternehmens einfügen.

Es steht viel auf dem Spiel. Ohne einen kohärenten, koordinierten Ansatz werden **die begrenzten Risiko- und Kontrollressourcen möglicherweise nicht wirksam eingesetzt, und bedeutende Risiken werden möglicherweise nicht erkannt oder angemessen gehandhabt**. Im schlimmsten Fall kann die Kommunikation zwischen den verschiedenen Risiko- und Kontrollgruppen zu einer ständigen Debatte darüber verkommen, wer welche Aufgaben zu erfüllen hat.

Zu diesem Zweck, so das Papier weiter, bietet das Modell "eine einfache und effektive Möglichkeit, **die Kommunikation** über Risikomanagement und -kontrolle **zu verbessern, indem es die wesentlichen Rollen und Pflichten klarstellt**"[3].

Wir hatten auch die Vorstellung, dass das Three Lines of Defense Model des IIA eindeutig veranschaulicht, wo die Interne Revision ihren Platz hat und welchen Wert sie im Rahmen der gesamten Governance und des Risikomanagements einer Organisation hat. Wir wussten, dass es von entscheidender Bedeutung war, die wichtige Rolle der Internen Revision bei der Bereitstellung unabhängiger Sicherheit zu verankern, und schrieben:

> Interne Revisoren bieten dem Leitungs- und Überwachungsorgan umfassende Sicherheit, die auf einem Höchstmaß an Unabhängigkeit und Objektivität innerhalb der Organisation beruht. Dieses hohe Maß an Unabhängigkeit ist bei der zweiten Verteidigungslinie nicht gegeben. Die Interne Revision trägt aktiv zu einer wirksamen Governance bei, sofern bestimmte Bedingungen—Förderung ihrer Unabhängigkeit und Professionalität—erfüllt sind.[4]

Das Positionspapier des IIA aus dem Jahr 2013 enthielt auch eine detailliertere Beschreibung der Zuständigkeiten der einzelnen Abteilungen sowie Ratschläge zur Anpassung der Aufgaben, Zuständigkeiten und der Umsetzung an die individuellen Bedürfnisse der jeweiligen Organisation.

Dekonstruktion der Verteidigungslinien

Das Konzept der "Verteidigungslinien" ist natürlich nicht auf die Interne Revision beschränkt. Er wurde auch in vielen anderen Zusammenhängen verwendet, um das Vorhandensein mehrerer Schutzbarrieren zu bezeichnen. Zum Beispiel:

- **Mittelalterliche Burgen** waren mit mehreren Verteidigungslinien (z. B. Gräben, Tore, Türme) ausgestattet, von denen jede die nächste schützte, wobei die Strategie darin bestand, dass immer weniger Angreifer die einzelnen Linien durchdringen konnten.

- In wissenschaftlichen Kreisen wird der Begriff verwendet, um die **"drei Verteidigungslinien" des Immunsystems** zu beschreiben, die wie militärische Verteidigungsanlagen funktionieren, um so viele Krankheitserreger wie möglich abzuwehren.

FERMA, ECIIA und IIA haben erkannt, dass das grundlegende Konzept der verschiedenen "Verteidigungslinien" ebenfalls geeignet ist, um zu veranschaulichen, wie das Risikomanagement funktionieren soll. Wenn alle Verteidigungslinien gleichzeitig funktionieren, haben Organisationen mindestens drei Möglichkeiten, Risiken effektiver zu erkennen, zu verwalten und zu mindern und so das Risikomanagement der Organisation insgesamt zu stärken. Bemerkenswert ist, dass der Begriff "Verteidigung" im Titel des Modells auch die Rolle der Hauptakteure beim Schutz des Wertes deutlich hervorhebt, während der Wertschöpfung wenig bis gar keine Beachtung geschenkt wird.

In dem Positionspapier von 2013 heißt es: "In einer perfekten Welt wäre vielleicht nur eine einzige Verteidigungslinie erforderlich, um ein wirksames Risikomanagement zu gewährleisten. In der realen Welt kann sich eine einzige Verteidigungslinie jedoch oft als unzureichend erweisen."[5] Dementsprechend sollte das Modell aufzeigen, wie die verschiedenen für das Risikomanagement zuständigen Gruppen sich organisieren und koordinieren könnten, um ihre Aufgaben effektiver zu erfüllen.

- **Erste Verteidigungslinie:** Da das Management für die Risiken verantwortlich ist, ist es auch für die Identifizierung der Risiken und die Entwicklung und Umsetzung von Kontrollen zur Risikominderung zuständig.

- **Zweite Verteidigungslinie:** Da das Risikomanagement, die Compliance und andere Funktionen der zweiten Linie die Wirksamkeit des Risikomanagements überwachen, sind sie dafür verantwortlich, dass die Risiken erkannt werden und die von der Geschäftsleitung eingeführten Kontrollen wirksam sind. Wenn die erste Linie etwas übersieht, tut die zweite Linie ihr Bestes, um es zu erkennen und die erste Linie bei der Lösung des Problems zu unterstützen.

- **Dritte Verteidigungslinie:** Bei der unabhängigen Überprüfung des Risikomanagements ist die Interne Revision dafür verantwortlich, alles aufzuspüren, was die erste und zweite Verteidigungslinie nicht aufspüren, bevor es zu Beeinträchtigungen (oder Schlimmerem) für das Unternehmen führt (z. B. eine Kontrollschwäche).

Jenseits der drei Linien befindet sich das, was ich als Abgrund bezeichne—der Raum, in dem externe Prüfer, Aufsichtsbehörden oder Märkte das Problem erkennen, was zu potenziell verheerenden Auswirkungen auf das Unternehmen führen kann.

Das „Drei-Linien-Modell" des IIA von 2020

Das IIA hat 2020 eine zeitgemäße Aktualisierung des Drei-Linien-Modells vorgelegt. Die Überarbeitung, mit der wir das Konzept der "Verteidigung" aufweichen wollten, wurde allgemein als Verbesserung anerkannt.

it dem neuen Modell sollte ein Teil der Starrheit des Modells von 2013 beseitigt werden, die sich in der unglücklichen Trennung von Interner Revision, Risikomanagement und Compliance niedergeschlagen hatte. Dieses Modell schien auch das Zögern der Internen Revision zu verstärken, den Funktionen der ersten und zweiten Ebene Einblicke und Empfehlungen zur Gestaltung und Umsetzung des Risikomanagements zu geben.

Als das IIA das neue Modell im Juli 2020 ankündigte, war ich noch CEO; in der Pressemitteilung beschrieb ich, wie die Aktualisierungen dazu dienen sollten, "die Anwendung des Modells zu modernisieren und zu stärken, um seinen nachhaltigen Nutzen und Wert zu gewährleisten". Dementsprechend wurde in der Pressemitteilung beschrieben, wie das aktualisierte Modell Organisationen dabei helfen würde, "die Interaktionen und Verantwortlichkeiten der Hauptakteure besser zu identifizieren und zu strukturieren, um eine effektivere Ausrichtung, Zusammenarbeit, Rechenschaftspflicht und letztendlich Ziele zu erreichen".[6]

Die Version 2020, die in Abbildung 8–1 dargestellt ist, enthielt die folgenden bemerkenswerten Überarbeitungen:

- Das Wort "Verteidigung" wurde aus dem Titel des Modells entfernt.

- Wir haben die "Linien"-Terminologie beibehalten, um die Vertrautheit zu gewährleisten und Verwirrung zu vermeiden. In einer Fußnote wird jedoch klargestellt, dass die Linien "nicht dazu gedacht sind, Strukturelemente zu bezeichnen, sondern eine nützliche Differenzierung der Rollen darstellen".

- Anstelle der Pfeile des Modells von 2013, die nur in eine Richtung verlaufen (was die Aufwärtsberichterstattung an das Leitungs- und Überwachungsorgan bedeutet), verlaufen die vertikal ausgerichteten Pfeile nun in beide Richtungen. Wie der Wortlaut der Grafik widerspiegelt, sollte damit nicht nur Rechenschaftspflicht und Berichterstattung, sondern auch laufende Diskussionen, Aufsicht, Leitung, Delegation und gemeinsame Nutzung von Ressourcen suggeriert werden.

- Wir fügten einen horizontalen Doppelpfeil zwischen der Internen Revision und dem "Management" hinzu (der nun die erste und zweite Linie unter einem einzigen Dach vereint), der ausdrücklich auf Ausrichtung, Kommunikation, Koordination und Zusammenarbeit hinweist.

- Wir haben die Beschreibungen der Linien verallgemeinert und uns auf "Rollen" konzentriert, die in Form von Tätigkeiten beschrieben werden.

Wir haben auch die begleitenden Leitlinien überarbeitet—vor allem den **Grundsatz 6: Schaffung und Schutz von Werten**, in dem es heißt (Hervorhebung hinzugefügt):

> **Alle Rollen, die zusammenarbeiten,** tragen **gemeinsam** zur Wertschöpfung und zum Schutz von Werten bei, wenn sie **miteinander** und mit den vorrangigen Interessen der Stakeholder **in Einklang gebracht werden. Die Abstimmung der Aktivitäten wird durch Kommunikation, Kooperation und Zusammenarbeit erreicht.** Dies gewährleistet die

Abbildung 8–1
Das Drei-Linien-Modell des IIA (2020)

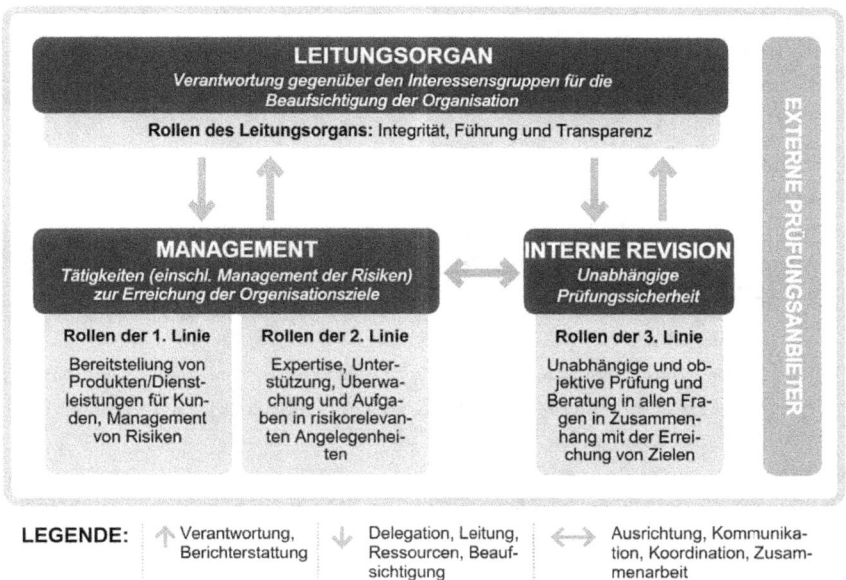

Zuverlässigkeit, Kohärenz und Transparenz der Informationen, die für risikoorientierte Entscheidungen benötigt werden.[7]

Dieser Zusatz spiegelt eine kritische Realität wider, die im Modell und Positionspapier von 2013 nicht angemessen berücksichtigt wurde. In dem Papier von 2013 wurde zwar das "Was" des Risikomanagements ausführlich erörtert, wobei der Schwerpunkt auf Rollen und Zuständigkeiten, wirksamen internen Kontrollen, der Ausrichtung auf Ziele und Vorgaben usw. lag. Aber das "Warum" blieb weitgehend unerforscht, und die Überarbeitung für 2020 sollte hier Abhilfe schaffen.

Das "Warum" ist auch der brennende Kern dieses Buches: Organisationen existieren, um Ziele zu erreichen, Werte für die Stakeholder zu erhalten, zu steigern, zu schaffen und zu realisieren. Organisationen werden diese Ziele nicht erreichen, indem sie einfach den Wert, den sie bereits haben, schützen.

Risikoteams und Interne Revisionen, die darauf bestehen, isoliert in ihren Silos zu arbeiten, dienen den Zielen ihrer Organisationen nicht so effektiv wie sie könnten. Wir alle müssen bereit sein, uns über die drei Linien hinweg zu vernetzen. Das ist die Essenz des Connected Risks.

Der Nebeneffekt von Trennung und Abschottung

Das Drei-Linien-Verteidigungsmodell des IIA aus dem Jahr 2013 und das Drei-Linien-Modell aus dem Jahr 2020 waren wertvolle Konzepte, die den Organisationen geholfen haben, ihr Denken über Risikomanagement zu verfeinern. Ich rechne es unseren Bemühungen von 2013 hoch an, dass sie den Schwerpunkt auf die Kommunikation zwischen den drei Linien gelegt haben, und lobe unsere Überarbeitung für 2020 für die Streichung der veralteten "Verteidigungs"-Terminologie und den bewussten Fokus auf die Verbesserung von Ausrichtung, Kommunikation, Koordination und Zusammenarbeit.

In der Praxis haben die drei Linien jedoch weiterhin weitgehend unabhängig und in Silos operiert, und die Formulierung "Verteidigung" hält sich in vielen Kreisen. In unserem Positionspapier aus dem Jahr 2013 hieß es: "Das Risikomanagement ist normalerweise am stärksten, wenn es drei getrennte und klar identifizierte Verteidigungslinien gibt."[8] Unser Positionspapier aus dem Jahr 2020 unternahm zwar lobenswerte Anstrengungen, um diese Denkweise zu ändern, aber viele wichtige Risikoakteure haben sie nicht überwunden und glauben fälschlicherweise, dass Stärke von der Trennung abhängt.

Bedauerlicherweise führt diese Trennung nicht immer zu der Vernetzung und Abstimmung, die Unternehmen bei der Ermittlung und Bewältigung von Risiken helfen. Wenn sich jeder darauf konzentriert, durch seine eigene enge Brille zu blicken, kann er viel übersehen.

Besonders jetzt. Zu Beginn von Kapitel 3 habe ich das Wetter als Analogie verwendet, um die Risikobedingungen der Permakrise zu verstehen. Ich erweitere diese Analogie nun, indem ich mir Ihre Organisation als ein Schiff vorstelle, das auf stürmischer See unterwegs ist.

Angesichts der Risiken, die so schnell aus so vielen Richtungen auftauchen, ist es unerlässlich, alle Kräfte zu bündeln. Ihr Unternehmen hat ein oder mehrere Ziele (nämlich die Geschäftsziele) ausgewählt. Um die Reise erfolgreich zu beenden, müssen alle gemeinsam auf der Kommandobrücke stehen und mit Ferngläsern in alle Richtungen Ausschau halten.

Gleichzeitig muss jedes Besatzungsmitglied aktiv die Geräte überwachen, die es eingesetzt hat, um alle Bereiche zu beurteilen, die es nicht direkt sehen kann, um Strömungen, Tiefen und das Wetter zu überwachen, um Untiefen oder andere Hindernisse zu erkennen, die unter der Oberfläche verborgen sind, und um aufkommende Stürme oder Schiffe vorauszusehen, deren Kurs den Ihren kreuzt. Am wichtigsten ist, dass jeder seine Erkenntnisse, Warnungen und Vorhersagen mit allen anderen teilt, um ein möglichst vollständiges Bild der Gesamtbedingungen zu erhalten, das es dem Kapitän ermöglicht, den Kurs entsprechend zu planen und anzupassen.

Sie können es sich nicht leisten, in das Auge eines Hurrikans zu fahren oder auf einem Kurs zu bleiben, der zu einer Kollision mit einem Frachter führt, der dreimal so groß ist wie Sie. Wenn die anhaltende Trennung zwischen den drei Linien fortgesetzt wird, wird Ihre Organisation leider genau das tun.

Ein neues Modell für eine neue Welt

In der Pressemitteilung, die das Drei-Linien-Modell 2020 der IIA begleitete, sagte ich auch: "Das aktualisierte Drei-Linien-Modell trägt den komplexen Gegebenheiten unserer modernen Welt Rechnung."[9] Damals glaubte ich das. Wie ich jedoch in den ersten Kapiteln dieses Buches dargelegt habe, hat sich unsere Welt seit 2020 dramatisch verändert.

Auch wenn unsere Leitlinien für 2020 einen verbindlicheren Ton anschlugen, der ausdrücklich dazu ermutigte, über die Linien hinauszugehen, und postulierte, dass die Linien nur dazu da sind, eine "nützliche Differenzierung der Rollen"[10] zu zeigen—es gibt immer noch Linien. Drei Linien suggerieren keine Verbindung. Die mathematische Definition von "Linie" bezeichnet eine gerade, eindimensionale Figur, die sich unendlich in entgegengesetzte Richtungen erstreckt. In der Mathematik treffen sich "Linien" nicht; wenn sie es tun, werden sie anders definiert (z. B. als Winkel oder Formen).

Vielleicht ist es an der Zeit, das Konzept der Linien ganz zu verwerfen und eine neue konzeptionelle Struktur zu schaffen. Wie in Kapitel 1 beschrieben, hat das ERM-Framework von COSO genau diese Art von Entwicklung durchlaufen: Der Würfel von 2004 wurde 2017 zu den bunten, dreidimensionalen, ineinander verschlungenen Bändern aktualisiert, die an einen DNA-Strang erinnern. Wie es in der Zusammenfassung von COSO aus dem Jahr 2017 heißt:

Das aktualisierte Framework in der Veröffentlichung von COSO:

- Das Risikomanagement eines Unternehmens wird deutlicher mit den Erwartungen einer Vielzahl von Interessengruppen verknüpft.

- stellt das Risiko in den Kontext der Leistung eines Unternehmens und nicht als Gegenstand einer isolierten Aufgabe

- Ermöglicht es Unternehmen, Risiken besser vorherzusehen, damit sie ihnen zuvorkommen können, und zwar in dem Bewusstsein, dass Veränderungen Chancen schaffen und nicht nur das Potenzial für Krisen haben.

Mit dieser Aktualisierung wird auch der Forderung nach einer stärkeren Betonung der Frage entsprochen, wie das Risikomanagement von Unternehmen in die Strategie und ihre Leistung einfließt.

Man beachte die verstärkte Betonung von COSO auf den organisatorischen Kontext, die Strategie und die Leistung, die Verbindung mit den Erwartungen der Stakeholder und die Konzentration auf das "Verständnis, dass Veränderungen Chancen schaffen".[11] Die Grundaussage: ERM ist nicht das Endprodukt, sondern vielmehr der Prozess, durch den Organisationen Werte für ihre Stakeholder schützen und schaffen. Wir können vom Beispiel von COSO lernen, wenn wir einen neuen Weg zu einem stärker verbundenen, abgestimmten und ergebnisorientierten Ansatz für das Risikomanagement einschlagen.

In dem Bestreben, alle in der Organisation auf diesem Weg voranzubringen, habe ich an einem völlig neuen konzeptionellen Rahmen gearbeitet, der das Drei-Linien-Modell nicht ersetzen, sondern vielmehr ergänzen soll. Bei der Entwicklung des Modells, das Sie hier sehen, habe ich mich mit mehreren geschätzten Kolleginnen und Kollegen (sowohl aus der Vergangenheit als auch aus der Gegenwart) beraten, und ich betrachte es als eine erste Inkarnation, die wir gemeinsam weiterentwickeln können.

Ich nenne es das *Connected Risk Modell*, um sein übergreifendes Ziel zu betonen: die Verbindung und Ausrichtung von Teams auf die gemeinsamen Ziele des Schutzes, der Schaffung und der Realisierung von Werten und die Zusammenarbeit zwischen ihnen zu einer Selbstverständlichkeit zu machen, um die Risikolücke effektiv zu schließen.

Abbildung 8–2
Das Connected Risk Modell

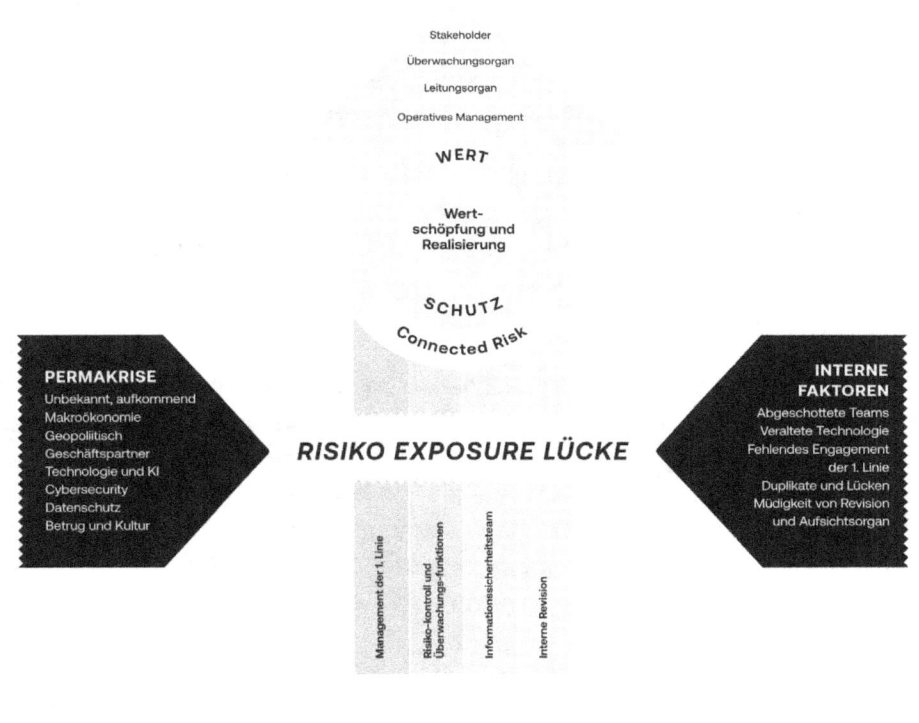

Wie Abbildung 8–2 veranschaulicht, hat jeder wichtige Risiko-Akteur einen eindeutigen, gültigen und respektierten Zweck, der unverändert bleibt. Die Geschäftsleitung muss stets geeignete Kontrollen zur Risikominderung ermitteln, bewerten und umsetzen. Überwachungs- und Aufsichtsfunktionen (z. B. Risikomanagement, Compliance) werden weiterhin die Wirksamkeit des Risikomanagements bei der Entwicklung und Implementierung von Kontrollen sicherstellen. Informationssicherheit wird weiterhin die Vermögenswerte der Organisation schützen, indem es die Vertraulichkeit, Integrität und Verfügbarkeit sicherstellt und die Interne Revision wird weiterhin eine unabhängige, objektive Prüfung der Wirksamkeit des Risikomanagements vornehmen. Das Modell für Connected Risk hebt keine dieser wichtigen Aufgaben auf oder schmälert sie.

Die Risikolücke (die durch die dargestellten externen und internen Kräfte entsteht) ist der Punkt, an dem diese Teams zusammenkommen müssen. Während der untere Teil der Grafik feste Linien zeigt, die die individuellen Ziele der Teams anerkennen, ist ihre Fortsetzung oberhalb der Risikolücke durchlässig. Dies ist der Punkt, an dem die funktionsübergreifende Zusammenarbeit, die Abstimmung und die Verbindung von Daten, Menschen, Prozessen und Technologien das Connected Risk ermöglichen.

Connected Risk wiederum ermöglicht es allen Teams, ihr gemeinsames Ziel des Schutzes der Werte zu unterstützen, ohne den eine Wertrealisierung und -schaffung nicht möglich ist. Stellen Sie sich den Wertschutz als die Schale vor, die das Ei schützt. So wie ein Ei ohne seine Schale nicht überleben kann, sind Wertrealisierung und Wertschöpfung ohne Wertschutz sinnlos.

Diese Aktivitäten—unterschiedliche Zwecke und gemeinsame Ziele—erfolgen unter dem wachsamen Auge der Geschäftsleitung, die dann gegenüber ihren jeweiligen Leitungsorganen und Interessengruppen rechenschaftspflichtig ist. Der Pfeil nach oben symbolisiert die ständige Rechenschaftspflicht, nicht nur gegenüber der Geschäftsleitung, den Leitungsgremien und den Stakeholdern sondern auch gegenüber den übergeordneten Zielen des Schutzes, der Realisierung und der Schaffung von Werten.

Im Modell des Connected Risks wird keine Rolle als "Held" des Risikomanagements festgelegt. Die einzigen Helden in der Permakrise sind diejenigen, die sich über traditionelle Grenzen hinweg zusammenschließen und ihre einzigartigen Fähigkeiten und Perspektiven vereinen, um—mit Aristoteles' unsterblichen Worten—ein Ganzes zu schaffen, das größer ist als die Summe seiner Teile.

Teil 4

Der Imperativ des Connected Risks

KAPITEL 9

Förderung des Connected Risk Bewusstseins

Bis zu diesem Punkt habe ich methodisch dargelegt, warum ich glaube, dass Connected Risk der richtige Ansatz ist, um das Risikomanagement so umzugestalten, dass es den Anforderungen des modernen Zeitalters besser gerecht wird. Ich habe dafür plädiert, die Grenzen aufzuweichen, die in der Vergangenheit eine effektive Zusammenarbeit behindert haben, und ein für alle Mal aus unseren Höhlen herauszukommen, zum Nutzen unserer Organisationen.

Wir kommen nun zum dringendsten Punkt auf unserer Agenda: Wie können Sie Connected Risk nutzen, um eine bessere funktionsübergreifende Zusammenarbeit und Abstimmung zu erreichen? Ab diesem Punkt werden wir Anleitungen, Strategien und Taktiken erkunden, um die Grundlagen für genau das zu schaffen.

Dieser Abschnitt ist im Wesentlichen ein Leitfaden für die Einführung des Connected Risks in Ihrem Unternehmen. Zunächst führt dieses Kapitel vom Allgemeinen zum Speziellen, beginnend mit den Grundsätzen und treibenden Kräften und weiter zu grundlegenden Projekten und Strategien für die Verbreitung des Connected Risks. Als Nächstes untersuchen wir die Eigenschaften von Denkern des Connected Risks, bevor wir uns mit den Eigenschaften von Technologien befassen, die einen verbundenen Risikoansatz ermöglichen, und Ihnen dabei helfen, allgemeine Herausforderungen zu bewältigen und Technologien zu identifizieren, die Verbindung und Zusammenarbeit ermöglichen—und nicht behindern. Schließlich helfen wir Ihnen, einen Business Case zu erstellen und Ihre Präsentation zu perfektionieren, damit Sie die wichtigsten Stakeholder aus dem gesamten Unternehmen an Bord holen können.

Bei der Planung Ihres Ansatzes sollten Sie sich jedoch darüber im Klaren sein, womit Sie es zu tun haben: Das Connected Risk wird für die meisten Unternehmen eine grundlegende Veränderung darstellen. Die Schaffung der Grundlagen beginnt damit, dass Sie sich für Connected Risk stark machen und katalytische Maßnahmen ergreifen, um das Denken in Connected Risk in Ihrem Unternehmen zu fördern. Sie müssen ein "Agent des Wandels" werden, um das Connected Risk Modell voranzutreiben.

Im Jahr 2021 veröffentlichte ich mein Buch *Agents of Change: Internal Auditors in an Era of Disruption (Interne Prüfer in einer Ära des Umbruchs)*, meinen offiziellen Aufruf zum Handeln, damit Interne Revisoren zu Agenten des Wandels werden. Nicht einmal ein Jahr nach der COVID-19-Pandemie, an der Schwelle zu einer Ära noch nie dagewesener disruptiver Veränderungen, hatte ich bereits ein tiefes Gefühl dafür, dass die Interne Revision sich anpassen, aufstehen und zu Katalysatoren für transformative Veränderungen werden muss, um Werte für unsere Organisationen schaffen.

Diese Notwendigkeit hat sich nur vertieft und ausgeweitet. Deshalb wird in diesem Buch der Aufruf zum Handeln auf alle drei Linien ausgedehnt und jeder in der Organisation aufgefordert, sich intensiv mit der Frage auseinanderzusetzen, wie er sich anpassen muss. Um einen positiven Wandel wirksam beeinflussen zu können, müssen die Akteure des Wandels mit gut durchdachten Argumenten, führenden Praktiken und konkreten Ideen für die ersten Schritte ausgestattet sein. Lassen Sie uns nun ohne weiteres die Voraussetzungen dafür schaffen, dass Sie ein "Connected Risk Agent of Change" werden.

Leitprinzipien des Connected Risks

Verständlicherweise spüren viele Menschen das Schleudertrauma, das die äußerst turbulente erste Hälfte der 2020er Jahre verursacht hat. Ich würde es niemandem verübeln, wenn er der Veränderungen und Störungen überdrüssig wird. In solchen Zeiten ist es verlockend, sich an das Vertraute zu klammern, nach Wegen der relativen Sicherheit zu suchen und an den Kernidentitäten festzuhalten, die uns den Mut geben, weiterzumachen. Es ist nur natürlich, dass man zögert, wenn jemand auftaucht und darauf besteht, dass mehr Veränderung nötig ist.

Es ist auch nur natürlich, dass wir uns angegriffen fühlen, wenn jemand vorschlägt, wir sollten unsere Arbeit anders machen. Solche Ansichten rütteln an den Grundfesten unserer persönlichen und beruflichen Identität, ob absichtlich oder nicht.

Die meisten Menschen sind nicht bereit, sich auf Veränderungsinitiativen einzulassen, die ihre Kernidentität in Frage zu stellen scheinen. Sie sind auch nicht bereit, sich auf Veränderungen einzulassen, wenn sie den Nutzen für ihre tägliche Arbeit nicht ohne weiteres erkennen können, oder schlimmer noch, wenn sie das Gefühl haben, dass ihre Arbeit dadurch irgendwie abgewertet wird. Behalten Sie diese Wahrheiten im Hinterkopf, wenn Sie Ihren Ansatz planen. Wenn Sie damit beginnen, die Saat des Connected Risks in Ihrem Unternehmen zu säen, sollten Sie darauf achten, dass Ihr Vorgehen von Respekt, Verständnis und Flexibilität geprägt ist. Die folgenden Leitprinzipien können dabei helfen, den Weg zu weisen.

1. Erkennen Sie die professionellen Unterschiede zwischen den Hauptakteuren

Jeder der Hauptakteure im Bereich des Connected Risks bringt unterschiedliche, aber gleichermaßen wertvolle Kernkompetenzen mit. Zum Beispiel:

Aufgrund ihrer Gesamtverantwortung für das Erreichen der Unternehmensziele, das Management von Risiken, die diese Ziele gefährden, die Entwicklung und Implementierung geeigneter Kontrollen zur Risikobewältigung und die Sicherstellung der Einhaltung rechtlicher, regulatorischer und ethischer Vorschriften haben Führungskräfte eine einzigartige Perspektive darauf, wie das tägliche Risikomanagement die Organisation beim Erreichen ihrer Ziele unterstützt. Wie die Zusammenfassung des COSO-Frameworks von 2017 jedoch nahelegt, "ist es für das Management wichtig, noch weiter zu gehen: die Gespräche mit dem Vorstand und den Stakeholdern über die Nutzung des Risikomanagements zur Erzielung von Wettbewerbsvorteilen zu vertiefen".[1] All diese Aktivitäten erfordern, dass das Management risikobasierte Entscheidungen trifft und Ressourcen zuweist und anwendet, die von Fachleuten der zweiten und dritten Linie validiert werden.

Risikomanager bringen ein ausgeprägtes Verständnis von Theorie und Praxis des Risikomanagements mit. Sie wissen bereits, wie wichtig es ist, Risiken im Zusammenhang mit der Strategie und der Leistung der Organisation zu verstehen und das Risikomanagement sinnvoll in die Unternehmensführung, die Prozesse, die Aktivitäten, die Entscheidungsfindung, die Richtlinien, die Kultur und die Strategie der Organisation einzubinden. Wie COSO erklärt, bereichert ERM "den Managementdialog, indem es die Stärken und Schwächen einer Strategie bei sich ändernden Bedingungen aus einer neuen Perspektive betrachtet und prüft, inwieweit eine Strategie mit dem Auftrag und der Vision der Organisation übereinstimmt".[2]

Fachleute für Informationssicherheit verfügen über ein umfassendes Wissen über technologiebezogene Risiken und wissen, wie sich ihre Arbeit in das Gesamtbild der Ziele des Unternehmens zum Schutz und zur Schaffung von Werten einfügt. Schließlich beruht der Beruf des Informationssicherheitsbeauftragten auf dem Verständnis, wie sich seine Arbeit auf die Vertraulichkeit, Integrität, Verfügbarkeit, Authentizität und Resilienz der Daten und Systeme des Unternehmens auswirkt.

Compliance-Experten verfügen über spezielles Fachwissen, um die Teams in der ersten Linie bei der Einhaltung von Gesetzen, Vorschriften und ethischen Standards zu unterstützen.

Sie können die Wirksamkeit des Risikomanagements in diesen Bereichen analysieren und darüber berichten. Angesichts des raschen Wandels der Rechtsvorschriften in den letzten Jahren spielen Compliance-Fachleute eine wichtige Rolle, wenn es darum geht, den Teams in der ersten Linie dabei zu helfen, die kritischen Compliance-Risiken, die sich auf Unternehmen auswirken, zu erkennen, zu verstehen und anzugehen.

Interne Revisoren verfügen über umfassende berufliche Fähigkeiten und einen ausgeprägten Scharfsinn, wenn es darum geht, das Risikomanagement, die Unternehmensführung und die internen Kontrollprozesse von Organisationen unabhängig zu prüfen und zu beraten. Dies bedeutet, dass sie über ein scharfsinniges Verständnis von Prozessen und Standards sowie über weitreichende Kenntnisse und Beziehungen innerhalb der Organisation verfügen. Die Objektivität und Unabhängigkeit der Internen Revision von der Geschäftsleitung sowie ihr Streben nach kontinuierlicher Verbesserung machen sie zu einer wertvollen Quelle der Sicherheit, des Einblicks und der Voraussicht für das gesamte Risikomanagement.

2. Feiern Sie die einzigartigen Stärken aller Hauptakteure

Connected Risk zielt nicht darauf ab, das Risikomanagement so weit zu vereinheitlichen, dass jeder über die gleichen Fähigkeiten verfügt. Die Stärke von Connected Risk liegt vielmehr darin, dass die Hauptakteure zusammenarbeiten und gleichzeitig die einzigartigen Möglichkeiten, die jeder von ihnen hat, um seinen Scharfsinn und seine Erfahrung zu nutzen, gewürdigt werden.

Gestalten Sie die mit den Risiken verbundenen Rollen und Verantwortlichkeiten so, dass sie die Stärken jeder Gruppe anerkennen und nutzen. Stellen Sie sicher, dass Sie ein Umfeld schaffen, in dem alle Beteiligten das Gefühl haben, dass ihr Beitrag, ihre Bedenken und ihr Feedback geschätzt und anerkannt werden und von den anderen Hauptakteuren zum kollektiven Nutzen der Organisation eingesetzt werden.

3. Ängste vor einer stärkeren bereichsübergreifenden Zusammenarbeit abbauen

Als langjähriger Interner Revisor weiß ich um die Ängste, die entstehen können, wenn von "Zusammenarbeit" die Rede ist. Deshalb habe ich einen großen Teil von Kapitel 8 der Besänftigung dieser Bedenken gewidmet. Letztendlich sollten die Bedenken und Ängste der Mitarbeiter niemals abgetan oder heruntergespielt werden. Vielmehr sollten sie respektvoll angehört, anerkannt und gelöst werden.

Unser Denken zu ändern, ist keine Kleinigkeit. Das nächste Kapitel ist diesem Thema gewidmet. Bevor die Menschen jedoch ihre Denkweise ändern können, müssen sie klar verstehen, warum die Veränderung notwendig ist—und wie sie selbst eine wichtige Rolle dabei spielen. Sie wollen, dass sie sich mit der Kernaussage von Connected Risk verinnerlichen: "Indem ich meine einzigartigen Stärken einbringe, trage ich zur kollektiven Fähigkeit meiner Organisation bei, Risiken zu managen und Werte zu schützen und zu schaffen."

4. Bestehende Überschneidungen verstehen und ausnutzen

Connected Risk erfordert von Unternehmen die Schaffung und Formalisierung von Rollen, Verantwortlichkeiten und Kommunikationskanälen, die eine effektivere Zusammenarbeit ermöglichen. Glücklicherweise ist diese Aufgabe nicht so entmutigend, wie sie sich anhört, denn in vielen Organisationen gibt es ein hohes Maß an Überschneidungen bei den risikobezogenen Verantwortlichkeiten. Dies gilt insbesondere für CAEs. Der *2024 North American Pulse of Internal Audit* der IAF zeigt, dass 84 Prozent der CAEs Aufgaben außerhalb der Internen Revision haben. Zum Beispiel:

- **Viele CAEs haben ERM-Verantwortung,** wobei die Pulse-Umfrage ergab, dass 31 Prozent aller befragten CAEs diese Aufgabe haben. Wenn man diese Zahlen nach Art der Organisation aufschlüsselt, erhöhen sich die Prozentsätze in zwei bemerkenswerten Fällen: CAEs sind in 61 Prozent der Privatunternehmen und in 40 Prozent der börsennotierten Unternehmen für ERM verantwortlich.

- **Viele CAEs sind für das SOX-Compliance-Programm verantwortlich,** wobei die Pulse-Umfrage ergab, dass 34 Prozent aller befragten CAEs diese Aufgaben wahrnehmen. Bei börsennotierten Unternehmen ist die Tendenz deutlich höher: 69 Prozent der CAEs sind für SOX-Programme zuständig.

- **Viele CAEs haben weitere Aufgaben im Bereich Compliance/Regulierung,** wobei die Pulse-Umfrage zeigt, dass 22 Prozent aller befragten CAEs diese Aufgaben haben. Dieser Durchschnittswert steigt auf 25 Prozent bei Privatunternehmen und 34 Prozent bei Unternehmen des öffentlichen Sektors und sinkt auf 19 Prozent bei börsennotierten Unternehmen.[3]

Auch wenn es sehr unwahrscheinlich ist, dass die Interne Revision Aufgaben des CISO übernimmt, so bleibt doch festzuhalten, dass Unternehmen bei der Zusammenführung vieler dieser Gruppen in der Regel nicht versuchen, über Ozeane und Kontinente hinweg zusammenzuarbeiten. Diese Fachleute "arbeiten" in vielen Fällen bereits mit sich selbst zusammen.

Ziehen Sie in Erwägung eine Risikoabsicherungskarte zu erstellen, um zu ermitteln, welche Teams in Ihrer Organisation welche Aufgaben haben. Eine Risikoabsicherungskarte ist ein bewährtes Instrument zur Identifizierung und Koordinierung der verschiedenen Zuständigkeiten in Ihrem Unternehmen. Wir werden diesen Prozess später in diesem Kapitel näher erläutern.

5. Pflegen Sie wichtige Beziehungen

Bauen Sie nicht nur auf bestehenden Überschneidungen auf, sondern fördern Sie die Zusammenarbeit, die in Ihrem Unternehmen bereits stattfindet, und ermitteln Sie Möglichkeiten zur Förderung der Zusammenarbeit zwischen Teams, die natürliche Synergien aufweisen. Zum Beispiel:

- **Informationssicherheit und Compliance** können eine Bibliothek der existierenden Kontrollen, deren Bewertungen und Testergebnisse gemeinsam nutzen, um die Effizienz für die Kontrollverantwortlichen bei der Implementierung und Bewertung zu steigern, Sicherheitskontrollen auf der Grundlage eines gemeinsamen Asset—Universums zu priorisieren und Risikobewertungen durchzuführen und das Risiko auf der Grundlage historischer Vorfälle zu quantifizieren.

- **Informationssicherheit und Risikomanagement** können eine gemeinsame Risikotaxonomie erstellen, um eine durchgängige Sichtbarkeit und eine einheitliche Sprache für Unternehmensrisiken zu schaffen und die Auswirkungen von Risiken zu nutzen, um die Prioritäten für die Einhaltung von Vorschriften und Sicherheitsmaßnahmen zu setzen.

- **Informationssicherheit und die Interne Revision** können Risikoberichte und -erkenntnisse gemeinsam nutzen und bei der Dokumentation und Prüfung von Informationssicherheitskontrollen, der Verwaltung von Prozessen zur Problembehebung und der Unterstützung von IT-Risikobewertungen zusammenarbeiten.

- **Compliance und Risikomanagement** können Probleme gemeinsam dazu nutzen, um die Sichtbarkeit zu verbessern, die Auswirkungen dieser Probleme besser zu verstehen und den Stakeholdern eine einheitliche Sicht zu bieten, um eine risikobewusstere Kultur zu fördern.

- **Die Compliance-Abteilung und die Interne Revision** können gemeinsam Compliance-Risikobewertungen durchführen, Einblicke und aktuelle Informationen zu systemischen oder neu auftretenden Compliance-Problemen austauschen und sich um eine stärkere Abstimmung bei der Kommunikation zwischen Vorstand und Management bemühen.

- **Die Interne Revision und das Risikomanagement** können die Verknüpfung von Prüfungsplänen und Risikobewertungen, die gemeinsame Nutzung von Risikoregistern, die Zusammenarbeit bei der Überwachung strategischer Risiken, die gemeinsame Nutzung verfügbarer Ressourcen, die Abstimmung der Kommunikation und des Berichtswesens zwischen Vorstand und Management sowie die gegenseitige Nutzung von Personal und Fachwissen prüfen.

- **Die Interne Revision und die SOX-Compliance-Abteilung** können eine gemeinsame Problemliste erstellen und verwalten, nicht benötigte Arbeiten (z. B. bestimmte Prüfungsberichte oder-prozesse) identifizieren und eliminieren und mit externen Prüfern zusammenarbeiten, um deren Vertrauen in die Arbeit des Managements zu erhöhen.

6. Setzen Sie auf eine Talentmanagement-Strategie, die Zusammenarbeit einschließt

Die Zusammenarbeit ist eine obligatorische Grundlage für Connected Risk und ein Schlüsselelement des Connected Risk Denkens. Das nächste Kapitel befasst sich zwar ausführlicher mit dieser Notwendigkeit, der wichtigste Punkt ist jedoch, dass Leitungs- und Überwachungsorgan die klare Erwartung formulieren müssen, dass die Zusammenarbeit ein Erfordernis in der Stellenbeschreibung jedes Mitarbeiters ist. Dies erfordert eine ergebnisorientierte Talentmanagementstrategie, in der die Erwartung der Zusammenarbeit verankert ist.

Stellen Sie sicher, dass die Einarbeitung, die Richtlinien, die Schulungen, die Werte und die Führungskommunikation konsequent vermitteln, dass die Zusammenarbeit eine Schlüsselfähigkeit ist, anhand derer die Leistung jedes Mitarbeiters bewertet wird—und dass Höhlen ein Tabu sind, wenn sie in ihrer Rolle als effektiv eingestuft werden wollen, geschweige denn die Erwartungen „übertreffen".

7. Den Mächtigen die Wahrheit sagen

Zum gegenwärtigen Zeitpunkt geht der Anstoß für die meisten Ansätze des Connected Risks nicht vom Leitungs- und Überwachungsorgan aus, sondern aus den Reihen der zweiten und dritten Linie. Diese „Agenten des Connected Risks" erkennen einen Bedarf und haben den Mut, sich zu Wort zu melden. Dies gilt insbesondere in Organisationen, in denen Widerstand gegen Veränderungen vorherrscht.

Wie bereits erwähnt, sind viele Fachleute in den drei traditionellen Linien in Bezug auf ihre Zuständigkeiten territorial eingestellt. Die konventionellen Vorgehensweisen in Frage zu stellen, erfordert Mut—vor allem, wenn die für

die anderen Linien verantwortlichen Führungskräfte großen Einfluss innerhalb des Unternehmens haben.

Die Notwendigkeit, in einer solchen Situation den Machthabenden die Wahrheit zu sagen, mag offensichtlich erscheinen. In der Realität geschieht dies
jedoch nicht so oft, wie es sein sollte. Oft ermutigt oder belohnt die Unternehmenskultur nicht dazu, die Wahrheit zu sagen—oder schlimmer noch, die Kultur ist so toxisch, dass die Mitarbeiter befürchten, dass ihre Meinung missbilligt
wird oder sie sogar ihren Job kosten könnte. Manchmal zögert man auch einfach, seinen Kopf zu riskieren oder anderen Unbehagen zu bereiten.

Die Herausforderungen, denen sich Organisationen im einundzwanzigsten
Jahrhundert stellen müssen, sind zweifellos nichts für schwache Nerven.
Gerade deshalb müssen die „Agenten des Wandels" die Kraft aufbringen,
ihre Stimme zu erheben, wenn eine Veränderung notwendig ist. Meiner
Erfahrung nach ist es unter fast allen Umständen möglich, den Machtha-
benden die Wahrheit zu sagen, wenn man mit Respekt, Freundlichkeit,
Offenheit und einem Fokus auf die Fakten vorgeht.

Verstehen verbundener risikokatalytischer Faktoren

Wie beginnt in den meisten Unternehmen der Vorstoß zum Connected Risk?
Unter welchen Umständen beschließen Unternehmen, in Connected Risk zu
investieren, und wer führt in der Regel die Initiative? In seiner Rolle als Field
Chief Audit Executive von AuditBoard sieht Tom O'Reilly am häufigsten die
folgenden vier treibenden Kräfte, die den Anstoß geben.

1. Ein wesentliches unerwünschtes Risikoereignis tritt ein

O'Reilly: "Unabhängig davon, ob es sich um eine gewöhnliche Datenpanne
oder ein ungewöhnliches Ereignis vom Typ 'schwarzer Schwan' handelt, ist
die Auswirkung groß genug, dass ein Mitglied der Geschäftsleitung oder
des Vorstands das Unternehmen dazu drängt, sein Risikomanagement
deutlich zu verbessern." Auch wenn sie vielleicht nicht im Detail wissen, was
wo und warum schief gelaufen ist, haben sie ein klares Gefühl dafür, dass
das Risikomanagement verbessert werden muss.

2. Schmerzpunkte der ersten Reihe werden exzessiv

Die Führungskräfte in der ersten Linie, die den Schmerz spüren, drängen die Geschäftsleitung, ihnen bei der Suche nach Lösungen zu helfen. "Ein Beispiel: Ein IT-Manager, der für die Beantwortung aller Kontroll- und Prüfungsaufgaben des Unternehmens zuständig ist, fühlt sich durch die mehrfache Abfrage derselben Informationen in verschiedenen Formaten überfordert", erklärt O'Reilly. Wenn sich die Beschwerden häufen, beschließen ein oder mehrere leitende Angestellte, das Problem zu untersuchen und eine Lösung zu finden.

3. Risikoressourcenbeschränkungen verlangen nach Veränderungen

Die Organisation spürt die Risikolücke, ohne sie unbedingt beim Namen zu nennen. Der Konsens wächst, dass die Organisation ihre begrenzten Ressourcen für das Risikomanagement besser nutzen muss. Dies führt häufig zu einer Suche nach Technologien, die den Verwaltungsaufwand für die Assurance, Risikomanagement- und Kontrollprogramme des Unternehmens verringern können. "Connected Risk wird zu einem Werkzeug, das es den Mitarbeitern ermöglicht, weniger Verwaltungsarbeit zu leisten und mehr von dem zu tun, wofür sie angestellt wurden, nämlich zu bewerten, zu analysieren, zu kommunizieren und Strategien zu entwickeln, wie sich das Unternehmen am besten vor Bedrohungen schützen oder Chancen nutzen kann", so O'Reilly.

4. Eine Führungspersönlichkeit bringt eine Vision für den Wandel mit

Jemand im Unternehmen hat eine überzeugende Vision für die Umgestaltung des Risikomanagements. Meistens geht diese Vision von einem modernen Internen Revisions- oder Risikoverantwortlichen aus, der das Konzept der Abstimmung zwischen den Unternehmenszielen, den Risiken, den Kontrollen und der Sicherheit, die alle zusammenarbeiten, einzuschätzen weiß. O'Reilly erklärt: "Nachdem sie einige Erfolge bei der Verbesserung der Abstimmung der Bereiche in ihrem Zuständigkeitsbereich erzielt haben—zum Beispiel die gemeinsame Nutzung von Kontrollen, Risikobewertungen und eines Risikouniversums zwischen SOX, Interner Revision und ERM—beginnen sie, ihre Erfolgsgeschichte des Connected Risks zu erzählen, für dessen Vorteile zu werben, die Notwendigkeit zu propagieren und möglicherweise einen Connected Risk Ansatz für ihr Unternehmen zu entwickeln."

Jedes einzelne dieser Szenarien lässt sich auf eine entscheidende Komponente zurückführen: Jemand in der Organisation hat den Mut, seine Meinung zu sagen und auf Veränderungen zu drängen.

Häufige Gründe für NICHT-Investitionen vorhersehen

Um den Weg für eine Transformation frei zu machen, müssen manchmal echte oder vermeintliche Hindernisse proaktiv aus dem Weg geräumt werden. Dementsprechend ist es hilfreich, die häufigsten Gründe zu verstehen, die Unternehmen anführen, um nicht in eine Connected Risk Strategie zu investieren. O'Reilly hat am häufigsten drei Hauptgründe gehört.

1. Sie sehen die Notwendigkeit nicht

Weder die Führungskräfte noch der Vorstand halten eine andere Strategie für notwendig und rechtfertigen sie mit Aussagen wie "Wir hatten noch keine katastrophalen Ereignisse" oder „Wir kommen bisher gut ohne sie aus".

Die Sprache verrät die Wahrheit: Trotz aller vorgetäuschten Zuversicht wissen sie, dass mit hoher Wahrscheinlichkeit etwas passieren könnte, was sie umstimmen würde. Um ihnen zu helfen, das Licht zu sehen, bevor die Umstände sie dazu zwingen, könnten Sie externe Ressourcen wie den *Global Risks Report* des WEF, die *Executive Perspectives on Key Risks* von Protiviti/NC State und andere für Ihre Branche relevante Risikoumfragen oder Benchmarking nutzen.

2. Sie haben keine Zeit

Die Teams geben zwar an, dass sie die Bedeutung einer neuen Risikomanagementstrategie verstehen, aber ihre Zeit und ihre Bemühungen werden anderen Prioritäten zugewiesen (z. B. Integration einer neuen Übernahme, Eintritt in einen neuen Markt).

Um dieses Hindernis zu überwinden, sollten Sie darauf hinweisen, dass der Ansatz des Connected Risks die wichtigsten Risikoverantwortlichen des Unternehmens letztlich entlastet, damit sie weniger Zeit für nicht wertschöpfende Tätigkeiten und mehr Zeit für höherwertige Aufgaben aufwenden können. Mit anderen Worten: Wenn man jetzt Zeit in das Connected Risk investiert, kann man langfristig mehr Bandbreite freisetzen.

3. Sie wollen einen bewährten Plan mit klaren Anweisungen

In diesem Fall verstehen die Teams die Bedeutung des damit verbundenen Risikos und sind bereit, Ressourcen zu investieren. Dennoch zögern sie, weil sie einen genau definierten Plan benötigen, der ihnen den Weg für die beste Vorgangsweise zeigt. Schließlich wollen sie sich—und ihren Ruf—nicht aufs Spiel setzen, wenn sie keine Sicherheit bei der Umsetzung haben.

Wie in Kapitel 11 ausführlich erläutert wird, gibt es keinen universellen Ansatz für das Connected Risk, da die Implementierung je nach den Daten-, Technologie- und Ressourcenanforderungen des jeweiligen Unternehmens unterschiedlich ist. Dennoch hat O'Reilly glücklicherweise bewährte Taktiken, die für jede Organisation ausgezeichnete erste Schritte darstellen. Diese ersten Projekte können Unterstützung aufbauen, den Wert demonstrieren und einen größeren Teil der Organisation an Bord holen, bevor die Implementierung vollumfänglich beginnt.

Legen Sie den Grundstein mit vier grundlegenden Projekten

Jeder, der einen transformativen Wandel anstrebt, sollte zumindest einige Ideen für die Umsetzung mitbringen. Im Folgenden finden Sie vier von O'Reilly empfohlene Schlüsselprojekte, die Sie vorschlagen oder anführen könnten, um die Grundlage für Connected Risk in Ihrer Organisation zu schaffen.

1. Überprüfung der Datenverwaltung

Die in den meisten Unternehmen seit langem bestehenden Silos führen auch zu Problemen, da die Teams unterschiedliche Sprachen sprechen und uneinheitliche Taxonomien zur Definition, Bewertung und Priorisierung von Risiken verwenden. Dieser Ansatz führt zweifellos nicht zu einheitlichen oder abgestimmten Ergebnisse. Darüber hinaus sind die von Unternehmen erstellten Daten in der Regel weitgehend unstrukturiert, und die Bemühungen, Daten zu segmentieren, zu kennzeichnen und zu markieren, sind oft unzureichend. Infolgedessen bleibt ein Großteil der Daten ungenutzt und verschwindet in verschiedenen Datenbanken, die nicht miteinander verbunden sind.

Warum das notwendig ist: Um enger zusammenzuarbeiten, müssen wir zunächst Informationen austauschen und gemeinsame Definitionen schaffen. Das übergeordnete Ziel ist eine einheitliche Datenbasis, die aktuell, zuverlässig und für die Beteiligten, die Zugang zu den Daten benötigen, leicht zugänglich ist. Dementsprechend konzentriert sich das erste Projekt, das O'Reilly empfiehlt, auf die Identifizierung und Abstimmung der Schlüsseldaten Ihres Unternehmens.

Ergebnis: Das Ergebnis dieses Projekts ist ein grundlegendes Verständnis der Art und Weise, wie Ihre Schlüsseldaten erfasst, gemeinsam genutzt, gespeichert und geschützt werden.

Was ist zu tun? Erstellen Sie ein Inventarverzeichnis, in dem alle wichtigen Daten Ihres Unternehmens dokumentiert sind. Dazu gehören in der Regel geistiges Eigentum und andere Daten, deren Verlust, Diebstahl oder Zerstörung erhebliche negative Auswirkungen auf Ihr Unternehmen haben würde. Geben Sie an, wo sich die Daten befinden (z. B. im Netzwerk oder am physischen Standort), wer Zugriff auf die Daten hat und welche Kontrollen sie schützen und überwachen.

2. Mapping der Risikosicherheit

Die Risikosicherung erstreckt sich auf das gesamte Unternehmen und darüber hinaus auf externe Stakeholder wie Berater, externe Prüfer und Aufsichtsbehörden. Daher empfiehlt O'Reilly als zweiten Schritt die Erstellung einer Risk Assurance Map: eine Bestandsaufnahme der Personen und Prozesse, die für die Absicherung der Risiken in Ihrem Unternehmen verantwortlich sind. Die Zuordnung von Sicherheiten wird auch im Standard 9.5 Koordination und Vertrauen empfohlen.[4]

Warum das notwendig ist: Beim Connected Risk geht es darum, die Zusammenarbeit zu verbessern und es Fachleuten in allen Bereichen zu ermöglichen, Gelegenheiten zu erkennen und zu nutzen, um aus dem Fachwissen, den Erkenntnissen und der Arbeit der anderen zu lernen und diese zu nutzen. Eine Risk Assurance Map wirft ein helles Schlaglicht auf diese Möglichkeiten.

Das Ergebnis: Das Ergebnis dieses Projekts ist eine visuelle Darstellung, in der alle von der Organisation in der Vergangenheit durchgeführten und für die Zukunft geplanten Sicherheitsmaßnahmen dokumentiert sind, so dass Lücken, Überschneidungen oder Doppelarbeit aufgedeckt werden. Neben der Aufdeckung von Hauptrisikobereichen, in denen Sicherheitskapazitäten benötigt werden, kann diese Arbeit dazu beitragen, aufzuzeigen, wo Ihre Organisation die Koordination und das Vertrauen erhöhen kann.

Was ist zu tun? Erstellen Sie eine Übersicht über die Risikosicherungstätigkeiten Ihres Unternehmens und legen Sie den Umfang im Voraus fest. Assurance Maps können je nach den Zielen, die Sie mit der Erstellung der Map verfolgen, unterschiedlich detailliert ausgearbeitet werden. O'Reilly empfiehlt, mit den Schlüsselrisiken zu beginnen, die Ihr Unternehmen dokumentiert hat (wahrscheinlich aus dem ERM-Programm), die Risikoverantwortlichen um Feedback zu bitten, welche internen und externen Assurance- und Beratungsteams für die einzelnen Bereiche zuständig sind, und die Kontrollen, Arbeitsabläufe, Prozesse, Strategien und Projekte zu dokumentieren, die diese Teams für jeden Risikobereich durchführen.

3. Technologie- und Reifegradbewertung

Die ersten beiden Projekte konzentrierten sich auf den Abgleich von Daten und Teams. Als Nächstes empfiehlt O'Reilly, eine Bestandsaufnahme der technologischen Systeme Ihres Unternehmens zu erstellen, um die Fähigkeiten, Einschränkungen und Möglichkeiten zu bewerten, die sie bieten.

Warum es notwendig ist: Technologie ist eine notwendige Komponente für jeden Connected Risk Ansatz. Wenn Ihre bestehenden Technologiesysteme es Ihnen nicht ermöglichen, Daten problemlos über Anwendungen hinweg gemeinsam zu nutzen, ist es an der Zeit, ein System zu implementieren, das dies ermöglicht. Wie im nächsten Kapitel näher erläutert wird, setzt Connected Risk eine einheitliche Datenbasis voraus, die nicht nur die gemeinsame Nutzung von Daten, sondern auch eine konsolidierte Berichterstattung, den Zugriff auf Echtzeitdaten und Erkenntnisse sowie idealerweise eine gemeinsame Kontrollumgebung ermöglicht.

Ergebnis: Das Ergebnis dieses Projekts ist eine Bestandsaufnahme aller in Ihrem Unternehmen eingesetzten Audit-, Risiko-, Compliance- und

Informationssicherheit-Technologien sowie eine Bewertung der Fähigkeit Ihres Unternehmens, interne und externe Datenquellen zu verbinden und Daten anwendungsübergreifend gemeinsam zu nutzen.

Was zu tun ist: Erstellen Sie eine Bestandsaufnahme aller Audit-, Risiko-, Compliance- und Informationssicherheit-Technologien (einschließlich aller KI-Programme), die derzeit in Ihrem Unternehmen eingesetzt werden. Dokumentieren und bewerten Sie die Fähigkeit jeder Anwendung, Daten auszutauschen, sowie den Aufwand, die Ressourcen und die Kosten, die für die regelmäßige Aktualisierung der Daten jeder Anwendung erforderlich sind.

4. Gemeinsame Risikodefinitionen

Wie wir bereits erwähnt haben, stützen sich Risiko- und Assurance Provider, die sich regelmäßig in ihre Höhlen zurückgezogen haben, oft auf unterschiedliche Definitionen und Taxonomien, um dieselben Risiken zu definieren, zu kategorisieren und zu priorisieren. Im Rahmen des Projekts zur Risikozuordnung (siehe Nr. 2) wurden die Teams ermittelt, deren Definitionen und Bewertungssysteme angeglichen werden müssen. Folglich wird das letzte grundlegende Projekt, das O'Reilly empfiehlt, eine Reihe gemeinsamer Risikodefinitionen und eine einheitliche Taxonomie schaffen, auf die sich die verschiedenen Gruppen künftig einigen können.

Warum es notwendig ist: Connected Risk hängt davon ab, dass alle Beteiligten dieselbe Taxonomie zur Bewertung und Quantifizierung von Risiken verwenden, damit klarer wird, welche Risiken wirklich am wichtigsten sind.

Das Ergebnis: Das Ergebnis dieses Projekts ist eine gemeinsame Risikotaxonomie, die sich auf gemeinsame Risikodefinitionen und einen einheitlichen Ansatz zur Quantifizierung und Bewertung von Risiken stützt.

Was ist zu tun? Identifizieren Sie die verschiedenen Bewertungssysteme, mit denen Risiken bewertet werden (z. B. Farbcodierung, Ampel, hoch/mittel/niedrig), wie jede Bewertung definiert ist, welche Risikoattribute bei den Bewertungen berücksichtigt werden und welche KRIs die Teams verwenden. Einigen Sie sich auf ein einziges Bewertungssystem, einen gemeinsamen Satz von Definitionen und KRIs sowie gemeinsame Attribute, die bei künftigen Bewertungen verwendet werden sollen.

Propagieren Sie Verbindung und Zusammenarbeit zur Wertschöpfung

Wir haben diese Botschaft immer wieder aufgegriffen, weil sie für ein erfolgreiches Programm zum Connected Risk wirklich fundamental wichtig ist. Sobald Ihre vier grundlegenden Projekte abgeschlossen sind, ist es sicherlich an der Zeit, den Wert des Connected Risks durch eine konzertierte und strategische Anstrengung des Coachings in allen drei Linien zu vermitteln. Kapitel 12 enthält spezifische Ideen für die Vermittlung des Wertes des Connected Risks.

Sie sollten sich bei der Kontaktaufnahme davon leiten lassen, was für Ihre Organisation, Ihre Rolle und Ihre Beziehungen sinnvoll ist. Teams der zweiten oder dritten Linie könnten beispielsweise beschließen, sich zunächst an ihre Kollegen zu wenden. Ein CAE mit ERM- oder SOX-Verantwortung könnte mit der Koordination zwischen diesen beiden Linien beginnen und als erste Schritte eine einheitliche Risiko- und Kontrollmatrix sowie eine gemeinsame Problemverfolgung vorschlagen. Ein Risikomanager, der gute Beziehungen zu einem Mitglied des Compliance-Teams unterhält, könnte ein Gespräch über die gemeinsame Nutzung von Kontrollen oder Risikobewertungen in relevanten Bereichen anstoßen. Ein CISO könnte das ERM-Team darauf ansprechen, ERM-Erkenntnisse zu nutzen, um Prioritäten zu setzen und Sicherheitsmaßnahmen voranzutreiben.

O'Reilly empfiehlt insbesondere die Zusammenarbeit mit dem Bereich Informationssicherheit. Da die Bedeutung von Cybersecurity und Datensicherheit in vielen Unternehmen bekannt ist, suchen viele CISOs im aktuellen Umfeld aktiv nach Möglichkeiten, ihre Kontrollumgebungen zu verbessern, die Abdeckung zu erhöhen, Lücken zu schließen oder ihren Verwaltungsaufwand zu verringern. Dementsprechend suchen sie möglicherweise nach Unterstützung durch Teams, die über Fachwissen bei der Erstellung und Dokumentation der Risiken und Kontrollen des Unternehmens verfügen. (Nicht alle Informationssicherheit-Teams verfügen über diese Erfahrung, und nicht alle CISOs möchten die Verantwortung für die Pflege der Dokumentation übernehmen, mit der nachgewiesen wird, dass die Risiko- und Kontrollarbeiten nach Bedarf durchgeführt werden.) Außerdem rät O'Reilly: "Wenn Sie die Informationssicherheit mit ins Boot holen, ist es wahrscheinlich einfacher, Besprechungen mit anderen Teams der zweiten Linie im Unternehmen zu organisieren."

Natürlich lohnt es sich auch, Personen oder Teams in der ersten Linie anzusprechen. Für eine erfolgreiche Umsetzung des Connected Risks müssen gleichgesinnte Verfechter auf verschiedenen Ebenen des Unternehmens gewonnen werden. In Kapitel 6 wurde eine Liste von Schmerzpunkten zusammengestellt, die in Unternehmen häufig auftreten, die die Auswirkungen der Risikolücke zu spüren bekommen, wobei Probleme wie Doppelarbeit und Prüfungsmüdigkeit, Produktivitätsverluste und eingeschränkte Effizienz, Lücken in der Risikoabdeckung, schlechte Datenqualität und -verfügbarkeit, fehlende Risikotransparenz und -kontext, fehlende Risikoidentifizierung in Echtzeit und einige andere genannt wurden. Jeder in der Organisation, der diese Probleme benennt, ist wahrscheinlich ein empfängliches Publikum.

Was auch immer Sie vorhaben, stellen Sie sicher, dass Sie sich bei allen Gesprächen auf die Vorteile konzentrieren, die Connected Risk für ihr Team bringen können, und auf die zentrale Bedeutung des gemeinsamen Ziels aller Teams in Bezug auf das Risikomanagement: Schutz, Schaffung und Erhaltung von Werten für das Unternehmen und seine Stakeholder. Alle müssen gemeinsam auf dieses entscheidende Ergebnis hinarbeiten. Wir befinden uns in einer derartigen Umbruchphase, dass jeder, der sich damit begnügt, Risiken allein zu identifizieren und zu überwachen, nicht annähernd in der Lage sein wird, das gesamte Risikoportfolio des Unternehmens zu erfassen. Um dies zu verbessern, müssen wir Partnerschaften eingehen.

Wie Paul Sobel, ehemaliger COSO-Vorsitzender, sagte:

"Das Endergebnis ist der Erfolg des Unternehmens, wie auch immer Sie das definieren. Und kein Einzelner—weder der CEO noch der CFO oder sonst jemand—kann diesen Erfolg allein erreichen. Sie können andere inspirieren. Sie können beraten. Sie können ausbilden. Aber kein Einzelner kann das alleine schaffen. Aus diesem Grund hatte ich sehr gute Beziehungen zu den CROs in Organisationen, in denen ich der CAE war. Das hat geholfen, dass ich einen guten Hintergrund in diesem Bereich hatte, so dass ich ihre Sprache sprechen konnte, als ich zur Tür hereinkam.

Aber ich habe auch immer den Ansatz verfolgt—und sie haben dann den gleichen Ansatz mit mir verfolgt -, dass ich dir helfe, deine Arbeit besser zu machen, indem ich dir ins Ohr flüstere und dir Ideen gebe, und ich erwarte, dass du das Gleiche mit mir machst. Denn zusammen ist das Ganze größer als die Summe seiner Teile. Die Einhaltung der Vorschriften spielt dabei eine Rolle, und einige der anderen Funktionen in der zweiten Linie können ebenfalls dazu beitragen. Wir sind alle hier, um dieser Organisation zum Erfolg zu verhelfen, und wenn ich Ideen habe, für die Sie am Ende die Lorbeeren ernten, weil sie unter Ihr Dach fallen, dann soll es so sein. Ich habe mir gedacht, dass dies irgendwann erwidert wird und dass ich auf lange Sicht in angemessenem Umfang anerkannt und belohnt werde.

Aber im Moment lautet die Frage: Wie kann ich dem Unternehmen zu mehr Erfolg verhelfen? Das führt zurück zur Bescheidenheit. Die Geschäftswelt ist hart umkämpft, und viele Menschen denken, sie müssten sich von anderen abheben. Dabei vergessen sie, dass man sich am besten von anderen abhebt, wenn man zum großen Ganzen beiträgt, anstatt sich als Einzelner zu einem bestimmten Zeitpunkt hervorzutun."

KAPITEL 10

Eigenschaften von Denkern des Connected Risks

Ein neues Konzept für das Risikomanagement erfordert neue Denkweisen—nicht nur in Bezug auf das Risiko selbst, sondern auch in Bezug auf die Art und Weise, wie wir über unsere Arbeit und die Ergebnisse, die wir erzielen, denken. Wie ich im vorangegangenen Kapitel betont habe, hängt die Wirksamkeit eines jeden Connected Risk Ansatzes von der Förderung eines Connected Risk Denkens in der gesamten Organisation ab. Daher ist es für die Architekten dieses Ansatzes von größter Bedeutung, dass sie genau wissen, was dieses Denken ist (und was nicht).

In diesem Kapitel wird versucht, die Eigenschaften der Connected Risk Denker zu entschlüsseln. Wie sind sie gestrickt, und in welcher Hinsicht denken sie anders? Wodurch unterscheiden sie sich von traditionellen Denkern? Und vor allem: Wie kann jemand, der diese Ideen noch nicht kennt, ein "Connected Risk Denken" anstreben?

Die Denker des Connected Risks besitzen viele der Eigenschaften von "vertrauenswürdigen Beratern" und "Agenten des Wandels", die ich in meinen anderen Büchern untersucht habe. Sie neigen auch dazu, eine "genetisch risikozentrische" Denkweise zu besitzen, die ihre Leidenschaft für das Connected Risk antreibt. Nach ausführlichen Gesprächen mit Connected Risk Denkern und meinen Beobachtungen habe ich sieben Eigenschaften zusammengestellt, die sie meiner Meinung nach gemeinsam haben.

1. Connected Risk Denker konzentrieren sich auf strategische Ergebnisse statt auf taktische Ergebnisse

Wie in Kapitel 7 erwähnt, konzentrieren sich die traditionellen Akteure des Risikomanagements häufig auf den Output als Maßstab für Qualität und Leistung. Ein Risikomanager verweist darauf, wie viele Risiken er in seinem Risikoregister aufgeführt hat und wie oft er sie aktualisiert hat. Ein Interner Revisor rühmt sich damit, wie viele Prüfungsberichte oder Feststellungen er veröffentlicht hat. Compliance-Fachleute verfolgen die Anzahl der von ihnen überwachten rechtlichen Anforderungen und deren aktuellen Status. Dies ist zum Teil darauf zurückzuführen, dass Fachleute in der Vergangenheit auf der Grundlage dieser Art von Metriken belohnt wurden, was zu einem Übergewicht quantitativer Ergebnisse führte, die leicht gemessen und verfolgt werden können. Denn wie ein altes Sprichwort sagt: Was gemessen wird, wird auch gemacht!

Diese Output-orientierte Mentalität spiegelt auch wider, dass das Risikomanagement eher als Zweck denn als Mittel betrachtet wird. Schließlich zeigt keiner dieser Outputs allein an, dass die Organisation Gewinn macht, den Stakeholdern einen Mehrwert bietet oder auf andere Weise ihre strategischen Ziele erreicht. Das Risikomanagement bringt nur einen geringen Mehrwert, wenn keine Ergebnisse erzielt werden—der Zweck, für den das Risikomanagement letztendlich benötigt wird. Zahllose Unternehmen mit herausragenden Funktionen in den Bereichen Interner Revision, Risikomanagement und Compliance sind gescheitert, weil ihre Arbeit zwar taktisch gut, aber strategisch unzureichend war.

Es überrascht nicht, dass eine Denkweise, die den Schwerpunkt auf das legt, "was ich tue", und nicht auf das, "was ich erreiche", manchmal dazu führt, dass Risiko- und Assurance-Teams es nicht schaffen, die Stakeholder in nennenswertem Umfang anzusprechen oder einzubinden. Dies kann daran liegen, dass diese Teams als "berichtend" und nicht als "leistend" angesehen werden. Die Berichterstattung ist nur insoweit wertvoll, als sie die Organisation in die Lage versetzt, Entscheidungen zu treffen, Maßnahmen zu ergreifen und Ergebnisse zu erzielen.

Ein risikoorientiertes Vorgehen bedeutet, sich auf Ergebnisse zu konzentrieren, die den Wert, die Entscheidungsfindung, die Leistung und den Wettbewerbsvorteil steigern. Wenn ein ergebnisorientierter Ansatz auf die strategischen Ziele des Unternehmens abgestimmt ist, stellt sich die Frage nach Ihrem Wert für das Unternehmen nicht. Sie sind nicht "berichtend", sondern "leistend".

Zusammenfassend lässt sich sagen, dass Connected Risk Denker erkennen, dass alle Organisationen existieren, um ihre Ziele zu erreichen—und dass die Strategien, die Organisationen zur Erreichung ihrer Ziele einsetzen, unweigerlich mit Risiken behaftet sind. Folglich konzentrieren sich Connected Risk Denker auf strategische Ergebnisse und sind bestrebt, ihre Organisationen nicht nur bei der Bewältigung von Betriebs-, Compliance-, Finanz- und Technologierisiken zu unterstützen, sondern auch bei strategischen Risiken. Sie nutzen ihre außerordentlichen Risikomanagementexpertise, um die Systeme zu erkennen und zu verstehen, die die Ziele und die Ausrichtung des Unternehmens definieren und beeinflussen, und um eine strategische Rolle im Namen ihres Unternehmens zu übernehmen. Sie wissen, dass Fortschritt eine oft disruptive und visionäre Denkweise voraussetzt. Wie John F. Kennedy schrieb: „Es gibt Risiken und Kosten beim Handeln. Aber sie sind weitaus geringer als die langfristigen Risiken einer bequemen Untätigkeit".

2. Connected Risk Denker setzen sich für die Beziehung zwischen Risiken und Chancen ein

In der traditionellen Denkweise des Risikomanagements wird das Risiko allzu oft als etwas Negatives betrachtet, das um jeden Preis vermieden oder gemindert werden muss. Denker des Connected Risks hingegen nehmen das Risiko in all seinen Dimensionen an. Ja, einige Risiken müssen vermieden werden. Aber manche Risiken sind es wert, dass man sich auf sie einlässt, denn sie eröffnen Chancen und Innovationen.

Connected Risk Denker verfügen über ein ausgeprägtes Verständnis für die Beziehung zwischen Risiko und Chance. Sie sind sich bewusst, dass Organisationen Risiken eingehen müssen, und wissen, dass Risiken die Möglichkeit beinhalten, dass Handlungen oder Ereignisse sich negativ auf das Erreichen von Zielen auswirken oder das Potenzial für Verluste, Schäden oder andere nachteilige Ergebnisse schaffen. Sie sehen auch die Möglichkeit, dass sich

eine Maßnahme oder ein Ereignis positiv auf das Erreichen von Zielen auswirkt und das Potenzial für Gewinne, Verbesserungen oder andere günstige
Ergebnisse bietet.

Wenn Risiko- und Assurance-Teams sich von einem Connected Risk Verständnis leiten lassen, sind sie in der Lage, eine entscheidende Rolle dabei
zu spielen, die Risikobereitschaft ihrer Organisationen zu bestimmen, um
ihre strategischen Ziele zu erreichen. Sie werden zu vertrauenswürdigen
Beratern, die den Teams in der ersten Linie dabei helfen, risikobasierte strategische Entscheidungen darüber zu treffen, wohin sie gehen, wohin sie
abbiegen, wann sie umkehren und wann sie einen Umweg statt des geraden
Weges nehmen sollten.

3. Connected Risk Denker entwickeln sich durch Zusammenarbeit

Wie in den vorangegangenen Kapiteln gezeigt wurde, führt die traditionelle
Denkweise des Risikomanagements häufig dazu, dass getrennte Teams in
Silos arbeiten und andere Teams auf Distanz halten. Diese Teams sind möglicherweise fest davon überzeugt, dass die Trennung es ihnen ermöglicht,
ihre Arbeit optimal zu erledigen, oder dass das Bleiben in der eigenen Spur
oder Nische dazu beiträgt, Glaubwürdigkeit, Objektivität und Unabhängigkeit aufzubauen und zu schützen und gleichzeitig den spezifischen Wert,
den man bietet, zu steigern. Denn wenn Sie mit einer Idee aus Ihrer Nische
kommen, dann ist es natürlich Ihre eigene.

Bei dieser Denkweise wird davon ausgegangen, dass isolierte Identitäten
und Strukturen dazu beitragen, individuellen Erfolg zu schaffen und zu definieren. Die Fokussierung auf das, was „ich" tun kann, manifestiert sich oft als
eine binäre Perspektive, in der es ein begrenztes „wir" und ein entgegenge-
setztes "sie" gibt.

Das Konzept von Connected Risk konzentriert sich auf die Verbindung und
Ausrichtung auf ein organisationsübergreifendes "wir", wobei die Definition
von "Team" auf die gesamte Organisation ausgeweitet wird. Diese Denkweise hebt das gemeinsame Ziel hervor, das jeder in der Organisation verfolgt, unabhängig davon, wo er sitzt. Jeder der Hauptakteure hat zwar eine

andere Aufgabe, aber alle haben ein gemeinsames Ziel: der Organisation zu helfen, ihre Ziele zu erreichen. Michael Jordan—unbestreitbar einer der größten Basketballspieler aller Zeiten—wird oft mit den Worten zitiert: „Talent gewinnt Spiele, aber Teamwork und Intelligenz gewinnen Meisterschaften".

Tatsächlich verstehen Connected Risk Denker, dass sie mehr erreichen können, wenn sie über traditionelle Grenzen hinweg zusammenarbeiten. Sie erkennen zum Beispiel schnell, wie sie durch die Einigung auf eine gemeinsame Sprache und Taxonomie—eines der im vorigen Kapitel beschriebenen grundlegenden Projekte—mehr erreichen und mehr Wert schaffen können. Sie erkennen, dass die Vereinheitlichung von Daten und der Austausch von Erkenntnissen ihr Verständnis für das gesamte Risikomanagement des Unternehmens verbessern und sie in die Lage versetzen, in ihren Rollen effektiver zu sein.

Um es ganz offen zu sagen: Wer über Risiken nachdenkt, ist bereit, sich mit dem Wort „Zusammenarbeit" anzufreunden.

4. Connected Risk Denker sind beziehungsorientiert

Ich habe gezeigt, wie das traditionelle Risikomanagement dazu neigt, sich auf "Verteidigungslinien" zu konzentrieren und diese zu bewerten, anstatt die notwendigen Verbindungen zwischen den Linien zu berücksichtigen: die Beziehungen, die dazu beitragen, dass alle drei Linien ihren gemeinsamen Zweck erfüllen.

Eines der gemeinsamen Merkmale, die ich in meinen Büchern "Trusted Advisors" und „Agents of Change" untersucht habe, ist, dass diese Männer und Frauen über herausragende Geschäftssinn für Beziehungen haben. Sie bauen von Natur aus Beziehungen auf, die auf Respekt, Vertrauen und gemeinsamen Zielen beruhen, was auf Denker des Connected Risks besonders zutrifft. Sie sind sich darüber im Klaren, dass Silos "Todesfallen" für Innovation und Fortschritt sein können, und haben kein Interesse daran, ihre wertvolle Zeit damit zu verbringen, sich auf dem Boden ihres Silos oder in den Nischen einer Höhle zu verstecken. Sie investieren in den Aufbau starker, belastbarer Beziehungen, weil sie wissen, dass diese nicht nur für die

Erledigung guter Arbeit, sondern auch für die Beeinflussung und Anregung sinnvoller Veränderungen von grundlegender Bedeutung sind.

5. Connected Risk Denker sind auf wechselseitige Kommunikation und Wissensaustausch ausgerichtet

Jedes Unternehmen tut sein Bestes, um die klügsten Köpfe einzustellen und zu halten. Leider kann dies zu dem häufigen Problem führen, dass zu viele Menschen tatsächlich der Meinung sind, sie seien die Klügsten im Raum. Sie kommen mit starken, unflexiblen Meinungen und hören sich die Perspektiven der anderen nicht wirklich an.

Beim Connected Risk Denker ist Bescheidenheit der Schlüssel. Denker des Connected Risks wissen wirklich zu schätzen, wie viel sie von anderen lernen können. Wie der Finanzier und Politikberater Bernard Baruch schrieb: "Die meisten erfolgreichen Menschen, die ich kenne, sind diejenigen, die mehr zuhören als reden".

Denker des Connected Risks wissen auch, dass ohne echte Kommunikation keine echte Verbindung entstehen kann und wird. Es gibt keine Möglichkeit, sich auf eine Strategie zur Risikominderung zu einigen oder zu verstehen, welche Risiken andere Gruppen vorrangig behandeln. Es gibt keine Möglichkeit, von der Arbeit der anderen zu lernen und diese effektiv zu nutzen. Denker des Connected Risks sind nicht nur bestrebt, sich selbst Gehör zu verschaffen, sondern auch eine wirksame zweiseitige Kommunikation zu gewährleisten, die sicherstellt, dass die Stimmen aller Beteiligten gehört und verstanden werden. Dazu gehört auch, das Verständnis, das Interesse und den Nutzen des Publikums sicherzustellen und zu betonen. Ich zitiere gerne George Aubrey, den VP und Chief Auditor von Lenovo, um diesen Punkt zu verdeutlichen.

Sie können der beste technische Prüfer aller Zeiten sein, wenn es darum geht, genau zu bestimmen, was gefährdet ist, die entsprechenden Schlüsselkontrollen zu identifizieren, die besten Tests zu entwerfen und die richtigen Schlussfolgerungen zu ziehen. Aber wenn Sie nicht in der Lage sind, mit den Stakeholdern so zu kommunizieren, dass Veränderungen herbeigeführt werden, sind Sie wie der sprichwörtliche Baum, der im Wald umfällt—niemand hört Sie.[1]

6. Connected Risk Denker sind technisch versiert und Technik-affin

Einige Risiko- und Sicherheitsexperten führen ihre Arbeit heute auf die gleiche Weise aus wie zu der Zeit, als ich vor fast 50 Jahren als Interner Revisor anfing. Menschen neigen dazu, Gewohnheitstiere zu sein. Menschen, die im Zeitalter der künstlichen Intelligenz relevant bleiben und ihren Wert unter Beweis stellen wollen, müssen sich jedoch Technologien zunutze machen, die ihnen helfen, ihre Arbeit anzupassen und zu erneuern.

Als ich 1975 in die Interne Revision eintrat, bestand die modernste Technologie, die uns zur Verfügung stand, aus einem Taschenrechner, und wir verwalteten unsere Daten auf 16-spaltigen Papierblöcken. Die Arbeit, die wir verrichten konnten, war durch unsere Standorte, die Art und Weise und die Geschwindigkeit, mit der wir kommunizieren konnten, und die Tatsache, dass wir, wenn wir täglich das Büro verließen, aus Sicherheits- und Vertraulichkeitsgründen nur selten Arbeit mit nach Hause nehmen durften, begrenzt. Menschliche Arbeitskräfte waren durch den Mangel an Technologie eingeschränkt.

Heute scheint die umgekehrte Aussage immer mehr zuzutreffen: Die Technologie wird durch menschliche Arbeitskräfte begrenzt. Obwohl die Technologie uns heute die Möglichkeit gibt, mit fast jedem zu jeder Zeit und überall auf der Welt zusammenzuarbeiten, ohne dass unsere Rechenleistung und Kommunikationsgeschwindigkeit eingeschränkt sind, sind es die Menschen, die nicht mithalten können.

Dennoch ist es wichtig, dass wir es versuchen. Teams, die sich der Einführung innovativer Ansätze und Methoden widmen—und dabei in der Regel auch auf Technologie zurückgreifen—haben in der Regel eine deutlich größere Wirkung als solche, die dies nicht tun. Wir müssen uns auf Veränderungen einlassen, sowohl bei dem, was wir tun, als auch bei der Art und Weise, wie wir es tun. Wenn wir offen für Veränderungen sind, können wir selbst bestimmen, wie sie aussehen sollen.

So ist es zum Beispiel besonders wichtig, die Möglichkeiten zu untersu-chen, die KI für unsere Aufgaben bietet. KI kann als Kapazitätsmultiplika-tor und Beschleuniger für Forschung, Schreiben, Berichterstellung, Dokumentation (z.B. Verfassen von Risiko- oder Problemberichten), Prü-fungsplanung, Risikobewertungen, bestimmte Prüf- und Scanaufgaben, Datenanalyse, Einführung von Frameworks, Betrugserkennung und vieles mehr dienen. Natürlich muss die Einführung von KI sorgfältig gesteuert werden, und es ist unbedingt sicherzustellen, dass KI sicher und im Ein-klang mit den Unternehmensrichtlinien eingesetzt wird. In der Tat, wenn Ihr Unternehmen bei der Einführung von KI-Governance hinterherhinkt, ist dies eine weitere wichtige Gelegenheit für Risikomanagement-Teams, sich zu engagieren.

7. Connected Risk Denker zeichnen sich in ihren Rollen aus und stellen sich der Notwendigkeit der Transformation

Traditionelle Denker des Risikomanagements sind weniger geneigt, den Status quo in Frage zu stellen. Sie sehen es nicht als ihre Aufgabe an, Ver-änderungen herbeizuführen, und scheuen sich möglicherweise, Grenzen zu überschreiten. Sie genießen wahrscheinlich den "Frieden und die Ruhe", wenn sie allein arbeiten.

Risikofreudige Connected Risk Denker verstehen die Notwendigkeit einer kontinuierlichen Verbesserung in ihrer eigenen Rolle und innerhalb des gesamten Unternehmens. Sie zeichnen sich in der Regel dadurch aus, dass sie ihre derzeitigen Aufgaben hervorragend erfüllen und oft die Initiative ergreifen, um ihre eigenen Prozesse zu verbessern. Sie wissen, dass sie nur dann andere von der Notwendigkeit überzeugen können, ihre Prozesse zu verändern, wenn sie bereit sind, zuerst ihre eigenen zu optimieren.

Denker des Connected Risks verstehen die Notwendigkeit, das Risikoma-nagement so umzugestalten, dass es den Anforderungen des modernen Zeitalters besser gerecht wird. Sie verstehen—oder fangen zumindest an zu verstehen -, dass wir unser Denken und unsere Herangehensweise an das

Risikomanagement ändern müssen, um Organisationen zu schaffen, die auch in Permakrisen relevant und resilient bleiben können.

Wie im vorangegangenen Kapitel dargelegt, haben Initiativen für Connected Risk in der Regel einen von zwei Gründen:

- **Von oben nach unten.** Der Anstoß geht vom Leitungs- und Überwachungsorgan aus, die frustriert sind über die mangelnde Abstimmung oder Verbindung zwischen den verschiedenen Teams, die sie mit Informationen, Einblicken und Anleitungen versorgen. Sie sehen die Notwendigkeit, diese Teams miteinander zu verbinden und aufeinander abzustimmen, um die Verwirrung zu vermeiden, die durch die Bereitstellung von Aufsicht oder das Treffen von Entscheidungen auf der Grundlage widersprüchlicher Informationen entsteht.

- **Von unten nach oben.** Häufiger ist es so, dass jemand im Unternehmen—oft eine ehrgeizige Führungskraft aus der zweiten oder dritten Linie—das damit verbundene Risiko als Chance sieht, etwas zu bewirken. Sie haben erkannt, dass sie besser werden müssen, wissen aber möglicherweise nicht, wie sie es anstellen sollen.

Diese Herausforderung ist vielen Fachleuten aus den Bereichen Interne Revision, Risikomanagement, Compliance und Informationssicherheit nicht fremd. In Anbetracht der Art dieser Aufgaben fragen sie sich oft: "Wer bin ich, dass ich dem Prüfungsausschuss, dem Vorstand oder der Geschäftsführung sagen kann, wie sie ihre Arbeit machen sollen?"

Das IIA anerkennt und schätzt den Balanceakt, den die Funktionen der zweiten und dritten Linie täglich vollziehen. Der neue Standard 9.5 Koordination und Vertrauen (auf den auch in Kapitel 7 verwiesen wird) spricht dies direkt an, wobei die "Anforderungen" lauten:

Die Revisionsleitung muss sich mit internen und externen Assurance Providern abstimmen und erwägen, sich auf deren Arbeit zu verlassen. Die Koordination von Dienstleistungen minimiert Doppelarbeit, zeigt Lücken in der Abdeckung wichtiger Risiken auf und verbessert insgesamt den Mehrwert aller Anbieter.

Sollte es nicht möglich sein, ein angemessenes Maß an Koordination zu erreichen, muss die Revisionsleitung alle Bedenken bei der Geschäftsleitung und, falls erforderlich, beim Überwachungsorgan zur Sprache bringen..[2]

Mit anderen Worten, das IIA handelt genau im Sinne des Connected Risks: Sie stellt die klare Erwartung auf, dass Risiko- und Assurance-Anbieter zusammenarbeiten müssen—und dass, wenn dies nicht der Fall ist, der CAE die Geschäftsleitung und möglicherweise den Prüfungsausschuss oder Aufsichtsrat auf den Mangel an Koordination aufmerksam machen muss. Diese Gespräche werden zwar nicht einfach sein, aber sie sind entscheidend für ein effektiveres Risikomanagement.

Deshalb ist es von entscheidender Bedeutung, Fachleuten aus allen drei Linien die Instrumente an die Hand zu geben, die sie benötigen, um auf jeder Ebene des Unternehmens ein produktives Gespräch über die Transformation des Risikomanagements zu führen: genau aus diesem Grund habe ich dieses Buch geschrieben. Die Tür zur Transformation zu öffnen, kann bedeuten, dass ein Mitarbeiter der zweiten oder dritten Linie befähigt wird, sich an eine einflussreiche Führungskraft der ersten Linie zu wenden. Es kann aber auch der umgekehrte Fall eintreten: Eine Führungskraft der ersten Linie wendet sich an ihren CRO, CAE, CCO oder CISO und sagt: "Lassen Sie uns das gemeinsam betrachten. Ich glaube, das könnte einige unserer Probleme lösen".

Wie auch immer die Situation aussieht, eine Connected Risk Perspektive— und die Verpflichtung, diese im gesamten Unternehmen zu verankern—ist ein hervorragender Startpunkt. Damit eine vernetzte Perspektive einen echten Einfluss auf die Verbesserung des Risikomanagements hat, ist die effektive Nutzung von Technologie unerlässlich.

KAPITEL 11

Technologie—vom Hindernis zum Ermöglicher

Unternehmen haben viele bewährte und zuverlässige Methoden zur Verbesserung und Umgestaltung von Geschäftsabläufen entwickelt. Technologie kann den Menschen helfen, diese Methoden zu skalieren. Der Mitbegründer von Apple, Steve Jobs, sagte einmal: "Ein Computer ist für mich das bemerkenswerteste Werkzeug, das wir je erfunden haben. Er ist das Äquivalent eines Fahrrads für unseren Verstand."

Für diejenigen unter Ihnen, die die Geschichte des Fahrrads nicht kennen, sei gesagt: Die Erfindung des Fahrrads hat die Welt grundlegend verändert. In den 1890er Jahren, mit dem Aufkommen des Fahrrads, waren Menschen mit niedrigem und mittlerem Einkommen—und Frauen, denen es oft nicht erlaubt war, ein Fahrzeug zu führen—nun in der Lage, sich schneller, einfacher, billiger und freier als je zuvor von Ort zu Ort zu bewegen. Dies ermöglichte gesellschaftliche Veränderungen, unternehmerische Chancen und industrielle Innovationen. Ein Fahrrad allein kann jedoch nichts ausrichten, wenn nicht jemand sein Ziel wählt und seinen Körper und sein Gehirn einsetzt, um es dorthin zu bringen.

Mit anderen Worten: Technologie allein wird die Probleme Ihres Unternehmens nicht lösen. Technologie ist lediglich ein Werkzeug, das strategisch eingesetzt werden kann, um die Arbeitsweise von Menschen und Verfahren zu verbessern. Deshalb ist es wichtig, bei der Umgestaltung des Risikomanagements einen ausgewogenen und integrierten Fokus auf Menschen, Praktiken und Plattformen zu legen. Wie im vorangegangenen Kapitel hervorgehoben wurde, ist beispielsweise die Schaffung einer Kultur, die eine Connected Risk Perspektive fördert, ein absolut grundlegender Aspekt der Umgestaltung des Risikomanagements. Kein Unternehmen wird erfolgreich sein, wenn seine Kultur die Unvorhersehbarkeit, die Gefahr und das Potenzial von Risiken nicht anerkennt.

Ihr Ansatz für Connected Risk wird sich von dem des nächsten Unternehmens unterscheiden, je nach den Bedürfnissen, Vorlieben, Fähigkeiten und Zielen der Menschen, Prozesse und Daten, die er unterstützen und verbinden soll. Diese Überlegungen werden Ihnen bei der Auswahl und Konfiguration der am besten geeigneten Technologie helfen.

In diesem Kapitel wird daher untersucht, was eine Technologie für Connected Risk ist, was sie nicht ist und wie Sie bestimmen können, wie Connected Risk für Ihr Unternehmen aussieht.

Connected Risk und IRM

Bevor ich näher darauf eingehe, möchte ich eine Frage beantworten, die ich manchmal höre, wenn ich über Connected Risk spreche: "Ist Connected Risk nicht dasselbe wie IRM?" Connected Risk und integriertes Risikomanagement (IRM) haben bemerkenswerte Ähnlichkeiten. Es gibt jedoch auch wesentliche Unterschiede zwischen ihnen.

Gartner definiert IRM als "die Kombination von Technologie, Prozessen und Daten, die dazu dient, die Vereinfachung, Automatisierung und Integration des strategischen, operativen und IT-Risikomanagements in einem Unternehmen zu ermöglichen."[1] IRM ist ein bewährter Fahrplan für einen datengesteuerten, organisationsübergreifenden Ansatz für das Risikomanagement. Es zielt darauf ab, das Risikomanagement und die risikobasierte Entscheidungsfindung proaktiv zu verbessern, indem es ein ganzheitlicheres Risikoverständnis in Übereinstimmung mit der Strategie und der Risikobereitschaft des Unternehmens ermöglicht.

All dies sollte uns sehr bekannt vorkommen, denn IRM ist das Fundament, auf dem Connected Risk aufbaut. Connected Risk geht jedoch einen bedeutenden Schritt weiter als IRM, indem es die Verbindung von Teams, Daten, Kontrollen und Prozessen vorschreibt, um die Zusammenarbeit zu verbessern und die kollektiven Fähigkeiten des Unternehmens optimal zu nutzen. Während sich IRM vor allem auf die Integration von Daten und Berichten konzentriert, fügt Connected Risk wichtige Ebenen der Ausrichtung, Zusammenarbeit und technologischen Befähigung hinzu, die es Unternehmen ermöglichen, mit größerer Agilität, Klarheit und einem genaueren Echtzeit-Risikoblick zu arbeiten.

Darüber hinaus entsteht Connected Risk in einer Ära, in der sich die Softwarefunktionen schnell weiterentwickelt haben, um den Teams umfassendere Einblicke und eine bessere Zusammenarbeit zu ermöglichen. Connected Risk ist dann vollständig realisiert, wenn generative KI, intelligente Automatisierung und fortschrittliche Analysen proaktiv Inhalte vorschlagen, Rahmenbedingungen abbilden, Einblicke gewähren und Verbindungen zwischen Teams fördern können. Kurz gesagt, Connected Risk erfüllt eine völlig neue Vision dafür, wie zweckbestimmte, intelligente Technologie ein Unternehmen verändern kann.

Die Art und Weise, wie die Technologie eingesetzt wird, ist ein grundlegender Unterschied zwischen IRM und Connected Risk. Das IRM definiert keine spezifischen Anforderungen an die zu seiner Unterstützung eingesetzten Technologien. Connected Risk hingegen stellt Mindestanforderungen an die unterstützenden Technologien, ohne die seine Ziele nicht erreicht werden können.

Überwindung der Hindernisse der alten Technologien

Bevor wir untersuchen, was Technologie für Connected Risk ist, ist es wichtig zu verstehen, dass Technologie sowohl förderlich als auch hinderlich sein kann. Einige Technologien können tatsächlich Hindernisse für die Kommunikation und Zusammenarbeit schaffen—und solche Hindernisse sind überraschenderweise bei vielen älteren Technologien üblich.

Warum sind so viele Unternehmen mit Technologien belastet, die eine effektive Zusammenarbeit von Teams verhindern? Wie in Kapitel 7 dargelegt, liegt ein Teil des Problems in den funktionalen Silos, die im Laufe der Jahre entstanden sind und sich verfestigt haben. Technologieunternehmen entwickelten Lösungen, die auf die Bedürfnisse der einzelnen Funktionen zugeschnitten waren. Als diese Lösungen dann im Laufe der Jahre verbessert und verfeinert wurden, um den funktionsspezifischen Anforderungen besser gerecht zu werden, begannen viele Teams verständlicherweise, diese speziell entwickelten Lösungen als unverzichtbar für ihre Arbeit anzusehen.

Das Problem ist, dass die meisten dieser Technologien nicht miteinander verbunden sind oder Daten austauschen. Sie mögen für ein Team ihren Zweck recht gut erfüllen, aber ihre Fähigkeiten und Anpassungsmöglichkeiten sind eher begrenzt. Außerdem berücksichtigen sie in der Regel nicht die Zusammenarbeit, die erforderlich ist, um Connected Risk zu erreichen.

Genau aus diesem Grund haben einige der klügeren Akteure im Technologiebereich im Laufe der Jahre mehrere dieser speziell entwickelten, aber begrenzten Technologien erworben. Diese Akteure können somit behaupten, alle drei Linien geschützt und unterstützt zu haben. Oberflächlich betrachtet mag dies tatsächlich der Fall zu sein. Die Realität ist jedoch, dass die Software oft nicht zusammenarbeitet oder dass die "Zusammenarbeit" den Einsatz teurer APIs, ressourcenintensiver manueller Uploads oder zusätzlicher Softwareressourcen zur Unterstützung von Echtzeit-Datentransfers zwischen Anwendungen erfordert. Außerdem schränkt dieser fragmentierte Ansatz die Möglichkeiten des Einsatzes fortschrittlicher Technologien wie die generative KI ein, weil deren Fähigkeiten von einer tatsächlich einheitlichen Daten- und Softwarearchitektur abhängen.

Letztendlich erfüllen viele dieser älteren Governance-, Risiko- und Compliance-Technologien (GRC) nicht die Anforderungen der Benutzer auf funktionaler Ebene. Hinzu kommt, dass viele Funktionen dieser Technologien ungenutzt bleiben.

Ein weiterer Grund für das Problem ist, dass die meisten Unternehmen bei der Auswahl und Implementierung von Technologien nach dem Gießkannenprinzip vorgegangen sind. Als neue Technologien aufkamen und an Popularität gewannen, schraubten verschiedene Funktionen eine Lösung nach der anderen an. Manchmal taten sie dies mit der Erlaubnis und dem Wissen der zentralen IT-Abteilung des Unternehmens. Manchmal taten sie es auch ohne diese Erlaubnis als "Schatten-IT". Das Ergebnis ist in vielen Fällen ein "Frankenstein" Szenario, der sehr wohl die Fähigkeit hat, sich gegen seine Schöpfer zu richten.

Selbst wenn sich Unternehmen für die Investition in eine GRC- oder IRM-Plattform entschieden haben, mit dem erklärten Ziel, die Verwaltung wichtiger Geschäftsaktivitäten zu zentralisieren und zu koordinieren, kann es sein, dass die Art und Weise, wie diese Systeme implementiert werden, keine echte Konnektivität bietet. Diese Lösungen überlassen es oft den Unternehmen, die Konnektivität selbst zu implementieren und zu gestalten, und verkaufen die Fähigkeit zur Anpassung, ohne ausreichende Anleitung oder Visionen für eine angemessene Integration zu bieten. Ist es da verwunderlich, dass die meisten Teams die Implementierung aus der Perspektive ihrer jeweiligen Silos angehen und in erster Linie ihre eigenen Bedürfnisse und Interessen im Auge behalten?

Auch hier gilt: Ihr "Fahrrad" kann nichts, wenn Sie nicht entscheiden, wohin es fahren soll, mit welcher Geschwindigkeit und zu welchem Zweck. Um sicherzustellen, dass Sie die richtige Technologie für Ihr Konzept des Connected Risk auswählen und erfolgreich implementieren—eine Technologie, die Sie unterstützt und nicht behindert -, müssen Sie ähnlich überlegt vorgehen. Der Gründer von Microsoft Bill Gates soll einmal gesagt haben: "Die erste Regel für jede Technologie, die in einem Unternehmen eingesetzt wird, ist, dass die Automatisierung eines effizienten Vorgangs die Effizienz steigert. Die zweite ist, dass auf der anderen Seite die Automatisierung eines ineffizienten Vorgangs die Ineffizienz verstärkt".

Was ist Connected Risk Technologie auf einer grundlegenden Ebene?

Am einfachsten ist es, mit der Klärung der drei obligatorischen Fähigkeiten zu beginnen, die für jede Technologielösung erforderlich sind, um einen Connected Risk Ansatz zu ermöglichen.

1. *Verbundenes Ökosystem*

Die Technologielösung muss ein wirklich verbundenes Ökosystem darstellen, das die Inhalte und Aktivitäten Ihrer Internen Revisions-, Risiko-, Compliance- und Informationssicherheit-Programme, einschließlich ihrer Daten, Analysen, Kontrollen, Frameworks und Workflows, miteinander verbindet. Alle Module müssen zusammenarbeiten und Daten austauschen.

2. *Vereinheitlichte Datenbasis*

Die Lösung muss eine einheitliche Datenbasis schaffen, die eine einzige „single source of truth" (eine einzige Quelle der Wahrheit) für die Risiken, Kontrollen, Probleme, Richtlinien und zugehörigen Informationen des Unternehmens darstellt. Auf dieser Plattform erstellen und verwalten die Teams eine einheitliche Risikosprache über einer einheitlichen Datenarchitektur.

Wie ich bereits hingewiesen habe, bildet dieses Element auch die Grundlage für die effektive Nutzung von KI-gestützten Analysen und Erkenntnissen. KI setzt saubere, einheitliche Daten voraus. Wenn Sie ein KI-Programm ausführen und es nur einen Teil Ihrer Daten sehen kann, kann es nicht das gesamte Bild Ihrer Daten sehen—oder darstellen -, das diese zeigen.

3. *Automatisierung von Kernaufgaben und KI-Integration*

Die Technologie sollte dazu beitragen, den Verwaltungsaufwand in Ihrem Unternehmen deutlich zu verringern.

Jede wirklich moderne Technologieplattform sollte zumindest ein gewisses Maß an Automatisierung von Kernaufgaben beinhalten und dazu beitragen, wertvolle Zeit der Mitarbeiter freizusetzen. Je mehr wir unsere Kernaufgaben auf sinnvolle Weise automatisieren können, desto mehr können sich die Experten in allen drei Linien auf das konzentrieren, was wirklich wichtig ist, um den Erfolge ihres Unternehmens zu vergrößern.

Im Kontext des Connected Risks sollte die Automatisierung von Kernaufgaben idealerweise Aufgaben und Arbeitsabläufe wie die Sammlung und Wiederverwendung von Daten und Nachweisen, Testaktivitäten, die Identifikation von Problemen oder Risiken, die Erstellung von Berichten und die Risikoüberwachung umfassen. Nach all dem Gesagten muss allerdings auch sichergestellt werden, dass die automatisierten Lösungen zweckorientiert sind, so dass die Technologie die täglichen Arbeitsabläufe der Benutzer versteht und sich leicht in diese integrieren lässt. KI ist für die Unterstützung dieser Fähigkeiten von entscheidender Bedeutung, da sie speziell entwickelte Algorithmen und andere KI-gestützte Technologien (z. B. generative KI, natürliche Sprachverarbeitung, maschinelles Lernen) nutzen kann, um die Automatisierung von Kernaufgaben zu optimieren.

Welche weiteren Funktionen kann die Connected Risk Technologie umfassen?

Der unaufhaltsame Fortschritt der Technik hindert mich natürlich daran, mir 100 Prozent der Fähigkeiten vorzustellen, die Connected Risk Technologien letztendlich bieten können. Dennoch ist es hilfreich, einige der "Bonus"-Funktionen zu verstehen, die bereits existieren oder wahrscheinlich entwickelt werden. Auch wenn Lösungen nicht zwingend über diese Fähigkeiten verfügen müssen, um einen Connected Risk Ansatz zu ermöglichen, kann die Berücksichtigung dieser Fähigkeiten hilfreich sein, wenn Ihr Unternehmen festlegt, welche Eigenschaften es in seinen Basistechnologien anstrebt.

Proaktive und prädiktive Einblicke

Um vorausschauende, risikobasierte Geschäftsentscheidungen zu treffen, müssen Risikodaten in Echtzeit genutzt werden, um proaktive und vorausschauende Erkenntnisse über potenzielle Probleme, Bedrohungen und Chancen zu gewinnen. Diese Funktionen können Unternehmen beispielsweise dabei helfen, zusammenhängende Risiken und Probleme zu identifizieren, Doppelarbeit zu erkennen, den ROI zu analysieren oder Anomalien in den Daten, unwirksame Kontrollen, Abdeckungslücken oder potenzielle Bereiche der Nichteinhaltung von Vorschriften zu erkennen.

Tools zur Verbesserung des Engagements der ersten Linie

Die Optimierung des Risikomanagements erfordert ein effektives Engagement der ersten Liinie, Punkt. Aus diesem Grund ist "First-Line-Engagement" eine der wichtigsten internen Kräfte, die im Connected Risk Modell dargestellt sind. Die Technologie für Connected Risk kann den Beteiligten in der ersten Linie eine einzige intuitive Schnittstelle bieten, die ihnen hilft, Risiken und Erkenntnisse zu visualisieren, Entscheidungen zu treffen und bei Bedarf Maßnahmen zu ergreifen. Dies ist eine radikale Abkehr von den Zeiten, in denen doppelte Anfragen und nicht abgestimmte Berichte von verschiedenen Teams über mehrere Kanäle gestellt wurden.

So kann beispielsweise eine Connected Risk Technologie den Prozess der Beantwortung von Fragebögen vereinheitlichen und rationalisieren, unabhängig davon, woher die Anfragen kommen (z. B. Risikobewertung, IT-Audit, Compliance). Es sollte einfach und intuitiv sein, proaktiv Vorfälle oder neu auftretende Risiken zu melden. Wenn die erste Linie in die Lage versetzt wird, eine aktivere Rolle im täglichen Risikomanagement zu übernehmen, wird das Risikomanagement insgesamt exponentiell stärker.

Personalisierte Arbeitsbereiche

Jeder hat seine eigenen Bedürfnisse und Vorlieben, wenn es um die Nutzung von Technologie geht. Arbeitsbereiche und Dashboards können auf individueller Ebene angepasst werden und zeigen die Daten und Detailstufen an, die verschiedene Stakeholder in ihren Rollen benötigen. Jeder Benutzer kann seine Benachrichtigungen, Aktualisierungen, Aufgaben, Daten anzeigen und alle externen Integrationen nach seinen eigenen Präferenzen konfigurieren.

Kontinuierliche Überwachung

Eine echte kontinuierliche Überwachung—so etwas wie der "Heilige Gral" des Risikomanagements—wird durch Connected Risk Technologien zunehmend möglich. Daten und KRIs können automatisch im Hintergrund gescannt und analysiert werden, um kontinuierlich Risiken, Probleme, Trends, Muster und Unregelmäßigkeiten zu erkennen und aufzudecken. Diese Funktionen können Unternehmen dabei unterstützen, potenzielle Bedrohungen der Cybersicherheit sowie Verstöße und deren Auswirkungen zu identifizieren. Darüber hinaus ermöglichen sie die Erkennung von Mustern, die auf übermäßige oder unzureichende Kontrollen hinweisen, die Aufdeckung von Betrug sowie das Horizont-Scanning und die Überwachung regulatorischer und legislativer Aktivitäten zu erkennen (und so frühzeitig vor aufkommenden Compliance-Risiken zu warnen), die aktuellen Verpflichtungen zur Einhaltung von Vorschriften zu überwachen, um potenzielle Lücken und Probleme zu erkennen, und Möglichkeiten zur Verbesserung von Prozessen und Arbeitsabläufen aufzudecken.

KI-gestützte Empfehlungen

Während ein gewisses Maß an KI in vielen der zuvor erwähnten Anwendungsfälle explizit oder implizit vorhanden ist, kann sich das Potenzial von KI in der Technologie für Connected Risk auf unzählige Arten manifestieren. Speziell entwickelte KI-Funktionen können duplizierte Anforderungen für Nachweise erkennen oder bereits gesammelte Nachweise identifizieren,

Kontrollzuordnungen vorschlagen, von verschiedenen Funktionen aufgeworfene Probleme miteinander verbinden, Empfehlungen im Kontext des Arbeitsablaufs eines Benutzers aussprechen, Datenvisualisierungen vorschlagen, um Schlüsselkonzepte zu vermitteln, und die Erstellung von Berichten sowie das Erkennen von Problemen und Risiken beschleunigen.

Natürlich sind menschliche Einsicht, Urteilskraft, Kreativität und Erfahrung—zusammen mit dem menschlichen Verständnis für Nuancen, Kontext sowie die Risikostrategie, Prioritäten und Werte einer Organisation—die notwendige Ebene, um die Empfehlungen der KI in umsetzbare Leitlinien zu übersetzen, die bessere Geschäftsentscheidungen unterstützen.

Das Potenzial der KI, intelligente Empfehlungen zu geben, die Unternehmen dabei helfen können, zu verstehen, worauf sie sich konzentrieren müssen, welche Maßnahmen in Betracht zu ziehen sind und wo Handlungsbedarf besteht, ist jedoch äußerst vielversprechend.

Fähigkeit zur Zusammenarbeit mit internen und externen Partnern

Da die Compliance-Anforderungen für ESG, Cybersicherheit, Datenschutz und andere Bereiche immer umfangreicher und komplexer werden, wird ein zuverlässiges, sicheres und konsistentes Verfahren für die Kommunikation von Anforderungen und den Datenaustausch mit Partnern, Anbietern, Lieferanten, Kunden und anderen Dritten immer wichtiger. Es ist nicht schwer, sich vorzustellen, wie Technologien für Connected Risk erweitert werden könnten, um diese Fähigkeiten zu unterstützen.

Flexible Freigaben

Unternehmen legen die Berechtigungen und die Überwachung der Einhaltung der Aufgabentrennung fest, um das Risiko zu beherrschen, dass jemand versehentlich oder absichtlich die Kontrollen des Managements umgeht oder die Vermögenswerte des Unternehmens missbraucht. Die Teams müssen die Berechtigungen für Daten und Eingaben präzise konfigurieren, um die mit dem Risiko verbundenen Stakeholder von der ersten Linie bis zur Vorstandsetage mit dem richtigen Maß an Transparenz und Detailgenauigkeit einzubeziehen. Wenn Unternehmen nicht in der Lage sind, mehreren Teams und Rollen auf den richtigen Ebenen Zugriff zu gewähren, haben die Beteiligten möglicherweise keinen Zugriff auf die benötigten

Daten oder mehr Zugriff als erwünscht—und damit möglicherweise sensible Daten oder ablenkende Daten, die für ihre Aufgaben nicht relevant sind.

Was ist KEINE Connected Risk Technologie?

Viele ältere und moderne Tools bieten Ihnen etwas an, das sich sehr nach Connected Risk anhört, und preisen einen einzigen, gemeinsam genutzten Datenbestand und eine gemeinsame Technologie an. Leider mangelt es diesen Tools manchmal an den Fähigkeiten, die für den Einsatz von Connected Risk in Ihrem Unternehmen unerlässlich sind. Meistens leiden sie unter einer oder mehreren der folgenden Herausforderungen:

- **Funktionsspezifische Implementierung.** Die Art und Weise, wie viele dieser Tools implementiert und von den Nutzern angepasst werden, führt letztlich immer noch zu Datensilos.

- **Zu enge Sichtweise auf Konnektivität.** Die Vision des Connected Risks ist möglicherweise zu stark auf die Anforderungen und Perspektiven einer oder mehrerer funktionaler Silos (z. B. CISOs, Interne Revision) ausgerichtet oder präsentiert Zusatztechnologien als einheitliche Plattform. Diese Lösungen können zwar aus einer oder mehreren spezifischen Perspektiven innerhalb des Unternehmens Konnektivität herstellen, jedoch fehlt ihnen eine echte unternehmensübergreifende Vernetzung.

- **Schlechte Benutzerfreundlichkeit.** Die Teams sind nicht in der Lage, die Technologie tagtäglich zu nutzen, um Daten strukturiert und in Echtzeit zu erfassen. Auch hier gilt: Wenn sich die Teams gegen die Nutzung der Technologie sträuben: wie wahrscheinlich ist es dann, dass ihre Einführung die Situation zum Besseren wendet?

- **Retrospektive Berichte, jedoch keine proaktiven Erkenntnisse.** Dashboards und Datenvisualisierungen konzentrieren sich eher auf die Berichterstattung über Indikatoren, die aus der Vergangenheit gewonnen wurden, als auf die Ermittlung proaktiver Erkenntnisse (z. B. Frühindikatoren, Lücken), die für Diskussionen und Entscheidungen auf Management- und Vorstandsebene benötigt werden.

Wie sieht Connected Risk für Sie aus?

Sie können die richtige Technologie für Ihre Bedürfnisse erst dann auswählen, wenn Sie in Zusammenarbeit mit anderen herausgefunden haben, wie Connected Risk für Ihr Unternehmen aussieht. Auch wenn wir aus der Betrachtung allgemeiner Trends einige Ideen ableiten können, werden die Lösungen von Unternehmen zu Unternehmen unterschiedlich sein. Bevor Sie also wirklich produktive Gespräche über die Auswahl und Implementierung von Technologien führen können, müssen Sie sich erst einmal darüber klar werden, was alles verbunden werden muss.

Zu diesem Zweck sollten Sie zunächst mit den verschiedenen Führungskräften der zweiten und dritten Linie in Ihrem Unternehmen sprechen. Schließlich ist die Kommunikation die Grundlage für das Connected Risk. Die Gespräche sollten sich darauf konzentrieren, wie das Connected Risk für ihre Abteilung aussieht: Welchen Datenbedarf haben die einzelnen Abteilungen? Welche spezifischen Datenpunkte müssen verbunden werden? Welche technologischen Einschränkungen hindern sie daran, ihre Arbeit effektiver zu erledigen?

Sie werden wahrscheinlich Gemeinsamkeiten und Themen in den verschiedenen Teams finden, die dann eine ausgezeichnete Wahl für den Einstieg in das Connected Risk darstellen. Zum Beispiel:

- **Die gemeinsame Verfolgung von Problemen** ist in der Regel eine der wichtigsten Forderungen von Risikomanagement-, Informationssicherheit-, Compliance- und Internen Revisions-Teams.

- Risikomanagementteams versuchen im Allgemeinen sicherzustellen, dass die **Arbeit anderer Teams ihre Risikobewertung und -priorisierung unterstützt** (z. B. Restrisiko-Inputs, Erkenntnisse aus den Risikobewertungen anderer Teams), und **die Arbeitsabläufe zur Risikominderung und Problembehebung zu konsolidieren**.

- Die Compliance-Teams möchten häufig **Risikobewertungen und Kontrollen austauschen** und **die Assurance durch die Internen Revision in Bezug auf die Berichtskennzahlen einholen** (z. B. ist die Assurance von ESG-Daten eine immer häufigere Forderung).

- Die Interne Revision konzentriert sich häufig auf die **Verwendung einer einheitlichen Risiko- und Kontrollmatrix**, um die

Identifizierung, Einstufung und Umsetzung von Kontrollen zur Risikominderung zu unterstützen und sicherzustellen, dass **die Unternehmensrisiken direkt mit der Prüfungsplanung verknüpft werden**.

- Informationssicherheit-Teams wünschen sich außerdem eine **gemeinsame Sichtbarkeit und Berichterstattung** über Risikobereiche im gesamten Unternehmen sowie die **Möglichkeit, die Erkenntnisse anderer Teams über Risiken zu nutzen**, um sicherzustellen, dass die Sicherheitsmaßnahmen auf die wichtigsten Risiken konzentriert werden. Sie wollen auch besser verstehen, **wie sich technologische Risiken auf die Unternehmensrisiken auswirken**.

- Viele Teams der zweiten und dritten Linie sind an einer **Konsolidierung der Berichterstattung** an die Geschäftsleitung und den Vorstand interessiert.

Dies sind die Arten von Anfragen, die für die meisten Teams am wichtigsten sind. Wenn die wichtigsten Risikofaktoren in Ihrem Unternehmen die potenziellen Funktionen besser verstehen, werden sie ihre ursprünglichen Anforderungen wahrscheinlich verfeinern und ergänzen. Sobald sich die Anforderungen konkretisieren, sollten Sie nach Technologien suchen, die diese spezifischen Anforderungen unterstützen.

Natürlich ist Connected Risk nicht nur für die Teams der zweiten und dritten Linie gedacht: Es soll die Stakeholder im gesamten Unternehmen unterstützen und einbinden. Da die Aktivitäten der Second- und Third-Line-Funktionen für die Sicherstellung der Gesamteffektivität des Risikomanagements verantwortlich sind, ist dies der richtige Ort, um mit dem Verständnis Ihrer Technologieanforderungen zu beginnen.

Letztendlich sollte Ihre Connected Risk Technologielösung Ihnen helfen, die Geschäftsergebnisse zu verbessern, einschließlich einer schnelleren Identifizierung und Lösung der Risiken und Probleme, eine einfachere Priorisierung, eine höhere Produktivität des Teams, eine effektivere Entscheidungsfindung und stärkere Partnerschaften über die drei Linien hinweg. Denken Sie daran, dass sich das Connected Risk Denken auf die Ergebnisse konzentriert, nicht auf den Output. Wählen Sie die Lösung, die Ihr Unternehmen am besten dabei unterstützt, Entscheidungen zu treffen, Maßnahmen zu ergreifen und Ergebnisse zu erzielen.

Technologie ist die Grundlage für Connected Risk

Die Quintessenz ist, dass Kommunikation, Koordination, Kontext und Zusammenarbeit ohne Technologie suboptimal sind. Jedes Unternehmen, das in der unsicheren Zukunft relevant und resilient bleiben will, muss heute die richtigen Technologieinvestitionen tätigen. Denn Investitionen in Technologien, die nicht auf die Bedürfnisse Ihres Unternehmens abgestimmt sind, können ein Wettbewerbsvorteil für Ihre Konkurrenten sein.

Technologie, die strategisch eingesetzt wird, um die großartigen Köpfe und Ideen, die Ihrer Organisation eine Existenzberechtigung geben, zu ergänzen, ist das Werkzeug, mit dem wir das Mögliche erweitern. Wie Amazon-Gründer Jeff Bezos sagte: "Im heutigen Zeitalter der Unbeständigkeit gibt es keine andere Möglichkeit als sich ständig neu zu erfinden. Der einzige nachhaltige Vorteil, den man gegenüber anderen haben kann, ist Agilität, das ist alles. Denn nichts anderes ist nachhaltig, alles, was Sie schaffen, wird von jemand anderem kopiert."

KAPITEL 12

Der "Wow-Faktor" der Connected Risk Abstimmung

Die Akteure des Wandels im Bereich des Connected Risks müssen lernen, den Wert des Connected Risks gegenüber anderen im Unternehmen überzeugend darzulegen.

Dazu ist es erforderlich, eine Zukunftsvision zu entwerfen. Die Permakrise hat Vorstände und Führungskräfte wie nie zuvor herausgefordert. Sie wollen wissen, wie sie aufkommende Risiken erkennen können, wie sie entscheiden können, wann Risiken beachtet oder gemindert werden müssen, und wie sie Maßnahmen ergreifen können. (Die häufigste Antwort, wenn ich die Mitglieder des Prüfungsausschusses frage, was sie von der Internen Revision am meisten brauchen, ist "keine Überraschungen"). Mit anderen Worten: Sie wünschen sich Weitsicht, d.h. die Fähigkeit, die wichtigsten Risiken und Herausforderungen, mit denen ihre Organisation konfrontiert werden könnte, zu erkennen. Sie wollen in der Lage sein, sich auf Herausforderungen vorzubereiten, bevor sie eintreten, und die Katastrophen und verpassten Chancen zu vermeiden, die in der ersten Hälfte der 2020er Jahre zum Untergang so vieler Organisationen geführt haben. Kurz gesagt, sie wollen eine Kristallkugel.

Ich schreibe dieses Buch, weil ich davon überzeugt bin, dass Connected Risk das beste Äquivalent zu einer Kristallkugel ist, das wir zur Verfügung haben. Teams, die einen hohen Reifegrad im Bereich des Connected Risks aufweisen, sind selbstbewusster in ihrer Fähigkeit, dem Leitungs- und Überwachungsorgan dabei zu helfen, zu erkennen, wo sie hinschauen müssen, welche Prioritäten sie setzen müssen, wohin sie sich wenden müssen und wie sie Maßnahmen ergreifen können. Sie sind am besten gerüstet, um ihren Unternehmen zu helfen, Überraschungen zu vermeiden.

Ich werde mich immer an das erste Mal erinnern, als ich während eines Audits auf ein neues Risiko hinwies. Mein Kunde setzte sich aufrecht hin und seine Augen weiteten sich. Dann sagte er: "Oh, daran hatte ich nicht gedacht." Dieser Moment fühlte sich sehr befriedigend an, weil ich wusste, dass meine Arbeit etwas bewirken würde.

Letzten Endes möchte jeder Fachmann in allen drei Linien etwas bewirken und einen Mehrwert bieten. Insbesondere für Interne Revisions-, Risiko-, Compliance- und Informationssicherheits-Teams steht beim Risikomanagement mehr auf dem Spiel, denn der Gipfel des Erfolgs in diesen Funktionen ist die Fähigkeit, als strategischer Partner des Unternehmens zu fungieren. In allzu vielen Unternehmen haben diese Teams dieses Gefühl nicht. Sie sehen die Grenzen—und nicht das Potenzial.

Connected Risk reduziert oder beseitigt diese Einschränkungen, damit Teams ihr Potenzial ausschöpfen können. Es bündelt all ihre Stärken und aktiviert sie als Superkräfte. Zwar hat noch niemand eine wirklich vertrauenswürdige Kristallkugel gefunden, aber vielleicht kann uns der verbesserte, leistungsfähige Risikomanagement-Ansatz, der durch Connected Risk ermöglicht wird, dabei helfen, die Äquivalente von Röntgenblick, übermenschlichen Sinnen und hellseherischen Fähigkeiten zu entwickeln, die wir in der Geschäftswelt brauchen, um uns ihnen anzunähern.

Connected Risk und die verbundenen Risikotechnologien haben einen echten "Wow"-Faktor. Ich bin überzeugt—so überzeugt, dass ich ein ganzes Buch über die Notwendigkeit dieser Technologien für das moderne Zeitalter schreiben würde. Höchstwahrscheinlich müssen die Menschen in Ihrem Unternehmen jedoch noch überzeugt werden. Dieses Kapitel soll Ihnen dabei helfen, die Implementierung des Connected Risks in Ihrem Unternehmen zu begründen, sein Potenzial und seinen Wert zu demonstrieren und zu propagieren und Champions in allen drei Linien zu finden und zu fördern. Ein unsichtbarer Superhelden-Umhang wird vorausgesetzt.

Perfektionieren Sie Ihren Elevator Pitch zum Thema Connected Risk

Wir alle sind mit dem "Elevator Pitch" vertraut, bei dem es darum geht, in wenigen Sätzen einen klaren Eindruck oder eine Vorstellung des Werteversprechens zu vermitteln in der kurzen Zeit, die man für eine Aufzugsfahrt benötigt (60 Sekunden oder weniger). Auch wenn die genaue Art und Weise, wie Sie das Thema Risiko in Ihrem Unternehmen darstellen, von den Risiken, mit denen Sie konfrontiert sind, und Ihrer Rolle innerhalb des Unternehmens abhängt, können Sie sich an den folgenden Punkten orientieren.

Unsere Stakeholder brauchen uns, um Werte zu schützen und zu schaffen, aber Risiken entstehen und verändern sich schneller als je zuvor, und wir haben nur begrenzte Ressourcen, um darauf zu reagieren. Wir maximieren den Nutzen unserer Risikoressourcen und -daten derzeit nicht, was bedeutet, dass wir Risiken—und damit Chancen—verpassen könnten. Wir können dies beheben, indem wir unsere Teams, Risikodaten und Prozesse funktionsübergreifend besser vernetzen durch den Einsatz zweckmäßiger Technologie, intelligenter Automatisierung und einer einheitlichen Kontrollarchitektur und eines einheitlichen Datenkerns. Dieser Ansatz wird als "Connected Risk" bezeichnet und kann uns dabei helfen, Risiken in Echtzeit zu erkennen und darauf zu reagieren, die Zusammenarbeit zwischen internen und externen Stakeholdern zu verbessern, das Risikobewusstsein und die Eigenverantwortung im gesamten Unternehmen zu erhöhen und den Risiken, die unsere Konkurrenten vielleicht nicht sehen, einen Schritt voraus zu sein.

Die besten Elevator Pitches sind natürlich auf die Zielgruppe zugeschnitten und gehen auf deren spezifische Probleme und Prioritäten ein. Zum Beispiel:

- Wenn Sie mit jemandem aus dem ERM-Team sprechen, teilen Sie ihm mit, wie Connected Risk ihm helfen wird, ein höheres Niveau des Risikomanagements für sein Unternehmen zu erreichen. Viele CROs und ERM-Führungskräfte haben das Gefühl, dass Ressourcenbeschränkungen (oder die Grenzen ihrer eigenen Erfahrung) sie daran hindern, so effektiv wie möglich zu sein. Connected Risk hilft ihnen, die kollektive Kraft der wichtigsten Risikofaktoren zu nutzen, um die Erfüllung ihrer Aufgaben zu verbessern (z. B. zentralisierte Problemverfolgung mit Priorisierung von Problemen mit hoher Auswirkung, verbesserte Sichtbarkeit, wie sich Probleme gegenseitig beeinflussen).

- Wenn Sie mit der **Internen Revision** sprechen, erzählen Sie ihnen von der einheitlichen Risiko- und Kontrollmatrix, die ihnen helfen wird, doppelte Prüfungen zu vermeiden und sich mehr auf die Arbeit anderer Risikoteams zu verlassen. Betonen Sie, wie Connected Risk dazu beitragen kann die Konformität mit den *IIA-Standards* zu fördern und Ressourcen für die Risikobereiche zuzuweisen, die für das Unternehmen von größerer Bedeutung sind, um sicherzustellen, dass die Interne Revision relevant, auf die Unternehmensstrategie abgestimmt und auf den Wert ausgerichtet bleibt.

- Wenn Sie mit jemandem aus dem Bereich **Informationssicherheit** sprechen, erklären Sie, wie Connected Risk es einfacher macht, ein Bewusstsein für die wichtigsten Datenschutzaufgaben und -kontrollen zu schaffen und ein höheres Maß an Sicherheit zu bieten, dass wichtige Daten geschützt werden und Cybersecurity-Bedrohungen abgewehrt werden können. Informationssicherheit-Teams können beispielsweise KI-Tools für Connected Risk verwenden, um Daten im gesamten Unternehmen automatisch zu analysieren, Anwendungen und Systeme auf Bedrohungen und Schwachstellen zu scannen, Routineaufgaben zu automatisieren (z. B. Compliance-Prüfungen, Sicherheit) und die Wahrscheinlichkeit und die Auswirkungen von Risiken zu bewerten, was eine effektivere Priorisierung ermöglicht.

- Wenn Sie endlich die Aufmerksamkeit des **CEO oder CFO** gewonnen haben, erklären Sie, wie Connected Risk dazu beitragen kann, Kosten zu sparen und die Ressourcenverteilung zu verbessern:

  - Vermeidung von Doppelarbeit, die von mehreren Teams unabhängig voneinander durchgeführt werden

  - Konsolidierung von Prozessen und Technologien, um Kosten zu senken

  - Vermeidung unnötiger Kosten durch die Auswirkungen negativer oder katastrophaler Ereignisse, wobei entweder Ihre eigenen Schadendaten oder relevante Benchmarking-Daten anderer Unternehmen herangezogen werden

  - Angleichung von Erkenntnissen und Berichten der Teams der zweiten und dritten Linie, um widersprüchliche Standpunkte zu

beseitigen und sie dabei zu unterstützen, effizientere risikobasierte Entscheidungen zu treffen

• Ermöglichung einer effektiveren Nutzung von KI-Technologien, um
aus den Daten des Unternehmens einen Mehrwert zu schaffen

Wie auch immer Sie Ihre Präsentation gestalten, sie muss im Wesentlichen
Folgendes vermitteln: Das Risiko hat sich verändert, also muss auch das
Risikomanagement mitziehen. Abgeschottete Teams, Ressourcenknappheit, arbeitsintensive Prozesse, unzusammenhängende Daten und veraltete
Technologien hindern die meisten Unternehmen daran, ihre begrenzten Risikoressourcen optimal zu nutzen. In Zukunft müssen Unternehmen einen
bewussten, transformativen Ansatz verfolgen, um die Zusammenarbeit, die
Kommunikation und die Verbindung zwischen Teams, Daten und Prozessen
zu verbessern, damit sie bessere Erkenntnisse gewinnen, die von den Risikoressourcen in eine bessere Vorausschau umgesetzt werden können. Wie
ich in einem Forbes-Artikel aus dem Jahr 2023 geschrieben habe (und damit
wieder einmal meine bekannte Vorliebe für eine zeitgemäße Metapher zum
Ausdruck gebracht habe):

> Die unvorhersehbaren Risiken von heute erfordern, dass alle an Deck
> sind, dass alle in die gleiche Richtung rudern und dass der Horizont
> nahezu ständig nach erwarteten und unerwarteten Risiken abgesucht
> wird ... Wir sind noch nicht aus den Gefahren der Sturzflut heraus. Das
> unbeständige Risikoumfeld, das die 2020er Jahre bisher geprägt hat,
> ebbt nicht ab, und wir alle versuchen immer noch, uns davon zu befreien.
> Externe Ressourcen, die zusammen mit internen Ressourcen, die Ihnen
> helfen können, zu verstehen, wie gut Sie das Risiko managen, sind
> Lebensadern, die Sie auf eigene Gefahr ignorieren. Machen Sie das
> Beste aus den Ressourcen, die Ihnen zur Verfügung stehen, sowohl
> innerhalb als auch außerhalb Ihres Unternehmens. Nur durch Risikoma-
> nagement können Sie den Wert, der Ihnen von Ihren Aktionären anver-
> traut wurde, schützen, steigern und erhöhen.[1]

Führungskräfte und Vorstände von Unternehmen sind dringend auf der
Suche nach neuen und besseren Wegen zu Sicherheit und Erfolg. Sie wollen
Antworten und brauchen Ideen, also werden sie Ihnen wahrscheinlich
zuhören—vor allem, wenn eine bessere Nutzung der vorhandenen Ressourcen im Mittelpunkt Ihres Lösungsvorschlags steht. Wenn Ihre Aufzugfahrt
mit dem Aufsichtsrat oder Vorstandsmitglied auch nur eine gemeinsame
Fahrt über ein Stockwerk führt, erregen Sie deren Aufmerksamkeit mit Ihrer

Version der absoluten Kernbotschaft des Connected Risks: Gemeinsam sind „wir" stärker als „ich".

Erstellen Sie Ihren Business Case und passen Sie ihn an

Sobald Sie einen Fuß in der Tür haben, brauchen Sie viele einsatzbereite Argumente, um zu zeigen, wie Connected Risk Probleme lösen und gleichzeitig das gesamte Unternehmen schützen, Werte realisieren und schaffen kann. Glücklicherweise verspricht Connected Risk große Ergebnisse und Vorteile, die die meisten Fachleute ohne weiteres nachvollziehen können. Die folgenden Beschreibungen wiederholen zwar viele der bereits erwähnten Vorteile, aber ich habe sie hier in einer verständlichen Sprache neu formuliert, die sich auf die wichtigsten Zusammenhänge konzentriert.

Verbundene, strategische Risikobetrachtung

Die dynamische Datenerfassung verschafft Ihrem Unternehmen eine einheitliche Datenbasis und eine "einzige Quelle der Wahrheit". Da alle Teams auf der Grundlage desselben Datenpools arbeiten (und oft auch Prüfungs- und Bewertungsergebnisse gemeinsam nutzen), erhalten sie einen besseren Einblick in die Risiken und die Berichterstattung im gesamten Unternehmen sowie eine klare Vorstellung davon, wie die verschiedenen Risiken miteinander verbunden sind und deren Beherrschung das Erreichen der Gesamtstrategie ermöglichen. Diese strategischere Sicht auf Risiken ermöglicht eine effektivere Prüfungs- und Bewertungsplanung, eine Priorisierung von Risiken und Problemen sowie eine risikobasierte Entscheidungsfindung. Anstelle des ausufernden Risikoregisters vergangener Jahre verfügt Ihre Organisation nun über eine kleinere Anzahl priorisierter Risiken, die über kohärente Narrative mit der Strategie verknüpft sind. Dies ermöglicht ein gezielteres, ergebnisorientiertes Denken und Vorgehen auf der Grundlage eines besseren Verständnisses der Bereiche, in denen das Risikomanagement eine größere Wirkung entfalten kann.

Was sie verstehen müssen: In der Vergangenheit reichte es oft aus, sich die 10 bis 40 größten Risiken des Unternehmens anzusehen. Eine solch eingeschränkte Sichtweise ist in der Permakrise lächerlich geworden. Das Risikouniversum eines durchschnittlichen Unternehmens wächst nun jedes Jahr exponentiell an, da der Dominoeffekt durch die wechselseitige Beziehung der Risiken entsteht. Unternehmen müssen erkennen, wie sich Risiken in einem Bereich auf andere auswirken. Dies ist eine zentrale Herausforderung, die das Mandat für Connected Risk vorantreibt.

Datengestützte Einblicke

Ein Connected Risk Ansatz trägt dazu bei, mehr Wert aus den Daten Ihres Unternehmens zu schöpfen, indem er effizient Probleme und Erkenntnisse zutage fördert, die andernfalls möglicherweise unbemerkt bleiben. Diese KI-gestützten Erkenntnisse tragen dazu bei, das Engagement der ersten Linie zu erhöhen und ermöglichen es allen drei Linien ihre Bemühungen auf Bereiche mit größerer Bedeutung zu lenken. Die Erkenntnisse können auch genutzt werden, um Investitionen zu validieren, risikobewusstere Entscheidungen zu fördern, Chancen aufzuzeigen und vieles mehr.

Was sie verstehen müssen: Nur weil man Daten hat, heißt das noch lange nicht, dass man aus den Daten auch einen Nutzen ziehen kann. Oft wird davon ausgegangen, dass die Unternehmen ihre Daten bereits aktiv nutzen, um die dringlichsten Risiken und überzeugendsten Chancen besser zu erfassen. Leider können unverbundene Daten nur einen begrenzten Wert liefern, und die Erkenntnisse Ihrer Teams in der zweiten und dritten Linie sind nur so gut wie die Daten, auf denen sie beruhen.

Schnellere Risikoerfassung und Problemlösung

Da die Teams nun Erkenntnisse, Daten, Bewertungen, Testergebnisse und Problemverfolgung gemeinsam nutzen, können sie Risiken, Probleme und Chancen schneller erkennen und gemeinsam einen Aktionsplan erstellen, der sich auf die Minderung des Risikos, die Lösung des Problems oder die Realisierung der Chance konzentriert. Das Ergebnis ist, dass die Teams in der ersten Linie schneller auf Erkenntnisse reagieren können, um Probleme zu lösen, während sie gleichzeitig mit größerer Zuversicht, Vertrauen und Sicherheit arbeiten.

Was sie verstehen müssen: Ohne einen Connected Risk Ansatz verfolgen verschiedene Risikoteams oft mehrere separate Lösungen für dieselben Probleme und arbeiten daran. Es kommt zu Doppelarbeit, obwohl sie gemeinsam eine schnellere und wirksamere Lösung finden könnten.

Erhöhte Agilität

Ein wirksames Risikomanagement und die Resilienz in der Permakrise beruhen zu einem großen Teil darauf, dass wir flexibler auf neue und sich verändernde Bedrohungen und Chancen reagieren. Connected Risk hilft jedem Team in Ihrem Unternehmen, seine Flexibilität zu erhöhen. Bestehende Prüfungspläne können leicht angepasst werden, um ein neu aufgetauchtes Risiko zu berücksichtigen. Eine neu aufgetauchte Erkenntnis kann dazu führen, dass man sich in einem Bereich mehr konzentriert oder in einem anderen weniger. Die Teams sind in der Lage, sich nach Bedarf anzupassen und umzuschwenken, so dass sie flexibler werden und den allgemeinen Geschäftszielen besser gerecht werden. In einer Connected Risk Umgebung konzentrieren sich die Mitarbeiter weniger auf das "Abhaken von Kästchen", sondern mehr auf eine dynamische Planung, die den Gesamtzielen des Unternehmens dient.

Was sie verstehen müssen: Ein Großteil des historischen Risikomanagements läuft auf Listen hinaus: Listen von Risiken, Listen von Prüfungen, Listen von Aufgaben, Listen von Problemen. Dies führt oft zu einem starren Ansatz bei der Planung und Durchführung, bei dem eine Prüfung einfach deshalb durchgeführt wird, weil sie auf dem Plan steht—und nicht, weil das Team bestätigt hat, dass die Prüfung angesichts der bestehenden Risikobedingungen noch immer erforderlich ist.

Intuitive, zweckgerichtete Technologie, die Menschen nutzen wollen

Die echte Connected Risk Technologie wurde speziell für die Integration in die alltäglichen Arbeitsabläufe einer Vielzahl von Nutzern entwickelt. Sie ist einfach und intuitiv zu bedienen, was den Einstieg erleichtert und die Akzeptanz zum Kinderspiel macht. Sie ist außerdem anpassbar und verfügt über Dashboards, die auf die Bedürfnisse jedes Benutzers abgestimmt werden können, um Unternehmensdaten anzuzeigen und zu vergleichen.

Wenn sie richtig eingesetzt wird, erleichtert die KI-gestützte Connected Risk Technologie die Identifizierung und Wiederverwendung von Nachweisen, das Auffinden und Verknüpfen von Risiko- oder Kontrollproblemen, die Dokumentation neuer Probleme oder Kontrollen (und die Nutzung vorhandener, um die Erstellung zu beschleunigen), die Automatisierung sich wiederholender Aufgaben und den Zugriff auf Forschungsergebnisse, die den Teams helfen, Aufgaben zu beschleunigen oder bereits abgeschlossene

Arbeiten zu nutzen. Mit anderen Worten: Die Connected Risk Technologie soll das Risikomanagement einfacher, effizienter, engagierter und letztlich lohnender machen. Dies ist ein nicht zu vernachlässigender Vorteil, wenn es darum geht, Top-Fachkräfte anzuziehen und zu halten.

Was sie verstehen müssen: Technologielösungen müssen in der Lage sein, den Bedürfnissen der Beteiligten auf vielen Ebenen des Unternehmens gerecht zu werden und die alltäglichen Anforderungen einer Vielzahl von Benutzern zu erfüllen. Da ist die Person, die mit der Sammlung von Nachweisen beauftragt ist. Da ist die Person, die die Kontrollen testet, und diejenige, die damit beauftragt ist, neue Risiken in das System aufzunehmen. Es gibt die Person, die sich um offene Fragen kümmert. Es gibt auch die Person auf der Ebene des Direktors oder Managers, die schnell verstehen muss, was das alles für die Entscheidungen, die sie treffen muss, bedeutet. Die von Ihnen gewählte Technologie muss für alle diese Beteiligten in einer Weise funktionieren, die ihren Bedürfnissen und Arbeitsabläufen gerecht wird. Wenn dies nicht der Fall ist und die Benutzer ihre Arbeit neu erlernen müssen, werden sie sich weigern, die Technologie zu nutzen, und sie wird nicht den von Ihnen angestrebten Wert schaffen.

Einheitliche Kontrollarchitektur

Eine einheitliche Risiko- und Kontrollmatrix fasst alle Kontrollen in Ihrem Unternehmen zusammen und verwendet eine gemeinsame Taxonomie und einen einzigen Satz von Definitionen. Alle sprechen dieselbe Sprache, und die Prozessdefinitionen und Zuständigkeiten sind im gesamten Unternehmen klar und einheitlich, was eine demokratische Eigentümerschaft der Kontrollen bewirkt. Da es keine doppelten Kontrollen gibt, gibt es auch keine doppelten Tests. Kontrolllücken und Probleme sind leichter zu erkennen und lassen sich eindeutiger beheben. Die Teams haben einen besseren Überblick über die Gesamteffektivität der Kontrollen und einen detaillierteren Überblick über die Abdeckung.

Was sie verstehen müssen: Eine einheitliche Kontrollarchitektur ermöglicht es Unternehmen, die Verantwortung für Kontrollen viel effektiver zu verteilen. Ohne eine solche Architektur gibt es möglicherweise acht verschiedene Prozessdefinitionen und ebenso viele unterschiedliche Taxonomien, so dass es für die Kontrollverantwortlichen schwierig ist, zu verstehen, wofür sie zuständig sind. Außerdem ist es viel schwieriger, Lücken bei den Kontrollen und der Abdeckung zu erkennen.

Eingesparte Zeit und Arbeit, die anderweitig genutzt werden kann

Ich habe bereits mehrfach auf den offensichtlichen Wert der Verringerung von Doppelarbeit und Prüfungsmüdigkeit hingewiesen. Ein Connected Risk Ansatz verringert auch die Gesamtbelastung für das Unternehmen. Da alltägliche oder sich wiederholende Aufgaben automatisiert oder von KI übernommen werden, können die Teams mehr Zeit in höherwertige Aufgaben investieren. Sie verbringen weniger Zeit mit routinemäßigen Analysen und mehr Zeit mit der Anwendung von Urteilsvermögen und Kreativität auf diese Analysen, um Zusammenhänge zu verstehen und das wirklich Wichtige aufzudecken.

Was sie verstehen müssen: Ohne Technologie können menschliche Mitarbeiter unmöglich das gesamte Bild der Risiken eines Unternehmens und die Zusammenhänge zwischen ihnen sehen und überwachen. KI, Automatisierung, maschinelles Lernen, Process Mining und andere Technologien sind die Kapazitätsmultiplikatoren und strategischen Beschleuniger, die Unternehmen brauchen, um mit der Geschwindigkeit der Risiken Schritt zu halten.

Risikomanagementkultur in der gesamten Organisation verankert

Maßgeschneiderte Dashboards, die Risikodaten und -einblicke in Echtzeit anzeigen, rücken Risiken in den Mittelpunkt und machen das tägliche Risikomanagement für alle zugänglich. Mit einem besseren Verständnis dafür, wie sich Risiken auf ihre Rolle und ihre Arbeit auswirken, wird die gesamte Organisation stärker eingebunden, geschult und befähigt, Einfluss zu nehmen. Dies ist der kulturelle Wandel, den Unternehmen brauchen, um das Risikomanagement zu verändern.

Was sie verstehen müssen: Der ultimative Zweck des Risikomanagements besteht darin, den Unternehmenserfolg zu ermöglichen. Dazu muss das Risikomanagement auf allen Ebenen des Unternehmens verankert werden, so dass jeder Mitarbeiter und jeder Stakeholder versteht, wie wichtig die Überwachung und das Managen von Risiken ist, und sich dafür einsetzt. Dieses übergreifende Ziel trat mit der Entwicklung des ERM-Rahmens von COSO, der Risikomanagement-Leitlinien von ISO 31000 und des Drei-Linien-Modells des IIA an die Oberfläche, als unser Verständnis von Risikomanagement zunahm.

Verbesserte Fähigkeit, Wettbewerbsvorteile zu erzielen

Unternehmen, die einen hohen Reifegrad bei ihren verbundenen Risikokonzepten erreichen, sind besser positioniert, um Wettbewerbsvorteile zu erzielen. Es ist zwar noch keine Kristallkugel, aber zweifellos ein leistungsfähiges Instrument, das den Beteiligten auf allen Ebenen mehr Einflussmöglichkeiten bietet. Der Manager an der Front in der Fabrik verfügt über die richtigen Informationen auf der richtigen Detailebene, um sich darauf zu konzentrieren, den nächsten Schritten voraus zu sein. Der leitende Angestellte weiß, auf welche Risiken er sich bei der nächsten Vorstandssitzung konzentrieren muss.

Was sie verstehen müssen: Es gibt kein Entkommen aus der Permakrise. Wir können jedoch Veränderungen vornehmen, die unsere Ressourcennutzung verändern und die Kommunikation, Zusammenarbeit und Nutzung unserer Stärken verbessern. Die Organisationen, die in der Permakrise resilient und relevant bleiben, haben Maßnahmen ergriffen, um das Beste aus den wertvollen Ressourcen zu machen, die sie bereits besitzen.

Zeigen Sie ihnen, was sie verpassen werden

Die Konzentration auf die Vorteile reicht natürlich nicht aus, um jedes Publikum zu überzeugen. Manche Stakeholder müssen die "Angst, etwas zu verpassen" spüren, um ihre Motivation zu finden.

In diesen Fällen sollten Sie die Folgen einer Nichtumsetzung des Connected Risks hervorheben. Seien Sie bereit, auf die unzähligen Wettbewerber und führenden Unternehmen hinzuweisen, die Connected Risk einführen. Diese Konsequenzen sind im Wesentlichen die Kehrseite aller guten Gründe für die Einführung eines Connected Risk Ansatzes. Ich habe diese Auswirkungen in Kapitel 6 im Abschnitt "Wie sich die Lücke auf Unternehmen auswirkt" umrissen, was genügend Zündstoff bieten sollte, um das gewünschte Maß an Angst zu erzeugen.

Sich auf den Weg machen

Connected Risk ist ein Weg, der für jede Organisation anders aussieht. Keine Organisation kann alles auf einmal machen. Sobald Sie die anfänglichen Herausforderungen gemeistert haben, indem Sie Ihr Unternehmen davon überzeugt haben, den Weg einzuschlagen, und erste grundlegende Projekte abgeschlossen haben, ist es an der Zeit, sich auf die Zukunftssicherheit Ihrer Strategie für Connected Risk zu konzentrieren.

Risiken werden sich ständig verändern. Glücklicherweise hilft Ihnen Connected Risk dabei, flexibel und wendig zu bleiben, um den Anforderungen besser gerecht zu werden—aber die Reise ist nie zu Ende, daher ist es unerlässlich, einen Kurs für zunehmende Reife zu setzen. Im nächsten Abschnitt stelle ich Ihnen Wissen und Ressourcen zur Verfügung, die Ihrem Unternehmen helfen, das Potenzial von Connected Risk optimal zu nutzen.

Teil 5

Zukunftssicherung für Risikobewältigung

KAPITEL 13

Kontinuierliche Risikoüberwachung

Um ihre Ziele zu erreichen, müssen Organisationen in der Lage sein, sich an veränderte Bedingungen anzupassen. Dementsprechend müssen sie über einen Mechanismus verfügen, der es ihnen ermöglicht, die für eine angemessene Anpassung erforderlichen Informationen in Echtzeit zu erhalten.

Dies mag nicht revolutionär klingen, bedeutet aber für die meisten Unternehmen, die in der Vergangenheit ihre Risiken in regelmäßigen Abständen bewertet haben, eine erhebliche Veränderung ihrer Risikomanagementstrategie. In vielen Fällen werden Risikobewertungen und Prüfungspläne jährlich (oder bestenfalls vierteljährlich) aktualisiert, was nur punktuelle Momentaufnahmen der Effektivität des Risikomanagements und nur minimalen oder gar keinen Zugang zu Echtzeitinformationen und -einblicken bietet.

Es ist nicht schwer, das Problem zu erkennen: Wenn Sie ein Lagerhaus betreiben würden, würden Sie die Überwachung durch eine Sicherheitskamera darauf beschränken, nur ein Bild pro Tag aufzunehmen, um festzustellen, ob ein Eindringling vor Ihrer Tür steht? Offensichtlich nicht, denn dadurch bleiben 23 Stunden und 59 Sekunden unberücksichtigt—und selbst wenn Ihr einziges Foto einen laufenden Diebstahl festhalten würde, würden Sie erst davon erfahren, wenn der Dieb längst weg ist.

Ein wirksames Risikomanagement im Zeitalter der Permakrise erfordert eine kontinuierliche Risikobewertung und aktuelle Informationen—das Äquivalent zu mehreren Sicherheitskameras, die rund um die Uhr laufen und deren Bildmaterial in Echtzeit auf ungewöhnliche Aktivitäten überwacht wird. Auf diese Weise erhalten Unternehmen die Informationen, die sie benötigen, um die Risikobereiche, die Abdeckung, die Prüfungspläne und die Aktionspläne in einem Tempo anzupassen, das der Geschwindigkeit des Risikos entspricht. Dies ist die Grundvoraussetzung für eine kontinuierliche Risikoüberwachung.

Die bedauerliche Realität ist, dass eine echte kontinuierliche Risikoüberwachung nicht weit verbreitet ist. Dort, wo sie stattfindet, stützt sie sich häufig auf selbst entwickelte Systeme, denen es an Raffinesse und Verbindung mit dem allgemeinen Risikomanagement und der Strategie mangelt. Außerdem führen viele Organisationen, die behaupten, die Risiken kontinuierlich zu überwachen, in Wirklichkeit nur alle zwei oder drei Monate eine Bewertung durch. Das ist nicht kontinuierlich, und das ist auch nicht das, was nötig ist.

Warum findet die kontinuierliche Risikoüberwachung nicht in mehr Unternehmen statt? Die meisten stehen vor scheinbar unüberwindlichen Aufgaben und haben keine Erfahrung, sie wissen nicht, wie sie es machen sollen oder wo sie anfangen sollen. In einigen Fällen zögert die Geschäftsleitung, zu investieren. Es handelt sich jedoch um eine zentrale Aufgabe des Risikomanagements und der Internen Revision und um eine entscheidende Kompetenz, die es in dem heutigen volatilen Risikoumfeld zu kultivieren gilt. Es ist auch ein zentraler Grundsatz des Connected Risks.

Die gute Nachricht ist, dass die kontinuierliche Risikoüberwachung nicht so schwierig und ressourcenintensiv ist, wie viele annehmen. In diesem Kapitel werden bewährte Strategien und praktische Taktiken für den Einstieg vorgestellt.

Definition der kontinuierlichen Risikoüberwachung

Die kontinuierliche Risikoüberwachung ist ein fortlaufender Prozess, der es Unternehmen ermöglicht, Risiken und deren Auswirkungen in Echtzeit zu erkennen, zu bewerten und zu steuern. Sie wird in Verbindung mit regelmäßigen Risikobewertungen eingesetzt, damit Unternehmen beurteilen können, wie sich die Risikostufen im Laufe der Zeit verändern und wie die Kontrollen funktionieren. Anstatt sich nur auf die unregelmäßigen, punktuellen Momentaufnahmen herkömmlicher Ansätze zu verlassen, verfügen Unternehmen so über Echtzeitinformationen und -berichte zu Bedrohungen, Schwachstellen und Chancen. Diese Kombination ermöglicht eine effektivere Entscheidungsfindung und schnellere Reaktionen, um Bedrohungen zu entschärfen, Schwachstellen zu beseitigen, bevor sie Probleme verursachen, Chancen zu nutzen und die Risiken des Unternehmens auf ein akzeptables Niveau zu begrenzen. Ein kontinuierlicher Ansatz ermöglicht eine zuverlässigere Bewertung der Risiken im Verhältnis zur Risikobereitschaft und zu den Strategien, so dass Unternehmen Prioritäten und Schwellenwerte effektiver festlegen und Risiken entsprechend verwalten können.

Fachliche Normen und Leitlinien für Interne Revision und Risikomanager bekräftigen die Notwendigkeit eines kontinuierlichen Ansatzes, indem sie Grundsätze und grundlegende Komponenten aufzeigen. Sie enthalten jedoch keine spezifischen Leitlinien für die Umsetzung. Zum Beispiel:

- Eine der fünf grundlegenden Komponenten des **ERM-Frameworks von COSO, "Information, Kommunikation und Berichterstattung",** besagt, dass ERM "einen kontinuierlichen Prozess der Beschaffung und des Austauschs notwendiger Informationen aus internen und externen Quellen erfordert, die nach oben, unten und über die gesamte Organisation hinweg fließen"[1].

- Die *IIA-Standards* verlangen von den Internen Revisoren, mindestens einmal jährlich eine organisationsweite Risikobewertung durchzuführen, die die Grundlage für ihre Prüfungspläne bildet. In den "Überlegungen zur Umsetzung" des **Standards 9.4 "Revisionsplan"** heißt es weiter: „Die Revisionsleitung soll sich jedoch kontinuierlich über Risikoinformationen auf dem Laufenden halten und die Risikobeurteilung und den Revisionsplan entsprechend aktualisieren.", und weiter: "Die Revisionsleitung kann eine Methode zur kontinuierlichen Beurteilung von Risiken implementieren."[2]

Dennoch sind Fachleute für Informationssicherheit bei der Erstellung von Anleitungen deutlich weiter als andere. So bietet beispielsweise das 2012 veröffentlichte COBIT 5 von ISACA einen umfassenden, prinzipienbasierten Rahmen für die Definition von Governance und Prozessen zur kontinuierlichen Risikoüberwachung. Die Sonderveröffentlichung 800–137 (NIST SP 800–137) des National Institute of Standards and Technology des US-Handelsministeriums (NIST), *Information Security Continuous Monitoring (ISCM) for Federal Information Systems and Organizations*, die 2011 veröffentlicht wurde, bietet ebenfalls detaillierte Anleitungen für die kontinuierliche Überwachung der Informationssicherheit, die definiert ist als „die Aufrechterhaltung eines kontinuierlichen Bewusstseins für Informationssicherheit, Schwachstellen und Bedrohungen, um Entscheidungen zum Risikomanagement in Unternehmen zu unterstützen".[3]

NIST SP 800–137 wurde zwar für Fachleute für Informationssicherheit verfasst, aber viele der darin enthaltenen Lehren scheinen auch für die gesamte kontinuierliche Risikoüberwachung zu gelten. Der folgende Satz fasst treffend zusammen, was angesichts der wachsenden Risikolücke auf dem Spiel steht.

Die laufende Überwachung ist ein entscheidender Teil des Risikomanagementprozesses, um sicherzustellen, dass die organisationsweiten Abläufe trotz aller Veränderungen innerhalb eines akzeptablen Risikoniveaus bleiben. Rechtzeitige, relevante und genaue Informationen sind von entscheidender Bedeutung, insbesondere wenn die Ressourcen begrenzt sind und die Behörden ihre Bemühungen nach Prioritäten ordnen müssen.[4]

Die wachsende Bedeutung der kontinuierlichen Risikoüberwachung

Die kontinuierliche Risikoüberwachung, die lange Zeit als führende Praxis galt, entwickelt sich schnell zu einem strategischen Geschäftserfordernis. Sie ist nicht nur für die Beherrschung von Risiken von entscheidender Bedeutung, sondern auch für die Flexibilität, Resilienz und strategische Ausrichtung, die in der Permakrise gefordert werden. Denn wie wahrscheinlich ist es, dass wir Überraschungen vermeiden und uns effektiv umorientieren, wenn wir ausschließlich darauf bestehen, Prüfungen und Bewertungen auf herkömmliche Weise durchzuführen, die auf Plänen basieren, die sechs Monate bis ein Jahr alt sind?

Die Antwort liegt auf der Hand. Der einzig gangbare zukunftsorientierte Weg besteht darin, unsere Organisationen in die Lage zu versetzen, Risiken kontinuierlich zu bewerten und uns so die Informationen zu liefern, die wir brauchen, um das Risikomanagement in Echtzeit anzupassen.

Darüber hinaus wird eine kontinuierliche Risikoüberwachung immer wichtiger, um die gesetzlichen Anforderungen zu erfüllen. Zum Beispiel:

- Wie in Kapitel 4 erwähnt, schreibt die Cybersicherheitsvorschrift der SEC vor, dass börsennotierte Unternehmen kontinuierlich auf Cybervorfälle und deren Wesentlichkeit überwacht werden müssen, um die sofortige Meldepflicht der Vorschrift zu erfüllen, die eine Offenlegung wesentlicher Vorfälle über das Formular 8-K innerhalb von vier Werktagen vorschreibt.[5] Innerhalb dieses Zeitrahmens müssen Unternehmen nicht nur den Vorfall in ihren Systemen erkennen, sondern auch dessen Wesentlichkeit bewerten, die erforderliche Offenlegung vorbereiten und diese bei der SEC einreichen. Die Überwachungsmöglichkeiten der meisten Unternehmen werden durch diese kurzen Fristen herausgefordert.

• Die SEC-Vorschriften zur Offenlegung von Klimarisiken verlangen von börsennotierten Unternehmen, dass sie bestimmte klimabezogene Risikoinformationen sowohl innerhalb als auch außerhalb ihrer Jahresabschlüsse bereitstellen. Da die Anforderungen ein Verständnis der tatsächlichen oder wahrscheinlichen wesentlichen Auswirkungen klimabezogener Risiken auf die Geschäftsstrategie, die Betriebsergebnisse, die Finanzlage, das Geschäftsmodell und die Aussichten erfordern, ist die Fähigkeit zur kontinuierlichen Verfolgung und Überwachung dieser Risiken und Auswirkungen von entscheidender Bedeutung.[6]

Führende Interne Revisoren erkennen die wachsende Bedeutung eines kontinuierlichen Ansatzes. Auf die Frage, welcher Bereich am meisten dazu beiträgt, dass die Interne Revision relevant ist, nannte fast jeder fünfte CAE in der *Protiviti-Umfrage "2023 Next Generation Internal Audit Survey"* die „Einführung einer kontinuierlichen Risikoüberwachung, um die Berichterstattung zu beschleunigen und geschäftliche Veränderungen widerzuspiegeln als unerlässlich."[7] Im IAF-Bericht 2024 *Risk in Focus—North America* bekräftigt Harold Silverman, IIA Senior Director of CAE and Corporate Governance Engagement diese Priorität.

CAEs müssen in die Unternehmensstrategien eingeweiht sein, was bedeutet, dass sie weder statische Risikobewertungen durchführen noch einen unflexiblen, ereignisbasierten Prüfungsplan haben ... Neue Technologien [und] Marktveränderungen sind an sich schon dynamische Risikoereignisse, so dass CAEs ständig wachsam sein müssen, um neu zu bewerten, was sie prüfen und wie.[8]

Vorteile der kontinuierlichen Risikoüberwachung

Das allgemeine Nutzenversprechen einer kontinuierlichen Risikoüberwachung—die Bereitstellung von Echtzeitinformationen, die Unternehmen benötigen, um sich angemessen an veränderte Bedingungen anzupassen—sollte den meisten Beteiligten klar sein. Die folgenden Punkte könnten sich als nützlich erweisen, wenn Sie Hilfe bei der Erläuterung benötigen.

Durch die Entwicklung wirksamer Strategien für die kontinuierliche Überwachung von Risiken sind Unternehmen auch in der Lage:

- **Rechtzeitiges Erkennen von Bedrohungen, Schwachstellen und Chancen, um schneller reagieren zu können.** Die frühzeitige Erkennung potenzieller Risiken und Probleme kann Unternehmen viel Zeit, Geld und Kopfzerbrechen ersparen und gleichzeitig wertvolle Erkenntnisse darüber liefern, wie das Unternehmen sich in Zukunft besser schützen kann. Durch technologiegestützte Überwachung kann die gesamte überwachte Umgebung in Echtzeit analysiert werden—und nicht nur durch die nachträgliche Überprüfung von Stichproben.

- **Bessere Entscheidungsfindung auf der Grundlage genauerer, zeitnaher Informationen, die sich auf die wichtigsten Risiken konzentrieren.** Interne Revisions-, Risiko-, Compliance- und Informationssicherheit-Teams treten als vertrauenswürdige Berater auf, die relevante, transparente Risikoberichte, Anleitungen und Erkenntnisse weitergeben können. Wichtige Stakeholder können ein Self-Service-Modell nutzen, um auf Daten, KRIs und Erkenntnisse zuzugreifen, die ihre Arbeit betreffen. Technologie kann das Vertrauen und die Transparenz in die Berichterstattung weiter verbessern, indem ein gewisses Maß an menschlicher Subjektivität und Fehlern beseitigt wird.

- **Verbesserte Anpassungsfähigkeit, Agilität und Resilienz.** Die Organisation verfügt über verbesserte Fähigkeiten zur Bewertung relevanter Daten und KRIs, zur Aufdeckung potenzieller Probleme und datengestützter Erkenntnisse sowie zur erforderlichen Anpassung und proaktiven Steuerung der Risikotoleranz auf ein akzeptables Maß.

- **Ressourcenoptimierung, die Ressourcen freisetzt, um sich auf höherwertige Aufgaben zu konzentrieren.** Die technologische Befähigung automatisiert bestimmte Aspekte der Überwachung und Berichterstattung, wodurch der Zeit-, Kosten- und Arbeitsaufwand für das laufende Risikomanagement reduziert wird. Auf diese Weise können sich die Teams der zweiten und dritten Linie auf kritischere Risiken konzentrieren und das Unternehmen kann insgesamt *mehr* Risiken ansprechen. Außerdem wird die bei herkömmlichen Ansätzen übliche Belastung der Stakeholder durch Audits verringert.

- **Verbesserte Fähigkeit zur Erfüllung von Compliance- und Regulierungsanforderungen.** Wie bereits erwähnt, sehen sich viele Unternehmen mit neuen Vorschriften konfrontiert, die eine rechtzeitige Identifizierung und Offenlegung von Problemen sowie eine fortlaufende Überwachung von Schlüsselkennzahlen vorschreiben. Eine technologiegestützte kontinuierliche Risikoüberwachung kann eine schnellere Identifizierung, eine fortlaufende Verfolgung sowie eine optimierte Überprüfung und Berichterstattung unterstützen.

- **Rechtzeitige Gewissheit über die Wirksamkeit des Risikomanagements.** Die kontinuierliche Überwachung von Risiken kann die Flexibilität der Internen Revision erhöhen und eine flexiblere und dynamischere Prüfungsplanung ermöglichen. Ein Mangel an kontinuierlicher Risikoüberwachung führte dazu, dass die Pläne der Internen Revision während des Ausbruchs von COVID-19 im Jahr 2020 und des Ausbruchs geopolitischer Konflikte Anfang 2022 und Ende 2023 schnell veraltet waren.

Leitprinzipien für die kontinuierliche Risikoüberwachung

Jede Organisation hat andere Bedürfnisse, Prioritäten und Ansprüche an das Risikomanagement. Die folgenden vier Grundsätze können jedoch jedem Unternehmen als Leitlinie für die kontinuierliche Risikoüberwachung dienen.

1. Erkennen Sie die Volatilität und Geschwindigkeit von Risiken

Stellen Sie sicher, dass Sie das Risiko in allen Dimensionen bewerten. Wahrscheinlichkeit und Auswirkung sind zwar nach wie vor Schlüsselfaktoren für die Gesamtbewertung des Risikos, doch sollten auch die Geschwindigkeit und die Volatilität berücksichtigt werden. In Kapitel 3 werden Risikogeschwindigkeit und -volatilität ausführlicher behandelt.

2. Einsatz effizienter und effektiver Strategien für die kontinuierliche Überwachung

Im Kern geht es darum, ein System von Mechanismen einzurichten, mit dem Ihre Organisation in regelmäßigen Abständen Veränderungen, den Wegfall oder das Auftreten von Schlüsselrisiken überprüfen und darauf aufmerksam gemacht werden kann. Auf den folgenden Seiten werden mehrere Optionen erörtert, die Ihr Unternehmen in Betracht ziehen kann. Organisationen sollten mehrere Strategien in Kombination anwenden.

3. Verstehen, dass Technologie ein integraler Bestandteil der kontinuierlichen Risikoüberwachung ist

Der Mensch kann Risiken nicht rund um die Uhr ohne technologische Hilfe überwachen. Diese Tatsache spiegelt sich in den medizinischen Technologien wider, die die Gesundheit der Patienten überwachen. Warn- und Aufzeichnungsgeräte erkennen Veränderungen oder Muster in den Vitalfunktionen der Patienten. Andere Geräte messen sorgfältig die Dosierung von Anästhesie-, Schmerztherapie- oder anderen Medikamenten. Diese Geräte und Praktiken wurden auf der Grundlage von Erkenntnissen entwickelt, die immer wieder zeigen, dass "unsere menschlichen Sinne allein nicht in der Lage sind, eine 'ewige Wachsamkeit' aufrechtzuerhalten", wie "Monitoring the Monitors— Beyond Risk Management" das Problem beschreibt.[9]

All dies bedeutet, dass eine echte kontinuierliche Risikoüberwachung technologische Unterstützung erfordert. Technologiegestützte Automatisierung unterstützt die Echtzeittransparenz von Risiken im gesamten Unternehmen, die Erfassung von Daten, die Verfolgung von KRIs, die Identifizierung von Trends und Abweichungen, die Erstellung maßgeschneiderter, optimierter Berichte und Datenvisualisierungen und vieles mehr. Der Schlüssel liegt darin, ein ausgewogenes Verhältnis zwischen technologischer Unterstützung und menschlicher Analyse und Entscheidungsfindung zu erreichen, das Ihrer Strategie und Risikobereitschaft entspricht. Auch hier bietet NIST SP 800–137 gute Ratschläge.

Eine unternehmensweite Überwachung kann nicht effizient allein durch manuelle Prozesse oder allein durch automatisierte Prozesse erreicht werden. Wenn manuelle Prozesse verwendet werden, müssen diese wiederhol bar und überprüfbar sein, um eine konsistente Umsetzung zu gewährleisten. Automatisierte Prozesse, einschließlich der Verwendung automatisierter Support-Tools (z. B. Tools zum Scannen von Schwachstellen, Netzwerk-Scanning-Geräte), können den Prozess der kontinuierlichen Überwachung kostengünstiger, konsistenter und effizienter gestalten.[10]

Das rasche Aufkommen von KI verspricht auch verbesserte Möglichkeiten zur kontinuierlichen Risikoüberwachung. Je nach den eingesetzten KRIs oder anderen Strategien zur kontinuierlichen Überwachung kann KI bei der automatisierten Datenanalyse, der prädiktiven Analyse, der Risikobewertung und der Überwachung der Einhaltung von Vorschriften helfen. Sie kann auch eingesetzt werden, um Echtzeitwarnungen zu liefern, wenn Schlüsselkennzahlen darauf hinweisen, dass sich die Risiken verschieben.

4. Behalten Sie einen 360-Grad-Blick

Wie ich bereits betont habe, erfordert ein wirksames Risikomanagement in der Permakrise eine ständige Überprüfung des Horizonts in alle Richtungen. Das bedeutet, dass man nicht nur nach den bereits sichtbaren Risiken Ausschau hält, sondern auch danach strebt, sich die Risiken am und jenseits des Horizonts vorzustellen und vorherzusagen. Dies wird Ihnen besser gelingen, wenn Sie:

- **Die Zusammenarbeit zwischen allen drei Linien, der koordinierten Planung und Ausführung sowie der laufenden Kommunikation sicherstellen.** Dies ist das Wesen von Connected Risk. Je mehr Augenpaare auf den Horizont blicken, desto größer ist die Wahrscheinlichkeit, dass Ihr Unternehmen in der Lage ist, seine Hauptrisiken zu erkennen und im Auge zu behalten.

- **Überprüfen, ob Ihre Strategie zur kontinuierlichen Risikoüberwachung den Bedürfnissen aller relevanten Stakeholder gerecht wird.** Investieren Sie frühzeitig Zeit, um die wichtigsten Bedürfnisse, Prioritäten, Bedenken und potenziellen Hindernisse zu ermitteln und zu verstehen. Führen Sie regelmäßig eine Neubewertung durch, um die kontinuierliche Abdeckung und Eignung sicherzustellen.

- **Regelmäßige Kommunikation mit Leitungs- und Überwachungsorgan.** Eine wirksame Strategie zur kontinuierlichen Risikoüberwachung basiert—um noch einmal NIST SP 800–137 zu zitieren—"auf einem klaren Verständnis der Risikotoleranz der Organisation, das den Verantwortlichen hilft, Prioritäten zu setzen

und die Risiken in der gesamten Organisation konsistent zu verwalten".[11] Um Überraschungen in diesem Bereich zu vermeiden, ist
eine kontinuierliche Kommunikation mit dem Prüfungsausschuss,
dem Vorstand und dem Management erforderlich, um sicherzustellen, dass die Strategie weiterhin mit der Risikobereitschaft und
den Prioritäten der Organisation übereinstimmt.

Strategien zur kontinuierlichen Risikoüberwachung

In der AuditBoard-Umfrage *2023 "Focus on the Future"* wurden die Leiter der
Internen Revision gebeten, die Methoden zu nennen, die sie zur kontinuierlichen Überwachung von Risiken einsetzen. Die Daten spiegeln dies wider:

- Die meisten Befragten tauschen sich mit anderen Risiko- und Ver-
  sicherungsfunktionen (86 Prozent) und der Geschäftsleitung (74
  Prozent) aus, um ihr Verständnis für die Risiken des Unternehmens
  zu erweitern und zu vertiefen.
- Eine Mehrheit (72 Prozent) beobachtet auch proaktiv Veränderun-
  gen und Trends im Sektor.
- Etwas mehr als die Hälfte (52 Prozent) überwachen die KRIs.
- Nur die Hälfte gibt an, mit anderen internen Prüfern zusammenzu-
  arbeiten, und weniger als die Hälfte (46 Prozent) überprüft die in
  Kapitel 4 erwähnten Berichte und Erhebungen Dritter.[12]

Diese Ergebnisse zeigen zwar, dass sich viele Unternehmen um eine kontinuierliche Risikoüberwachung bemühen, doch für ein wirklich effektives
Risikomanagement müssen mehr der uns zur Verfügung stehenden kontinuierlichen Überwachungsmethoden eingesetzt werden. So sind beispielsweise Gespräche mit anderen Risiko- und Prüfungsleitern und die Prüfung
externer Berichte und Umfragen äußerst vorteilhafte Strategien, die relativ
wenig Aufwand erfordern—und dennoch hat etwa die Hälfte der Befragten
keine dieser Methoden genutzt.

Die richtige Antwort für Ihr Unternehmen ist wahrscheinlich eine Kombination aus mehreren der folgenden gemeinsamen Strategien. Jede Methode
ist leistungsfähiger, wenn sie in Technologielösungen integriert und in Ver-

bindung mit anderen Ansätzen zur kontinuierlichen Überwachung eingesetzt wird.

Wichtige Risikoindikatoren (KRIs)

Während wichtige Leistungsindikatoren (Key Performance Indicators, KPIs)
Unternehmen auf Risikoereignisse aufmerksam machen, die sich bereits auf
das Unternehmen ausgewirkt haben, helfen KRIs dabei, potenzielle Veränderungen der Risikobedingungen zu erkennen, die sich in Zukunft auf das
Unternehmen auswirken könnten.

Betrachten Sie KRIs als ein Frühwarnsystem zur Erkennung von Risiken.
Indem sie potenzielle Schwachstellen im Risiko-/Kontrollumfeld und in den
Prozessen der Organisation sichtbar machen, helfen KRIs dabei, potenzielle
Risiken aufzudecken, die sich auf das Unternehmen auswirken könnten.

In einer COSO-Veröffentlichung mit dem Titel *Developing Key Risk Indicators
to Strengthen Enterprise Risk Management* werden KRIs als Messgrößen
oder Indikatoren definiert, die dazu beitragen, "potenzielle künftige Veränderungen der Risikobedingungen oder neu auftretende Risiken besser zu überwachen, so dass die Geschäftsleitung und die Vorstände in der Lage sind,
potenzielle Auswirkungen auf das Risikoportfolio der Organisation proaktiver
zu erkennen"[13]. KRIs ermöglichen es Unternehmen, verschiedene Arten von
Risikoereignissen zu quantifizieren, zu bewerten, zu überwachen und in einigen Fällen auch miteinander zu vergleichen. Dies ermöglicht eine zeitnahe
Überprüfung der Wirksamkeit des Risikomanagements und eine zweckmä-
ßigere, strategische und proaktive Entwicklung von Ansätzen zur Risikominderung und einer allgemeinen Risikostrategie. KRIs tragen auch zu einer
größeren Objektivität im Risikomanagementprozess bei.

Merkmale und Beispiele

KRIs können qualitativ sein, indem sie Wahrscheinlichkeiten zur Vorhersage
möglicher Ergebnisse verwenden, oder quantitativ, indem sie auf numeri-
schen Daten und überprüfbaren Fakten auf der Grundlage von Analysen,
Modellen und anderen Ergebnissen basieren. Welche Arten von KRIs für Ihr
Unternehmen am relevantesten sind, hängt von der Art Ihres Geschäfts,
Ihrer Branche, Ihrer Strategie, Ihren Prioritäten und anderen internen (z. B.
mangelndes Engagement in der ersten Linie, veraltete Technologien) und
externen Faktoren (z. B. Risiken für Dritte, Umweltauswirkungen) ab. Alle KRIs
sollten messbar, vergleichbar, vorhersehbar und informativ sein, um einen

klaren und intuitiven Überblick über die hervorgehobenen Risiken zu ermöglichen.

Im Folgenden finden Sie Beispiele für KRIs in verschiedenen Kategorien.

- **Cybersicherheit:** Ein sprunghafter Anstieg der versuchten Cyberangriffe kann auf ein erhöhtes Risiko einer Datenverletzung hinweisen.

- **Personalbereich:** Ein plötzlicher Anstieg der Personalfluktuation könnte ein Zeichen für eine gestörte Unternehmenskultur sein oder einen Personalmangel andeuten, der sich auf die Leistung der Organisation und die Erreichung der Ziele auswirken könnte.

- **Finanzen:** Wirtschaftsprognosen, die auf eine Abschwächung der Konjunktur oder eine Rezession hindeuten, könnten ein erhöhtes Risiko für sinkende Umsatzerlöse im kommenden Jahr bedeuten.

- **Technologie:** Eine Zunahme der Häufigkeit oder Dauer von Systemausfällen kann ein Zeichen für ein erhöhtes Risiko potenzieller Betriebsunterbrechungen sein, die die Produktivität oder Rentabilität verringern könnten.

- **Operativ:** Hohe Fehlerquoten in Schlüsselprozessen können auf ein erhöhtes Risiko künftiger Betriebsstörungen hinweisen.

- **Einhaltung der Vorschriften:** Niedrige Abschlussquoten bei Schulungen zur Einhaltung von Vorschriften (z. B. Sicherheit am Arbeitsplatz, Datenschutz/Sicherheit, Verhaltenskodex) könnten auf zunehmende Compliance-Risiken oder -Lücken hinweisen.

- **Drittparteien:** Verzögerte Lieferzeiten, häufigere Qualitätsprobleme oder sogar vermehrte negative Erwähnungen in den sozialen Medien könnten signalisieren, dass das Risiko steigt, dass sich eine Beziehung zu einem Geschäftspartner negativ auf den Betrieb und die Reputation Ihres Unternehmens auswirken könnte.

- **Nachhaltigkeit:** Kennzahlen wie der Energieverbrauch pro Produktionseinheit, das Abfallaufkommen pro Produktionseinheit und der Prozentsatz der recycelten Materialien können auf erhöhte Risiken in Bezug auf die Nachhaltigkeitsleistung eines Unternehmens hinweisen.

- **Unternehmenskultur:** Rasches Wachstum, Entlassungen, Übernahmen, Veräußerungen, Umstrukturierungen oder hohe Fluktuation können auf erhöhte Risiken für die Unternehmenskultur hinweisen.

- **Kunden:** Ein sprunghafter Anstieg der Kundenbeschwerden kann ein Zeichen für erhöhte Risiken in Bezug auf die Produkt- oder Dienstleistungsqualität und die künftige Nachfrage sein.

Unternehmen sollten eine Mischung aus führenden und nachlaufenden KRIs verwenden, um ein vollständiges und genaues Bild der Effektivität des Risikomanagements zu erhalten.

Nachlaufende KRIs sind rückwärtsgerichtete Messgrößen, die Unternehmen dabei helfen, zu bewerten, was in ihrem Unternehmen bereits geschehen ist. Sie konzentrieren sich auf Faktoren, die in der Abfolge der Ursachen später liegen, um Trends zu bestätigen und festzustellen, ob die Ziele erreicht wurden. Diese KRIs sind wichtig, um die bisherige Leistung zu bewerten und potenzielle Verbesserungsbereiche zu ermitteln.

Beispiele für nachlaufende KRIs sind Kennzahlen wie abgeschlossene Mitarbeiterschulungen, Verschuldungsgrad, Anzahl der Kundenbeschwerden, Mitarbeiterfluktuation usw.

Führende KRIs hingegen sind zukunftsorientierte Messgrößen, die helfen, künftige Ergebnisse vorherzusagen, indem sie Faktoren zu einem früheren Zeitpunkt in der Abfolge der Ursachen messen, um zu beurteilen, ob die Ziele wahrscheinlich erreicht werden können. Diese KRIs liefern Unternehmen Daten, die potenzielle Probleme oder Schwachstellen aufzeigen können, bevor sie zu Problemen werden, und ermöglichen proaktive Reaktionen. Diese KRIs sind besonders wichtig, wenn es darum geht, die Risikobereitschaft und das Risikomanagement Ihres Unternehmens aufeinander abzustimmen, da sie Sie warnen können, wenn die Bedingungen darauf hindeuten, dass die Risiken die akzeptierten Schwellenwerte erreichen oder überschreiten könnten. Sie ermöglichen auch fundiertere Vorhersagen über zukünftige Risikobedingungen und -auswirkungen.

Beispiele für führende KRIs sind Kennzahlen wie die Anzahl der Führungskräfte, die eine Sicherheitsschulung am Arbeitsplatz absolviert haben, die Anzahl der Mitarbeiter, die für die Nutzung der Ethik-Hotline zertifiziert sind, die Anzahl der Überwachungsinstrumente und -technologien, die zur Erkennung und Verhinderung von Cyberangriffen eingerichtet wurden, usw.

Prozess

Im Tagesgeschäft ist letztlich das Management (z. B. der CRO oder andere) für die kontinuierliche Überwachung der KRIs verantwortlich. Interne Revisoren und andere wichtige Risikobeauftragte können das Management bei der Bewertung und Nutzung von KRIs unterstützen, um potenzielle Risiken, Probleme und Erkenntnisse aufzudecken. Die Interne Revision sollte auch den KRI-Prozess (einschließlich der Relevanz und Eignung der KRI) validieren und sicherstellen sowie Ausnahmen oder Verstöße gegen die KRI identifizieren, dokumentieren und melden.

Da KRIs Organisationen in die Lage versetzen, risikobezogene Ereignisse zu überwachen, die sich auf das Erreichen von Zielen auswirken können, sollte die Auswahl und Gestaltung von KRIs mit den Unternehmenszielen in Einklang gebracht werden. KRIs sollten auf Ihr Risikoprofil zugeschnitten sein und die wichtigsten Risiken, denen Ihr Unternehmen ausgesetzt ist, sowie Ihre Risikobereitschaft berücksichtigen. Da es einfach nicht praktikabel ist, alle möglichen relevanten KRI zu erstellen, zu überwachen und zu analysieren, ist es wichtig, die wichtigsten Risiken zu priorisieren.

Stakeholder: An der Auswahl der KRIs sollten alle relevanten Stakeholder aus allen drei Linien beteiligt sein, einschließlich der Leiter der einzelnen Geschäftsbereiche und der Mitglieder der Teams für Interne Revision, Risiko, Compliance und Informationssicherheit. Idealerweise sollten die Leiter der Geschäftsbereiche die KRIs identifizieren, Schwellenwerte festlegen, die Überwachung durchführen und Anomalien identifizieren, und die Teams der zweiten und dritten Linie sollten Input liefern.

Wie man anfängt: Beginnen Sie mit der Analyse von Risikoereignissen, die das Unternehmen in der Vergangenheit (oder Gegenwart) betroffen haben. Arbeiten Sie sich rückwärts vor und ermitteln Sie Zwischenereignisse und Ursachen, die zum endgültigen Verlust oder zur verpassten Chance geführt haben. Diese werden zu Ihren KRIs.

Laufende Pflege: Führen Sie regelmäßig (mindestens jährlich) eine Überprüfung der Gültigkeit der KRIs durch, wenn sich die Bedingungen weiterentwickeln. Überprüfen Sie, ob Sie die richtigen KRIs verwenden oder ob Änderungen im Kontrollumfeld die Entwicklung neuer KRIs erforderlich machen.

„Vor-Ort-Berwertung" oder "Begehung und direkter Austausch"

Diese Methode der kontinuierlichen Risikoüberwachung ist genau das, wonach sie sich anhört: Umhergehen und mit anderen Risiko- und Sicherheitsexperten sowie Mitgliedern des Geschäfts- und Funktionsmanagements sprechen. In Remote-Teams kann das "Umhergehen" natürlich auch regelmäßige Besprechungen per Videokonferenz oder Messaging beinhalten- in diesem Fall könnte es mit „Risikobewertung durch Einloggen" bezeichnet werden.

Ich bezeichne dieses Vorgehen als „Schuhsohlen"-Bewertungen im Zusammenhang mit der Internen Revision, aber sie können für Fachleute in allen drei Linien ein wirksames Mittel sein, um die sich verändernde Geschwindigkeit, Volatilität und Richtung von Schlüsselrisiken zu verstehen und zu überwachen.

Den „Schuhsohlen"-Bewertungen fehlt die Formalität der KRI-Überwachung. Dennoch werden sie immer eine wichtige Überwachungsstrategie für die Interne Revision sein. Interne Revisoren haben zwar einen umfassenderen Überblick über die Risiken im gesamten Unternehmen, aber Fachleute aus der ersten und zweiten Linie erkennen mit größerer Wahrscheinlichkeit neu auftretende Risiken oder nehmen Verschiebungen in der Wahrscheinlichkeit, den Auswirkungen oder der Geschwindigkeit bekannter Risiken wahr. Diese Gespräche können wichtige neue Risiken oder Veränderungen bei bestehenden Risiken aufdecken, die durch Ihre KRIs noch nicht erkannt wurden.

Allerdings sollte man sich darüber im Klaren sein, dass "Schuhsohlen"-Bewertungen nur dann als kontinuierliche Risikoüberwachung taugen, wenn sie diszipliniert und regelmäßig durchgeführt werden und eine große Reichweite haben. Damit die Strategie wirksam ist, sollten Risiko-, Audit-, Compliance- und Fachleute für Informationssicherheit zusammenarbeiten und sich auf den Aufbau enger Arbeitsbeziehungen zu den Personen konzentrieren, mit denen sie sich zu regelmäßigen Gesprächen verpflichtet haben.

Wie man anfängt: Prüfungs-, Risiko-, Compliance- und Informationssicherheit-Teams sollten gemeinsam eine Beziehungs-Landkarte erstellen, um einen umfassenden Abdeckungsplan zu formalisieren. Während sich ein Organigramm in der Regel auf die Darstellung von Arbeits- und Berichtsbeziehungen konzentriert, ist eine Beziehungsmatrix ein visuelles Diagramm, das die wichtigsten Geschäftseinheiten und Führungskräfte hervorhebt und die Beziehungen zur ersten Führungsebene und anderen Teammitgliedern dokumentiert. Ihr Beziehungsplan sollte die wichtigsten Beziehungen innerhalb des gesamten Teams aufzeigen. Legen Sie einen regelmäßigen Rhythmus für Interaktionen fest, wobei die Erwartung besteht, dass die Gespräche formell oder informell sein können.

Laufende Pflege: Überprüfen Sie die Beziehungs-Landkarte regelmäßig (mindestens einmal jährlich), um sicherzustellen, dass die wichtigsten Geschäftseinheiten und Stakeholder angemessen erfasst sind.

„Connecting the dots" aus Internen Prüfungen

Prüfungsausschüsse, Vorstände, Führungskräfte und Teams der ersten und zweiten Linie wenden sich häufig an die Interne Revision, um die Risiken des Unternehmens und die allgemeine Wirksamkeit des Risikomanagements zu verstehen. Im Zusammenhang mit der kontinuierlichen Risikoüberwachung ist "connecting the dots" eine Metapher dafür, das Gesamtbild des Risikos durch die schrittweise Verknüpfung kleinerer Teile des Puzzles klarer zu fokussieren.

Die Interne Revision erstellt in der Regel ein umfangreiches Werk, das selbst ein hervorragender Indikator für Richtungsänderungen beim Risiko sein kann. Die Revisoren neigen dazu, ihre Arbeit granular zu gestalten, aber es ist möglich, einen Schritt zurückzutreten und die einzelnen Prüfungen als eine Reihe von Punkten zu betrachten, die wir verbinden können, um ein größeres Bild zu erhalten. Dementsprechend kann das "Verbinden der Punkte" auch eine wirksame Strategie zur kontinuierlichen Risikoüberwachung sein, wenn es in Verbindung mit einem KRI-Ansatz verwendet wird.

Wie man anfängt: Die Interne Revision nutzt die Ergebnisse abgeschlossener oder laufender Prüfungen, um systemische Probleme oder Trends zu erkennen, die auf neue oder bestehende Risiken hinweisen. So können sie beispielsweise Erkenntnisse über Kosten- oder Ausgabenüberschreitungen aufgrund veränderter makroökonomischer Bedingungen, Verstöße gegen neue Vorschriften oder unbeabsichtigte Folgen neuer Unternehmensrichtlinien gewinnen.

Laufende Pflege: Holen Sie das Feedback von Stakeholedern und First- und Second-Line-Teams über den Wert des Connected-Dots-Ansatzes ein und verfeinern ihn bei Bedarf.

Überwachung externer und interner Indikatoren für aufkommende Risiken

Um einen wirklich umfassenden Überblick über die Ebbe und Flut von Risiken zu erhalten, ist es unerlässlich, sowohl über das Unternehmen hinaus als auch tiefer in das Unternehmen hineinzuschauen. Methodische Überprüfungen externer und interner Risikoindikatoren können die Überwachung makroökonomischer, politischer, geopolitischer, branchenspezifischer und anderer Trends unterstützen.

Aufkommende Risikoindikatoren können überwacht werden durch externe Ressourcen wie z. B.:

- **Untersuchungen und Berichte von Dritten, die die Hauptrisiken aus verschiedenen Blickwinkeln bewerten**, wie z. B. der *Global Risks Report* und der *Future of Jobs Report* des WEF, die *Executive Perspectives on Top Risks* von Protiviti und der NC State University, die Umfragen *Risk in Focus* und *Pulse of Internal Audit* der IAF, der *Report to the Nations* der Association of Certified Fraud Examiners (ACFE) über Betrug am Arbeitsplatz sowie andere risikoorientierte Berichte des IIA, des Chartered Institute of Internal Auditors (CIIA), der Big Four und anderer Beratungsunternehmen

- **Wirtschaftsprognosen**, die aus zahlreichen Quellen stammen, können bei der Identifizierung neu auftretender Risiken sehr zielführend sein

- **Schlagzeilen in den Medien und Aktivitäten in den sozialen Medien**, die neue Risiken ankündigen

- **Geopolitische und politische Aussichten** in Regionen, in denen Sie tätig sind, expandieren oder investieren

- **Ausblicke auf die Gesetzgebung und die Rechtsvorschriften**, da die Schlagzeilen der heutigen Gesetzgebung oft die Risiken für die Einhaltung der Vorschriften von morgen vorhersagen

- **Branchenkonferenzen, Veröffentlichungen und Trends, die** Ihnen helfen, die Bedrohungen zu verstehen, mit denen Ihre Branche konfrontiert ist, und zu erkennen, wie Ihre Konkurrenten darauf reagieren und wie sie abschneiden

- Positives und negatives **Kundenfeedback**

Interne Quellen, die überwacht werden können, beinhalten:

- Strategische Geschäftsrisiken, die sich in der Organisation widerspiegeln: **Strategische Pläne, Ziele und Erfolgsfaktoren:** Konzentrieren Sie sich zunächst auf die Ziele Ihrer Organisation, aus denen sich ihre Risiken ergeben.

- **Geplante Unternehmensinitiativen (z. B. die digitale Transformation),** die alle mit Risiken verbunden sind

- **Veränderungen in der Unternehmenskultur,** z. B. wenn neue Führungskräfte den Erfolg anders definieren

- Positives und negatives **Mitarbeiter-Feedback**

- **Daten, KRIs und KI-Analysen** von Technologien, die Ihr Unternehmen einsetzt

Wie man anfängt: Bestimmen Sie interne und externe Ressourcen, die laufend überwacht werden sollen. Verteilen Sie die Zuständigkeiten für die Überprüfung auf die beteiligten Teammitglieder, um eine angemessene und kontinuierliche Abdeckung zu gewährleisten. Legen Sie Protokolle und Richtlinien für den Austausch wichtiger Erkenntnisse fest.

Laufende Pflege: Überwachen Sie die Zuverlässigkeit der externen und internen Risikoindikatoren im Laufe der Zeit. Verfeinern, Hinzufügen oder Entfernen von Ressourcen nach Bedarf.

Warten Sie nicht, bis der Sturm über Sie hereinbricht

Die kontinuierliche Risikoüberwachung ist ein wesentliches Element jedes Connected Risk Ansatzes Ohne eine solche Überwachung ist die Gefahr groß, dass sich Unternehmen mit den Herausforderungen von gestern befassen und dabei viele der neu entstehenden Risiken und Chancen von heute verpassen. Planung, Priorisierung und Ausführung müssen dynamisch sein, um auf sich ändernde Bedingungen zu reagieren.

Ein kontinuierlicher Ansatz ist für die Stakeholder von großem Nutzen, insbesondere in Krisenzeiten. Gerade in Krisenzeiten wird die Notwendigkeit deutlich. Ich habe aufkommende Risiken oft mit dem Donner gleichgesetzt, der dem Sturm vorausgeht. In der Welt, in der wir heute leben, können wir vielleicht nicht mehr warten, bis wir den Donner hören. Die Lichtgeschwindigkeit ist schneller als die Schallgeschwindigkeit, also sollten wir nach dem Blitz Ausschau halten.

Warten Sie nicht darauf, dass der Sturm Ihr Unternehmen trifft. Erkennen Sie stattdessen die Realität des Risikomanagements in der Permakrise an und stellen Sie sich jetzt darauf ein. Die kontinuierliche Risikoüberwachung ist eine wichtige Methode, um das Risikomanagement Ihres Unternehmens zukunftssicher zu machen. Sie ist auch einer der Bausteine zum Erreichen einer Reife des Connected Risks—das Thema unseres nächsten Kapitels.

KAPITEL 14

Der Weg zur Reife des Connected Risks

Connected Risk ist eine Reise. Keine Organisation kann es auf einmal erreichen. Die Chancen stehen gut, dass in Ihrem Unternehmen zumindest ein Hauch von Connected Risk bereits vorhanden ist. Wichtig ist, dass Sie der Umgestaltung des Risikomanagements Priorität einräumen und damit beginnen. Die Entwicklung einer Vision und Strategie für das Connected Risk in Ihrem Unternehmen bringt Sie auf den Weg.

Wenn Ihr Unternehmen noch ganz am Anfang steht (oder sogar bei Null), sind Sie nicht allein. Die meisten Unternehmen befinden sich noch in der Anfangsphase der Umsetzung des Connected Risks, wobei der Grad der informellen oder formellen Kommunikation, Koordination und Zusammenarbeit unterschiedlich ist.

In der AuditBoard-Umfrage 2024 *"Focus on the Future"* wurden die Beziehungsstrukturen und Wechselwirkungen zwischen Interner Revision und ERM untersucht. Wie in Kapitel 9 dargelegt, sind viele CAEs auch für ERM zuständig. In Organisationen, in denen die CAEs diese Zuständigkeit nicht haben, entgehen der Internen Revision und dem ERM jedoch möglicherweise wichtige Chancen. Ein Beispiel:

- Nur 9 Prozent der Leiter der Internen Revision geben an, dass sich Interne Revision und ERM bei allen wichtigen Aspekten des Managements von Unternehmensrisiken abstimmen.

- Weitere 12 Prozent identifizieren, bewerten und berichten gemeinsam über Unternehmensrisiken, führen aber getrennte Bewertungen der Effektivität des Risikomanagements durch.

- Die Hälfte (50%) koordiniert einen Teil der Arbeit und der Berichterstattung, arbeitet aber unabhängig.

- Schließlich geben 29 Prozent an, dass ERM und Interne Revision nur informell miteinander kommunizieren.[1]

Glücklicherweise stellen diese verpassten Gelegenheiten auch viele der Schritte auf dem Weg zur Reife des Connected Risks dar. Unternehmen können diesen Weg beginnen, indem sie ihre Kommunikation, Koordination und Zusammenarbeit in Bezug auf diese wichtigen Aspekte des Risikomanagements verbessern.

Wenn Connected Risk eine Reise ist, welche Phasen durchlaufen Unternehmen dann, um den Reifegrad zu erreichen? Es gibt unzählige Möglichkeiten, den Reifegrad von Connected Risk zu klassifizieren. Für unsere aktuellen Zwecke habe ich mich entschieden, den Reifegrad auf der Grundlage der Art und Weise zu definieren, wie Menschen, Prozesse, Technologie, Daten und wichtige Stakeholder in das Risikomanagement einer Organisation eingebunden sind. Auf dieser Grundlage habe ich vier verschiedene Reifegrade identifiziert, die ich für wichtig halte.

- Erste Stufe: *Kommunikation*
- Zweite Stufe: *Koordinierung*
- Dritte Stufe: *Zusammenarbeit*
- Vierte Stufe: *Verbindung*

Wenn Sie die Beschreibungen der einzelnen Phasen durchlesen, fragen Sie sich selbst: Welche kommt dem aktuellen Zustand Ihrer Organisation am nächsten? Welche kurzfristigen Maßnahmen kann die Organisation ergreifen, um die nächste Stufe zu erreichen? Welche längerfristigen Maßnahmen und Prioritäten werden dazu beitragen, den Reifegrad für die nachfolgenden Stufen zu erhöhen?

Dieses Kapitel ist als Gesprächsleitfaden gedacht, um produktive, positive und zukunftsorientierte Diskussionen darüber zu unterstützen, wo sich Organisationen auf dem Weg zur Reife von Connected Risk befinden. Es ist nicht beabsichtigt, die gegenwärtigen Praktiken oder den Reifegrad einer Organisation abzuwerten, da es unzählige gute Gründe dafür gibt, dass sich Organisationen in einem weniger reifen Zustand befinden. Ziel ist es lediglich, einen klaren Weg in die Zukunft aufzuzeigen, der jede Organisation bei der Planung und Priorisierung ihrer eigenen Vision für Connected Risk unterstützt.

Beginnen Sie damit, sich auf eine gemeinsame Risikovision zu verständigen. Einigen Sie sich dann auf einen Plan zur Verwirklichung dieser Vision. Höchstwahrscheinlich werden Sie Meilensteine festlegen, die mit dem Reifegradmodell für Connected Risk übereinstimmen, das ich in diesem Kapitel skizziere.

Sobald Sie einen Kurs festgelegt haben, ist es wichtig, dass Sie Ihre Fortschritte überwachen. Fortschritte mögen sich manchmal langsam anfühlen, aber schrittweiser Fortschritt ist dennoch ein Fortschritt. Der einzige sichere Weg, ein Ziel nicht zu erreichen, ist, die Reise gar nicht erst anzutreten.

Erste Stufe: Kommunikation

Die am wenigsten ausgereifte Stufe auf dem Weg zum Connected Risk stellt den klassischen Ansatz des Risikomanagements dar, der in vielen Unternehmen noch sehr lebendig ist. Die wichtigsten Akteure in den Bereichen Audit, Risiko, Compliance und Informationssicherheit kommunizieren zwar regelmäßig miteinander, um sicherzustellen, dass die anderen Teams über die Ergebnisse ihrer Arbeit informiert sind, aber es findet keine Koordination, Zusammenarbeit oder echte Verbindung statt. Dies sind die sprichwörtlichen Schiffe, die in der Nacht vorbeiziehen, wobei jedes Team seiner Arbeit nachgeht, ohne sich der Bemühungen und Perspektiven der anderen Teams bewusst zu sein.

Bei der Bewertung der wichtigsten Faktoren für das damit verbundene Risiko in diesem Stadium sind die folgenden Verhaltensweisen üblich.

- **Menschen:** Die wichtigsten Teammitglieder der drei Linien kommunizieren die Ergebnisse ihrer Arbeit in einer Weise, die für andere Teams zugänglich ist oder von ihnen beobachtet werden kann. Es gibt jedoch wenig informelle Kommunikation oder Beziehungsaufbau zwischen den verschiedenen Teams.

- **Prozesse:** Die Prozesse sind in der Regel sehr isoliert, d. h. die Prozesse der einzelnen Teams sind so konzipiert, dass sie ihren ganz spezifischen Zweck erfüllen können (z. B. liefern die Prozesse der Internen Revision die Prüfungsergebnisse, um Assurance oder Beratung zu bieten, während die Prozesse der Risikomanager Risikobewertungen erstellen, die dem Management zur Verfügung gestellt werden).

- **Technologie:** Soweit Technologie zum Einsatz kommt, wird sie so konzipiert und implementiert, dass die einzelnen Teams ihre jeweiligen Ziele erreichen können.

- **Daten:** Der Zugang zu den Daten wird von einzelnen Teams vorgenommen, was häufig dazu führt, dass diese Teams auf widersprüchliche oder unvollständige Datensätze zugreifen und ihre Analysen und Ergebnisse darauf aufbauen.

- **Unterstützung der Stakeholder:** Die Stakeholder werden von jedem Team einzeln betreut. Die Ergebnisse werden getrennt geliefert, und die Stakeholder äußern häufig ihre Frustration über die mangelnde Abstimmung zwischen den Ergebnissen und Risikotaxonomien der verschiedenen Teams. Aufgrund der mangelnden Koordinierung ist es auch wahrscheinlicher, dass die Stakeholder Lücken in der Abdeckung von Schlüsselrisiken, sich überschneidende Arbeiten zu verwandten Risiken und doppelte Anfragen zu denselben Informationen entdecken, was zu einer erhöhten Prüfungsmüdigkeit führt.

Zweite Stufe: Koordinierung

In der zweiten Phase haben die wichtigsten Mitglieder der Internen Revisions-, Risiko-, Compliance- und Informationssicherheit-Teams erkannt, dass eine fehlende Koordination der Risikomanagement-Aktivitäten für ihre Organisationen weder effektiv noch effizient ist. Dementsprechend führen die Teams neben ihrer regelmäßigen Kommunikation bewusst ein gewisses Maß an formeller Koordination durch. Mit anderen Worten, ihre "Schiffe" wissen in der Regel im Voraus, wann die Schiffe der anderen vorbeikommen, und manchmal planen sie ihre Fahrten im Tandem, wenn die Bedingungen günstig sind. Gelegentlich, aber nicht immer, tauschen sie Karten und Erkenntnisse aus, die sie mit ihren Navigationsinstrumenten gewonnen haben.

Bei der Bewertung der wichtigsten Faktoren für das damit verbundene Risiko in diesem Stadium sind die folgenden Verhaltensweisen üblich.

- **Menschen:** Die einzelnen Teammitglieder erkennen den Wert einer aktiveren Koordinierung mit ihren Kollegen und stellen fest, in welchen Fällen die Koordinierung ihre Arbeit erleichtert und zu zeitnäheren Ergebnissen führt. Die Kommunikation erfolgt nach wie vor in regelmäßigen Abständen, aber neben der formellen Kommunikation findet nun auch eine informelle Kommunikation statt.

- **Prozesse:** Zwar verlassen sich die Teams nach wie vor auf ihre eigenen Prozesse, doch koordinieren sie sich freiwillig, wenn sich ihnen die Gelegenheit dazu bietet (z. B. bei der zeitlichen Planung von Risikobewertungen).

- **Technologie:** Kontroll- und Risikoverantwortliche können auf dieselbe Technologie zugreifen, um auf risikobezogene Anfragen zu reagieren (z. B. Dokumentanfragen, Kontrollzertifizierungen, Erfassung von Abhilfeplänen). Darüber hinaus ist die Technologie, soweit sie genutzt wird, immer noch weitgehend so konzipiert und implementiert, dass die einzelnen Teams ihre jeweiligen Ziele erreichen können.

- **Daten:** Der Zugriff erfolgt noch weitgehend durch die einzelnen Teams. Einige Teammitglieder geben jedoch aktiv Daten weiter, insbesondere wenn sie von anderen Teams darum gebeten werden.

- **Unterstützung der Stakeholder:** Die Beteiligten sehen den Wert der verstärkten Koordinierung und der verbesserten Kommunikation; sie schätzen es zum Beispiel, dass sie während des Risikobewertungsprozesses nicht wiederholt zu Interviews gebeten werden. Dennoch sind sie oft frustriert über falsch abgestimmte Ergebnisse, Erfassungslücken und uneinheitliche Risikobewertungen oder -definitionen in den verschiedenen Teams.

Dritte Stufe: Zusammenarbeit

In der dritten Stufe kommt zu der in den früheren Stufen geschaffenen Kommunikations- und Koordinationsgrundlage die äußerst wichtige Ebene der proaktiven, kontinuierlichen und strategischen Zusammenarbeit hinzu. In dieser Phase erkennen und schätzen die meisten Mitglieder des Internen Revisions-, Risiko-, Compliance- und Informationssicherheit-Teams den

Wert, den die Zusammenarbeit nicht nur für ihre eigenen Bemühungen, sondern auch für die Wertschöpfung des gesamten Unternehmens hat. Sie sind weit über die "Schiffe, die in der Nacht vorbeifahren" hinausgewachsen und bilden nun eine gut koordinierte Flotte, die das gleiche Ziel ansteuert. Darüber hinaus besuchen die Mitglieder der verschiedenen Teams regelmäßig die Schiffe der anderen Teams, geben Karten weiter, tauschen konsequent die Informationen aus, die sie aus ihren verschiedenen Navigationsinstrumenten gewinnen, und planen die nächste Etappe ihrer Reise im Gleichschritt.

Bei der Bewertung der wichtigsten Faktoren für das damit verbundene Risiko in diesem Stadium sind die folgenden Verhaltensweisen üblich.

- **Menschen:** In allen drei Linien arbeiten die Teams zusammen, um ihre individuellen und gemeinsamen Ziele effizienter und effektiver zu erreichen. Das bedeutet, dass sie regelmäßig Ressourcen gemeinsam nutzen, Aktivitäten koordinieren, sowohl formell als auch informell kommunizieren und starke Beziehungen aufbauen.

- **Prozesse:** Die Teams führen gemeinsame Risikobewertungen durch, konsolidieren die Berichterstattung, wann immer dies möglich ist, und arbeiten an einer gemeinsamen Problemverfolgung. Sie sind jedoch nicht in der Lage, durch die Kombination oder Rationalisierung von Kernaufgaben und Arbeitsabläufen eine optimale Effizienz zu erzielen.

- **Technologie:** Die Teams arbeiten zwar an der gemeinsamen Nutzung von Kontrollen und Daten, aber die Technologie bleibt uneinheitlich. Technologieplattformen verfügen zwar über Integrationen mit Datenquellensystemen, die eine gewisse gemeinsame Nutzung von Daten in Echtzeit ermöglichen, aber die Bemühungen werden durch die Einschränkungen der alten Technologien behindert (z. B. keine konsistente gemeinsame Nutzung von Daten, rückwirkende Berichterstattung, funktionsspezifische Implementierungen, schlechte Benutzerfreundlichkeit).

- **Daten:** Die Teams haben ohne Weiteres gemeinsamen Zugriff auf Daten und Ergebnisse und stützen sich auf eine einheitliche Risiko- und Kontrollmatrix sowie eine gemeinsame Risikotaxonomie, die sicherstellen, dass alle dieselbe Sprache sprechen. Da es jedoch keine einheitliche Datenbasis gibt, arbeiten die Teams oft noch mit unterschiedlichen oder unvollständigen Datensätzen.

- **Unterstützung der Stakeholder:** Die Stakeholder schätzen die stärkere Abstimmung zwischen den Teams, die klarere Risikotaxonomie und -priorisierung sowie die umfassendere Sicht auf die Risiken, die es ihnen ermöglicht, proaktivere und effektivere risikobasierte Entscheidungen zu treffen. Das Risikomanagement wird in vielen Aspekten der Unternehmenskultur verankert, wodurch das Risikobewusstsein und die Eigenverantwortung im gesamten Unternehmen gestärkt werden. Die Erkenntnisse, die die Stakeholder der ersten Linie von ihren Beratern der zweiten und dritten Linie erhalten, sind jedoch immer noch eher reaktiv als proaktiv. Die Teams der ersten Linie wünschen sich nach wie vor mehr Flexibilität, Transparenz, Proaktivität und risikobasierte Erkenntnisse.

Vierte Stufe: Verbindung

Die vierte Stufe umfasst die speziell entwickelte Technologie, die Teams, Prozesse und Daten in einem wirklich verbundenen Ökosystem zusammenführt. Mit einer einheitlichen Datenbasis, Automatisierungs- und KI-Funktionen zur Unterstützung wichtiger Aufgaben und Arbeitsabläufe können Unternehmen in dieser Phase einen größeren Nutzen aus dem hohen Maß an Zusammenarbeit ziehen, das in Phase drei etabliert wurde. Jetzt befinden sich alle Beteiligten jederzeit auf demselben Schiff und haben ununterbrochenen Zugriff auf dieselben Karten, Prognosen und datenbasierten Erkenntnisse, die aus den verschiedenen Navigationsinstrumenten gewonnen werden, die nun in direkter Kommunikation miteinander stehen. Da die Teams ihre Ressourcen gemeinsam nutzen und ihre Anstrengungen bündeln, erreichen mehr Fahrten ihr Ziel—auch bei stürmischer See.

Bei der Bewertung der wichtigsten Faktoren für das damit verbundene Risiko in diesem Stadium sind die folgenden Verhaltensweisen üblich.

- **Menschen:** Die Teams in allen drei Linien sind in der Lage, die Kommunikation, Koordination und Zusammenarbeit zu optimieren, wodurch sie mehr Risiken und datengestützte Erkenntnisse aufdecken und verwalten können. Sie bringen eine kollaborative, strategische und ergebnisorientierte Denkweise in ihre Arbeit ein, die Beziehungen stärkt, den Wissensaustausch fördert und die Stärken und das Potenzial jedes Einzelnen optimal nutzt.

- **Prozesse:** Intelligente, zweckgebundene Automatisierung und KI-gestützte Funktionen (z. B. Analysen, Kontrolltests, Berichterstellung, Framework-Zuordnungen, Empfehlungen) ermöglichen es Teams, Arbeitsabläufe zu optimieren und den Aufwand für repetitive oder administrative Aufgaben zu reduzieren.

- **Technologie:** Ein vollständig vernetztes Ökosystem verbindet alle Inhalte und Aktivitäten der Internen Revisions-, Risiko-, Compliance- und Informationssicherheits-Programme des Unternehmens (z. B. Daten, Analysen, Kontrollen, Frameworks, Workflows). Alle Module arbeiten zusammen und tauschen Daten aus, und jeder Benutzer verfügt über ein personalisiertes, automatisiertes Dashboard, das Prioritäten setzt und Erinnerungen an erforderliche Maßnahmen sendet.

- **Daten:** Eine einheitliche Datenbasis bietet einen umfassenden Überblick über die Risiken im gesamten Unternehmen und eine einzige Quelle der Wahrheit für Risiken, Kontrollen, Probleme, Richtlinien und mehr. Eine einheitliche Datenarchitektur ermöglicht es Unternehmen auch, Strategien zur kontinuierlichen Überwachung und KI-Programme effektiver zu nutzen, da sie auf das Gesamtbild ihrer Daten zugreifen und diese analysieren können.

- **Unterstützung der Stakeholder:** Vernetzte, aufeinander abgestimmte Teams, Prozesse und Daten bieten den Stakeholdern in allen drei Linien datengestützte Einblicke, erhöhte Flexibilität, schnellere Risikoerkennung und Problemlösung sowie eine wirklich verbundene, strategische Perspektive auf Risiken. Dies ermöglicht ihnen, mit größerer Zuversicht, Vertrauen und Sicherheit zu arbeiten. Das Engagement und die Eigenverantwortung der Stakeholder in der ersten Linie nehmen zu, da sie von den konsistenten, abgestimmten Prozessen und Berichten profitieren, und das Risikomanagement ist nun fest in der gesamten Organisation verankert.

Fortschreitende Reife des Connected Risks

Die vierte Stufe ist es wert, erreicht zu werden, aber Unternehmen können noch weiter gehen. Connected Risk bietet die Grundlage für einen Reifegrad, der weit über das hinausgeht, was wir gerade skizziert haben. Denken

Sie daran, dass Connected Risk nur Ihr „Fahrrad" ist—Sie entscheiden, wohin es Sie führt. Sie treiben es zu Ihrem Ziel.

Wie wir im Laufe dieses Buches dargelegt haben, führen die Bedingungen der Permakrise—gepaart mit einem stagnierenden Ressourcenpool—zu einer Risikolücke, die Unternehmen zum Handeln zwingt. Wir müssen uns auf den Weg machen, um Mehrwert aus den vorhandenen Risikoressourcen zu schöpfen. Je mehr wir das Versprechen und das Potenzial des Connected Risks nutzen können, um die Resilienz, die Agilität, den Wettbewerbsvorteil und die Wettbewerbsfähigkeit unserer Unternehmen zu verbessern, desto besser. Je besser wir unsere Kapazitäten für den Schutz, die Realisierung und die Schaffung von Werten nutzen, desto besser sind wir für die kommenden Risikobedingungen gerüstet. Connected Risk stellt einfach sicher, dass wir alle einen gangbaren Weg in die Zukunft haben.

KAPITEL 15

Die Zukunft der Change Agents für Connected Risk im Zeitalter der Permakrise

Connected Risk ist ein dynamischer Ansatz zur Verbesserung der Zusammenarbeit, des Bewusstseins und der Eigenverantwortung in allen drei Linien, der es den Teams ermöglicht, Risiken effektiver zu erkennen und auf sie zu reagieren. Es hilft Unternehmen, Risiken vorauszusehen und ihre Chancen besser zu nutzen, selbst unter sich ständig ändernden Bedingungen. Auf diese Weise zielt Connected Risk bereits darauf ab, das Risikomanagement "zukunftssicher" zu machen und sicherzustellen, dass Organisationen risikofest und flexibel sind und sich an die Zukunft anpassen können.

Unsere Erkundigungen sind jedoch nicht vollständig, wenn wir nicht untersuchen, wie diese Zukunft aussehen könnte, wie sich Connected Risk darin einfügen wird und welche Auswirkungen es auf die Aufgaben des Risikomanagements in den drei Linien haben könnte.

Wie könnte es aussehen, im Zeitalter der Permakrise ein „Agent des Wandels im Connected Risk" zu sein? Was steht auf dem Spiel, wenn wir dem Ruf nicht folgen? Und vor allem: Wie wird die zweite Hälfte der 2020er Jahre weiterhin verändern wer wir sind, was wir tun und wie wir geschätzt werden?

Das Fortbestehen der Permakrise

Es gibt keine Anzeichen für ein Abklingen der Permakrise. Sie wird wahrscheinlich auch in der zweiten Hälfte der 2020er Jahre anhalten, wobei neue

Entwicklungen und Krisen die makroökonomische, sozioökonomische, öko-logische, technologische, geopolitische, politische, regulatorische und geschäftliche Landschaft weiter verändern werden. Insbesondere die Tech-nologie wird unvorhergesehene und unvorhersehbare Herausforderungen mit sich bringen, die das Mögliche erweitern und gleichzeitig tiefgreifende Veränderungen auslösen wird.

Wie das Connected Risk Modell bestätigt, sind Unternehmen mit einer Flut von externen Risiken konfrontiert, während sie gleichzeitig bestrebt sind, beängstigende interne Probleme in Bezug auf Nachwuchs, Technologie, Governance, Effektivität des Risikomanagements und andere Aspekte der Risikolücke zu überwinden. Trotz dieser Kräfte werden die Unternehmen beharrlich daran arbeiten, Werte für ihre Stakeholder zu schützen, zu ver-wirklichen und zu schaffen.

Unter diesen Bedingungen Geschäfte zu machen, ist bereits eine angstein-flößende Aussicht, aber die zweite Hälfte der 2020er Jahre verspricht noch mehr Umwälzungen und Veränderungen. Ich glaube wirklich, dass wir erst die sprichwörtliche Spitze des Eisbergs gesehen haben. Es wird noch viel mehr kommen; nur die Zeit wird zeigen, wie viel.

Wir können das gewaltige Volumen des Eisbergs nicht sehen, aber er ist da. Wenn wir uns nicht vorbereiten, ist das eine strategische Bedrohung nicht nur für unsere jeweiligen Interne Revisions-, Risiko-, Compliance- und Informationssicherheit-Teams, sondern auch für die Organisationen, für die wir arbeiten.

Schreiben der neuen Regeln

Wir müssen uns für die Risiken von morgen wappnen. Das bedeutet, dass wir uns mit den Realitäten der Betriebsführung in einem sich nahezu ständig verändernden Risikoumfeld auseinandersetzen müssen. Es bedeutet, dass wir uns selbst herausfordern müssen, auf neue Art und Weise zu denken und zu arbeiten, und dass wir unsere Ziele im Hinblick auf die Gesamtziele unserer Organisationen neu definieren müssen.

Die alten Regeln gelten nicht mehr. Die neuen Regeln werden gerade geschrieben. Wir können und müssen eine Rolle dabei spielen, sie zu schreiben.

Wenn ich vor den Gefahren warne, die entstehen, wenn man sich auf die falschen Risiken konzentriert, greife ich oft auf einen Ausdruck zurück, den ich während meiner Tätigkeit für die US-Armee gelernt habe. 20 Jahre lang habe ich als Zivilist mit Vier-Sterne-Generälen und anderen militärischen Führungskräften gearbeitet. Sie warnten oft: "Wir müssen aufpassen, dass wir uns nicht darauf vorbereiten, den letzten Krieg zu führen."

Dieses uralte Sprichwort geht auf eine Bemerkung des französischen Militärstrategen und politischen Führers Charles de Gaulle zurück, der gesagt haben soll: "Generäle führen immer den letzten Krieg". Das Zitat spiegelt die weit verbreitete Tendenz wider, davon auszugehen, dass die nächste Bedrohung wie die letzte aussehen wird, was jedoch selten der Fall ist.

Es liegt in der menschlichen Natur, dass wir uns wappnen wollen—um uns vor den Gefahren zu schützen, die wir kennen. Wenn wir eine schwierige oder unangenehme Erfahrung gemacht haben, werden diese Erfahrungen bei der Bewertung unserer Zukunftsängste wichtig. Wir sehen bereitwillig das, was wir bereits zu erkennen gelernt haben. Diese Tendenz ist jedoch sowohl ein Rückzug als auch eine Falle.

Unser Instinkt, "den letzten Krieg zu führen", ist ein Grund dafür, dass wir so schlecht auf die große Finanzkrise von 2007–2008 vorbereitet waren. Die Unternehmen, einschließlich ihrer Internen Revisoren und Risikomanager, konzentrierten sich auf betrügerische Finanzkontrollen, weil dies (wie in Kapitel 1 gezeigt) der Feind war, den wir nach der Epidemie der betrügerischen Bilanzfälschungen zu Beginn dieses Jahrzehnts zu fürchten gelernt hatten. Also kauerten wir uns hin und entwarfen und testeten zielstrebig Kontrollen für die Bilanzerstellung in der Gewissheit, dass unsere Bemühungen unsere Unternehmen schützen würden.

Niemand achtete wirklich auf die allgemeine Wirksamkeit des Risikomanagements. Dieses Risiko hat uns unvorbereitet getroffen, weil wir davon ausgingen, dass die nächste Bedrohung genauso aussehen würde wie die letzte.

Deshalb sollten alle drei Linien Arm in Arm zusammenarbeiten und gemeinsam nach vorne schauen, um zu sehen, was auf uns zukommt. Natürlich wollen wir auch zurückblicken, die Schlachtfelder begutachten, auf denen wir gekämpft haben, und die Taktiken analysieren, die erfolgreich waren und die nicht erfolgreich waren. Rückblicke können hilfreich sein. Problematisch wird es, wenn sie uns daran hindert, die Gegenwart und die Zukunft mit klaren Augen zu sehen.

Um auf Schlachtfeldern, die wir noch nicht gesehen haben, erfolgreich zu sein, ist Voraussicht unsere beste Waffe. Was können wir mit diesem Ziel im Hinterkopf in fünf Jahren sehen?

Fünf Prognosen für die zweite Hälfte der 2020er Jahre

1. Die Fähigkeit der KI zur Rückschau wird unsere eigene übertreffen

Ein versteckter Faden in diesem Buch war ein stiller, latenter Wettbewerb zwischen den drei Linien, als ob wir alle auf uns aufpassen müssten, um nicht an Ansehen oder Bedeutung innerhalb unserer Organisationen zu verlieren. Wie ich hoffentlich deutlich gemacht habe, steht diese Haltung im Gegensatz zu unseren gemeinsamen Zielen. Darüber hinaus übersieht diese unproduktive Denkweise den potenziellen "Erzfeind", der uns alle aus dem Weg räumen könnte: KI.

Im Zeitalter von Big Data verschafft die schnell wachsende Kapazität der KI einen natürlichen Vorteil bei der Bereitstellung von Rückblicken. Aus der Perspektive der Internen Revision sage ich beispielsweise voraus, dass KI bald den Großteil der Prüfungsaufgaben übernehmen wird, die bisher das Brot und die Butter des Berufsstands waren. Die Internen Revisoren sind jedoch nicht die einzigen, die anfällig sind. Schon heute setzen viele Risikomanager KI ein, um bestehende und neu entstehende Branchenrisiken zu beleuchten. Informationssicherheits-Teams nutzen KI, um ihre Bewertungs- und Testprozesse zu beschleunigen, indem sie Datenanalysen, Schwachstellenscans und andere Aufgaben automatisieren. KI kann auch Berichterstattungsprozesse rationalisieren, indem sie die Datenerfassung automatisiert und Berichte erstellt, die den gesetzlichen Anforderungen entsprechen.

Insgesamt sehe ich in der KI ein unglaubliches Potenzial für die Entwicklung zum Risikomanagement-"Experten". Dementsprechend sollte ein Teil unserer kollektiven Strategie zur Verfolgung des Connected Risks darin bestehen, unsere natürlichen Vorteile als "menschliche Aufpasser" des Risikos zu nutzen. Wenn wir nicht hoffen können, mit der Fähigkeit der KI zur Rückschau ("hindsight") mithalten zu können, sind wir gut beraten, wenn wir unsere Fähigkeiten zur Einsicht („insight") und Vorausschau („foresight") verbessern.

KI wird wahrscheinlich die Existenz vieler Berufe in Frage stellen. Diese Realität offenbart jedoch eine andere Art und Weise, wie Connected Risk einen Wert darstellt: Es ermöglicht Fachleuten in allen drei Linien, ihr Fachwissen, ihre Kenntnisse und ihre Einblicke in das Geschäft gemeinsam zu nutzen, um einen Wert zu schaffen, den KI nicht bieten kann. Um unsere Rollen für die Zukunft gegen die Auswirkungen von KI zu wappnen, müssen wir unsere Kernaufgaben jedoch grundlegend ändern.

2. Vorausschauendes Denken wird zum Wettbewerbsvorteil der Menschen

Ein wirksames Risikomanagement ist im Wesentlichen vorausschauend. Rückblick und Einsicht werden zwar immer wichtig sein, aber die wichtigste Fähigkeit ist die Voraussicht.

Die Voraussicht („foresight") ist die Fähigkeit, Ihrem Unternehmen dabei zu helfen, vorauszusehen, was in der Zukunft passieren könnte, um die Ecke zu sehen und tausend Meilen voraus zu blicken. Die Entwicklung einer präzisen, relevanten und qualitativ hochwertigen Vorausschau für das Risikomanagement erfordert Fähigkeiten, die nur Menschen bieten können, darunter:

- Detailliertes, differenziertes Wissen über die Organisation, das auf direkter Erfahrung, tiefem Fachwissen, Verständnis für Zusammenhänge und Beziehungen innerhalb der Organisation beruht

- Klares Verständnis und Übereinstimmung mit der Strategie, den Werten und den Prioritäten des Unternehmens

- Ethisches Urteilsvermögen und Entscheidungsfindung, frei von Voreingenommenheit oder Diskriminierung

- Kritisches, kreatives, innovatives, intuitives und wirklich einzigartiges Denken und Problemlösen, das sich am Realistischen und Möglichen orientiert

- Anpassungsfähigkeit an veränderte Bedingungen, Strategien oder Prioritäten

- Einfühlungsvermögen und emotionale Intelligenz zur Unterstützung einer effektiven Kommunikation, Zusammenarbeit, des Aufbaus von Beziehungen und des Managements von Veränderungen

- die Fähigkeit, neue Techniken und Informationen nach Belieben zu erlernen und schneller aus Fehlern zu lernen

Interne Revisions-, Risikomanagement-, Compliance- und Informationssicherheit-Teams sollten sich darauf konzentrieren, ihre Leistung, ihren Einblick und ihre Präzision in Bezug auf Risiken zu verbessern, um ihren Organisationen eine effektivere Vorausschau zu ermöglichen—oder sie laufen Gefahr, von KI verdrängt zu werden. Zu diesem Zweck sollten wir KI aktiv in unsere Arbeit einbeziehen (z. B. indem wir fortschrittliche prädiktive Analysen nutzen, um potenzielle Risiken und Probleme zu erkennen, bevor sie sich verwirklichen), um unsere Fähigkeit zur Einsicht und Vorausschau zu verbessern.

3. Nachwuchsstrategien werden zu einem Unterscheidungsmerkmal

Die Auswirkungen von Talent- und Qualifikationsdefiziten auf die Unternehmensleistung werden weiter zunehmen. Diese Lücken sind ein Hindernis für Transformation, Relevanz und Resilienz, so dass jede Organisation, die in den nächsten fünf Jahren überlebensfähig bleiben will, dem Aufbau einer umfassenden, zukunftsorientierten Nachwuchsstrategie, die in die Gesamtstrategie integriert ist, Priorität einräumen muss.

Wir werden unsere Prioritäten für den Wandel nicht erreichen, wenn wir nicht strategisch unsere nächste Generation von Experten aufbauen. So wie der nächste Krieg nicht dem letzten ähneln wird, so wird auch die nächste Generation von Führungskräften anders aussehen als die jetzige. In Zukunft wird es immer wichtiger werden, strategischen Scharfsinn, kreatives und analytisches Denken, Beziehungsorientierung, eine innovative, verbundene und kollaborative Denkweise sowie vielfältiges Fachwissen, insbesondere in den Bereichen Datenwissenschaft, KI und technologische Kompetenz, in den Vordergrund zu stellen.

4. Stärkere Betonung der Governance von Kultur und KI

Wie der Unternehmensberater Peter Drucker in seinem berühmten Aphorismus feststellte, "frisst die Kultur die Strategie zum Frühstück". Tatsächlich weicht die „Art und Weise, wie Dinge hier gemacht werden" häufig von den erklärten Werten der Organisation ab.

Die Kultur ist ein zeitloses und universelles Risiko, das einen Wettbewerbsvorteil bieten oder den Unternehmenswert auf atemberaubende Weise zerstören kann. In dem Maße, in dem KI mehr von unseren traditionellen Aufgaben übernimmt, werden wir freier, um uns mehr auf kulturelle Risiken zu konzentrieren.

Ich coache oft Interne Revisoren, die sich Sorgen machen, dass KI ihren Platz einnehmen wird, **damit** sie sich keine Sorgen machen. Ich weise auf etwas hin, das meiner Meinung nach offensichtlich ist. Wenn es uns nicht mehr gibt, wer wird dann die Kontrolle über die KI selbst übernehmen? Der Weg zu einer verantwortungsvollen Einführung von KI ist komplex und noch nicht abgeschlossen. Die sich abzeichnenden Risiken und ComplianceAnforderungen im Zusammenhang mit KI werden in den verbleibenden Jahren dieses Jahrzehnts mit ziemlicher Sicherheit eine stärkere Konzentration erfordern.

5. Connected Risk wird für die Wertschöpfung entscheidend sein

Wie ich in Kapitel 8 hervorgehoben habe, ist ein neuer Ansatz für das Risikomanagement im Gange. Der traditionelle Drei-Linien-Ansatz weicht einer stärkeren Kommunikation, Koordination und Zusammenarbeit, d.h. einem Connected Risk Ansatz für das Management von Unternehmensrisiken.

Wir stehen buchstäblich an der Schwelle zu dieser Ära. Das kommende Jahrzehnt wird wahrscheinlich von mehr Wettbewerb, mehr technologischer Innovation und größerer Unsicherheit geprägt sein. Die drei Linien müssen sich als kollektive Agenten des Wandels („Change Agents") zusammenschließen, um eine noch größere Rolle bei der Wertschöpfung zu spielen. Denn wie wir gesehen haben, sind es nicht die Risikobedingungen selbst, die letztlich darüber entscheiden, ob Werte geschaffen oder vernichtet werden. Entscheidend ist, wie Unternehmen mit diesen Risikobedingungen umgehen.

Navigation durch unsere mögliche Zukunft

Ich habe einige meiner wichtigsten Prognosen für die zweite Hälfte der 2020er Jahre mitgeteilt. Ich werde mich jedoch zurückhalten, den Erfolg der Berufe in den Bereichen Risiko, Assurance und Informationssicherheit selbst vorherzusagen. Ich kann diese Vorhersagen nicht treffen, da ich nur begrenzt Einblick und Kontrolle habe.

Ich werde weiterhin meinen Teil dazu beitragen, den Wert unserer Berufe für die Zukunft zu sichern. Aber es liegt an Ihnen und unzähligen anderen wie Ihnen, zu entscheiden, wohin uns die Zukunft führt. Ich sehe drei mögliche Szenarien. Für welches entscheiden Sie sich?

Szenario eins: Selbstgefälligkeit führt zu einem Sturzflug

In dieser Version unserer Zukunft konvergieren die strategischen Risiken, mit denen unsere Berufe konfrontiert sind, aber wir versäumen es, dem Ruf zu folgen. Wir unternehmen keine Anstrengungen, um zusammenzuarbeiten oder die Technologieplattformen zu nutzen, die Connected Risk ermöglichen. Wir räumen dem Erwerb neuer Fähigkeiten keine Priorität ein und erweisen uns als ineffektiv, wenn es darum geht, KI zu nutzen, um unsere Fähigkeiten zu erweitern, anstatt sie zu ersetzen. Das Ergebnis ist, dass KI viele unserer Aufgaben übernimmt und die Ressourcen für das Risikomanagement in den meisten Unternehmen entweder stagnieren oder abnehmen. Unsere Unternehmen stehen vor der Frage: "Wo waren meine Internen Revisions-, Risiko-, Compliance- und Informationssicherheits-Berater, als ich sie brauchte?" Die Antwort: Wir sind nicht länger ein wichtiger Teil dieses Bildes.

Szenario zwei: Den Kurs halten und vorbeigleiten

In dieser etwas hoffnungsvolleren Zukunft werden viele strategische Risiken, mit denen unsere Berufe konfrontiert sind, nicht eintreten; dementsprechend wählen wir den "sicheren" Weg und begnügen uns mit einem rein reaktiven Ansatz. Wir gehen von der einfachen Kommunikation mit unseren Kollegen in den drei Linien zu einer häufigeren Koordination und sogar zu einer bescheidenen Zusammenarbeit über. Aber wir nutzen die Technologie für Connected Risk nicht und machen uns ihren Wert nicht voll zu eigen. Wir segeln weder auf die Stürme zu, mit denen unsere Organisationen konfrontiert sind, noch entfernen wir uns von ihnen. Wir sind da, wenn wir gebraucht werden, aber als Berater werden wir lediglich als "nützlich" angesehen—nicht als "unverzichtbar".

Szenario Drei: Die Chancen ergreifen und aufsteigen

In dieser sehr wahrscheinlich möglichen Zukunft nehmen wir Connected Risk in vollem Umfang an und befähigen unsere Organisationen proaktiv, indem wir Schlüsselrisiken als entscheidende Chancen erkennen und nutzen. Wir setzen Technologie und KI als Kapazitätsmultiplikatoren ein und nutzen die kontinuierliche Risikoüberwachung und -bewertung, um dynamische Risikoerkenntnisse und -planung, effektive Risikominderung und verbesserte Wertschöpfung zu fördern. Indem wir in proaktive Nachwuchsförderung investieren und die menschlichen Fähigkeiten kultivieren, die uns unersetzlich machen, sichern wir den Wert unserer Berufe für die Zukunft. In dieser Zukunft werden Agilität, Resilienz und Connected Risk nicht als Methoden, sondern als Mentalität verstanden. Wir sind zentrale, absolut unverzichtbare Change Agents, die dabei helfen, Organisationen zu schaffen, die angesichts enormer Unsicherheit risikobeständig sind.

Change Agents bei der Verbindung von Disruption und Transformation

Die erste Hälfte der 2020er Jahre hat uns eine unschätzbare Gelegenheit geboten, zu lernen, uns anzupassen und uns besser auf das vorzubereiten, was als nächstes kommt. Ob wir nun in unseren Rollen verharrten oder den Kurs änderten, wir sind zu weit gekommen, als dass wir uns von den Risiken oder der Technologie bestimmen lassen sollten, wer wir sind oder wo die Grenzen unseres Könnens liegen.

Disruption und Transformation werden auch in der nächsten Hälfte des Jahrzehnts nebeneinander bestehen. Glücklicherweise ist das Risikomanagement der Schlüssel, um beides zu bewältigen, da es die Mittel bereitstellt, mit denen wir die Disruption nutzen können, um den Wandel voranzutreiben. Wir müssen die Connected Risk Veränderer sein, die unsere Organisationen brauchen, um in der nächsten Hälfte der 2020er Jahre erfolgreich zu sein.

Das ist die Zukunft, die ich mir für das Risikomanagement wünsche. Das ist die Zukunft, in der wir die gefährliche Risikolücke überwinden—die Zukunft, die Connected Risk möglich macht. Dies ist die Zukunft, die wir gemeinsam gestalten können.

Anmerkungen

Teil 1—Das Zeitalter der Permakrise
Kapitel 1: Risikomanagement im modernen Zeitalter

1. Carol Fox, "Understanding the New ISO and COSO Updates," *Risk Management*, June 1, 2018, https://www.rmmagazine.com/articles/article/2018/06/01/-Understanding-the-New-ISO-and-COSO-Updates.

2. Hugh L. Marsh, James C. Treadway, Jr., et al., *Report of the National Commission on Fraudulent Financial Reporting*, October 1987, accessed August 1, 2024, https://docslib.org/doc/8071038/report-of-the-national-commission-on-fraudulent-financial-reporting.

3. Marsh and Treadway et al., *Report of the National Commission*.

4. Kent N. Schneider and Lana Lowe Becker, "Using the COSO model of internal control as a framework for ethics initiatives in business schools," *Journal of Academic and Business Ethics*, January 2011, https://www.aabri.com/manuscripts/10725.pdf, 5.

5. PricewaterhouseCoopers LLP and Committee of Sponsoring Organizations of the Treadway Commission (COSO), "Enterprise Risk Management: Integrated Framework: Executive Summary, Framework, September 2004," *Association Sections, Divisions, Boards, Teams*, September 2004, https://egrove.olemiss.edu/aicpa_assoc/38, n.p.

6. Fox, "Understanding the New ISO and COSO Updates."

7. COSO, "Enterprise Risk Management: Integrating with Strategy and Performance: Executive Summary," June 2017, https://www.coso.org/_files/ugd/3059fc_61ea5985b03c4293960642fdce408eaa.pdf, n.p.

8. Sandrine Tranchard, "ISO celebrates 70 years," ISO, February 23, 2017, https://www.iso.org/news/2017/02/Ref2163.html.

9. International Organization for Standardization (ISO), "Risk Management: ISO 31000," February 2018, https://www.iso.org/files/live/sites/isoorg/files/store/en/PUB100426.pdf, 2.

10. ISO, "Risk Management: ISO 31000," 3.

11. ISO, "Risk Management: ISO 31000," 1.

12. ISO, "Risk Management: ISO 31000," 3.

13. Fox, "Understanding the New ISO and COSO Updates."

14. Peter Bäckman, "Enterprise Risk Management to the 21st Century Resilient Organization," LinkedIn, February 2, 2022, https://www.linkedin.com/pulse/enterprise-risk-management-21st-century-resilient-b%C3%A4ckman-ambci/.

Kapitel 2: Das Entstehen der Permakrise

1. HarperCollins Publishers, definition of "permacrisis," *Collins English Dictionary*, accessed August 1, 2024, https://www.collinsdictionary.com/us/dictionary/english/permacrisis.

2. Helen Bushby, "Permacrisis declared Collins Dictionary word of the year," BBC, October 31, 2022, https://www.bbc.com/news/entertainment-arts-63458467.

3. Richard F. Chambers, "Risk and Audit Transformation in the Era of Permacrisis: Imperatives for 2024 and Beyond," *AuditBoard* (blog), August 29, 2023, https://www.auditboard.com/blog/risk-and-audit-transformation-in-the-era-of-permacrisis/.

4. Keith Goodwin, "Dodd-Frank Wall Street Reform and Consumer Protection Act of 2010," Federal Reserve History, July 21, 2010, https://www.federalreservehistory.org/essays/dodd-frank-act.

5. John Weinberg, "The Great Recession and Its Aftermath," Federal Reserve History, November 22, 2013, https://www.federalreservehistory.org/essays/great-recession-and-its-aftermath.

6. Howard Schneider and Jonnelle Marte, "From opioid deaths to student debt: A view of the 2010s economy in charts," Reuters, December 31, 2019, https://www.reuters.com/article/world/from-opioid-deaths-to-student-debt-a-view-of-the-2010s-economy-in-charts-idUSKBN1YZ0AD/.

7. Richard F. Chambers, "Ready or Not—Here Come the 2020s," *Audit Beacon* (blog), October 7, 2019, https://www.richardchambers.com/ready-or-not-here-come-the-2020s/.

8. Richard F. Chambers, "The Road Ahead for Internal Audit: 5 Bold Predictions for the 2020s," *Audit Beacon* (blog), November 4, 2019, https://www.richardchambers.com/the-road-ahead-for-internal-audit-5-bold-predictions-for-the-2020s/.

9. Frederick Kempe, "Here are six reasons to be optimistic about 2020," CNBC, December 21, 2019, https://www.cnbc.com/2019/12/20/here-are-six-reasons-to-be-optimistic-about-2020.html.

10. "Coronavirus: the first three months as it happened," *Nature*, April 22, 2020, https://doi.org/10.1038/d41586-020-00154-w.

11. Alasdair Sandford, "Coronavirus: Half of humanity now on lockdown as 90 countries call for confinement," *EuroNews*, February 4, 2020, https://www.euronews.com/2020/04/02/coronavirus-in-europe-spain-s-death-toll-hits-10-000-after-record-950-new-deaths-in-24-hou.

12. Lawrence H. Leith, "What caused the high inflation during the COVID-19 period?," *Monthly Labor Review*, U.S. Bureau of Labor Statistics, December 2023, https://www.bls.gov/opub/mlr/2023/beyond-bls/what-caused-the-high-inflation-during-the-covid-19-period.htm.

13. Irina Ivanova, "Inflation hit 9.1% in June, highest rate in more than 40 years," MoneyWatch, CBS News, July 13, 2022, https://www.cbsnews.com/news/inflation-june-cpi-report-hit-new-high-

14. Drew DeSilver, "Most U.S. bank failures have come in a few big waves," Pew Research Center, April 11, 2023, https://www.pewresearch.org/short-reads/2023/04/11/most-u-s-bank-failures-have-come-in-a-few-big-waves/.

Kapitel 3: Die Geschwindigkeit von Risiko und Wertvernichtung

1. Ingrid Lexova and Umer Khan, "US bankruptcies hit 13-year peak in 2023; 50 new filings in December," S&P Global, January 9, 2024, https://www.spglobal.com/marketintelligence/en/news-insights/latest-news-headlines/us-bankruptcies-hit-13-year-peak-in-2023-50-new-filings-in- december-79967180.

2. Ian Bezek, "7 Companies That Went Bankrupt Due to COVID," *U.S. News & World Report*, May 12, 2023, https://money.usnews.com/investing/stock-market-news/slideshows/covid-bankrupt-companies.

3. Khristopher J. Brooks, "3 key mistakes that doomed Bed Bath & Beyond," MoneyWatch, CBS News, January 13, 2023, https://www.cbsnews.com/news/bed-bath-beyond-retail-collapse-stores/.

4. "The Death of a Giant: Bed Bath & Beyond's Downward Spiral to Irrelevance," From, accessed August 7, 2024, https://www.from.digital/insights/death-giant-bed-bath-beyonds-downward-spiral-irrelevance/.

5. "Number of Bed Bath & Beyond stores worldwide from 2015 to 2022," Statista, December 1, 2023, https://www.statista.com/statistics/1076094/store-numbers-of-bed-bath-and-beyond-worldwide/.

6. Brooks, "3 key mistakes."

7. Angie Basiouny, "What Went Wrong at Bed Bath & Beyond," Knowledge at Wharton, May 2, 2023, https://knowledge.wharton.upenn.edu/article/what-went-wrong-at-bed-bath-beyond/.

8. Jordyn Holman, "Overstock.com Wins $21.5 Million Bid for Bed Bath & Beyond's Assets," *The New York Times*, June 22, 2023, https://www.nytimes.com/2023/06/22/business/bed-bath-beyond-overstock-bankruptcy.html.

9. Reuters, "Why did WeWork fail, and what is next for the company?," November 8, 2023, https://www.reuters.com/business/why-wework-failed-what-is-next-2023-11-07/.

10. Reuters, "Why did WeWork fail."

11. Ross Garlick, "A Recap of WeWork's almighty implosion," Ross Rambles, June 11, 2020, https://rossgarlick.com/2020/06/11/a-recap-of-weworks-almighty-implosion/.

12. WSJ Real Estate, "WeWork: A $20 Billion Startup Fueled by Silicon Valley Pixie Dust," *The Wall Street Journal*, October 19, 2017, https://www.wsj.com/articles/wework-a-20-billion-startup-fueled-by-silicon-valley-pixie-dust-1508435003.

13. NPR, "WeWork has filed for bankruptcy. Here's a look at its downfall," November 7, 2023, https://www.npr.org/2023/11/07/1211333582/wework-has-filed-for-bankruptcy-heres-a-look-at-its-downfall.

14. Reuters, "Why did WeWork fail."

15. Matt Turner, "A bunch of cycling enthusiasts just helped Peloton Cycle raise $325 million—betting it could be 'the Apple of fitness'," *Business Insider*, May 24, 2017, https://www.businessinsider.com/peloton-raises-325-million -2017-5.

16. Tom Huddleston, Jr., "How Peloton exercise bikes became a $4 billion fitness start-up with a cult following," CNBC Make It, February 12, 2019, https://www .cnbc.com/2019/02/12/how-peloton-exercise-bikes-and-streaming-gained-a -cult-following.html.

17. Gabrielle Fonrouge, "Inside Peloton's rapid rise and bitter fall—and its attempt at a comeback," CNBC, February 19, 2023, https://www.cnbc.com/2023/02/19 /peloton-rise-fall-attempted-comeback.html.

18. Fonrouge, "Inside Peloton's rapid rise."

19. Fonrouge, "Inside Peloton's rapid rise."

20. Tom Wilson, "Crypto exchange FTX valued at $32 bln as SoftBank invests," Reuters, January 31, 2022, https://www.reuters.com/markets/us/crypto -exchange-ftx-valued-32-bln-softbank-invests-2022-01-31/.

21. Angus Berwick, "Exclusive: At least $1 billion of client funds missing at failed crypto firm FTX," Reuters, November 13, 2022, https://www.reuters .com/markets/currencies/exclusive-least-1-billion-client-funds-missing-failed -crypto-firm-ftx-sources-2022-11-12/.

22. David Yaffe-Bellany, "New Chief Calls FTX's Corporate Control a 'Complete Failure'," *The New York Times*, November 17, 2022, https://www.nytimes.com /2022/11/17/business/ftx-bankruptcy.html.

23. Richard F. Chambers and Anthony Pugliese, "On the Frontlines: The Hard Lessons of FTX," *AuditBoard* (blog), January 25, 2023, https://www.auditboard .com/blog/on-the-frontlines-the-hard-lessons-of-ftx/.

24. Luc Cohen and Jody Godoy, "Bankman-Fried sentenced to 25 years for multi-billion dollar FTX fraud," Reuters, March 28, 2024, https://www.reuters .com/technology/sam-bankman-fried-be-sentenced-multi-billion-dollar -ftx-fraud-2024-03-28/.

25. "About Zoom," *Zoom* (blog), accessed August 6, 2024, https://www.zoom .com/en/about/.

26. Dominic Kent, "The History Of Eric Yuan's Zoom," Mio, accessed August 6, 2024, https://www.m.io/blog/eric-yuan-zoom.

27. Steven Loeb, "When Zoom was young: the early years," Vator News, March 26, 2020, https://vator.tv/news/2020-03-26-when-zoom-was-young-the-early -years.

28. Loeb, "When Zoom was young."

29. Robbie Pleasant, "Zoom Video Communications Reaches 1 Million Participants," TMCnet, 2013, https://www.tmcnet.com/topics/articles /2013/05/23/339279-zoom-video-communications-reaches-1-million-parti cipants.htm.

30. Kent, "The History Of Eric Yuan's Zoom."

31. Jon Quast, "Can Zoom Make You . . . Happy?," The Motley Fool, October 24, 2019, https://www.fool.com/investing/2019/10/24/can-zoom-make-youhappy .aspx.

32. "A Message from Eric Yuan, CEO of Zoom," Zoom (blog), February 7, 2023, https://www.zoom.com/en/blog/a-message-from-eric-yuan-ceo-of-zoom/.

33. Yitzi Weiner, "The Inspiring Backstory of Eric S. Yuan, Founder and CEO of Zoom," Thrive Global, October 2, 2017, Internet Archive Wayback Machine, accessed August 6, 2024, https://web.archive.org/web/20190423220431 /https://medium.com/thrive-global/the-inspiring-backstory-of-eric-s-yuan -founder-and-ceo-of-zoom-98b7fab8cacc.

34. Brian Caulfield, "NVIDIA Founder and CEO Jensen Huang Returns to Denny's Where NVIDIA Launched a Trillion-Dollar Vision," Nvidia, September 26, 2023, https://blogs.nvidia.com/blog/nvidia-dennys-trillion/.

35. Rob Wile, "Why everyone is suddenly talking about Nvidia, the nearly $3 trillion-dollar company fueling the AI revolution," NBC News, February 24, 2024, https://www.nbcnews.com/business/business-news/what-is-nvidia-what-do -they-make-ai-artificial-intelligence-rcna140171.

36. Andrew Nusca, "This Man Is Leading an AI Revolution in Silicon Valley—And He's Just Getting Started," Fortune, December 1, 2017, Internet Archive Way-back Machine, accessed August 6, 2024, https://web.archive.org/ web /20171116192021/http://fortune.com/2017/11/16/nvidia-ceo-jensen-huang/.

37. "Our Story," Nvidia, 2024, accessed August 1, 2024, https://images.nvidia.com /pdf/NVIDIA-Story.pdf.

38. Peter Sayer, "How Nvidia became a trillion-dollar company," CIO, September 1, 2023, https://www.cio.com/article/646471/how-nvidia-became-a-trillion-dollar -company.html.

39. Tom Huddleston, Jr., "Nvidia CEO built a $3 trillion company with this leader-ship philosophy: 'No task is beneath me'," CNBC Make It, July 6, 2024, https:// www.cnbc.com/2024/07/06/nvidia-ceos-leadership-philosophy-no-task-is -beneath-me.html.

40. Maddie Berg, "CS undergrad wins tech fellowship," The Brown Daily Herald, September 9, 2012, https://www.browndailyherald.com/article/2012/09/cs -undergrad-wins-tech-fellowship.

41. Josh Constine, "23-Year-Old's Design Collaboration Tool Figma Launches With $14M To Fight Adobe," TechCrunch, December 3, 2015, https://techcrunch .com/2015/12/03/figma-vs-goliath/.

42. Dylan Field, "Reflecting on Figma's First Year," Figma Shortcut, May 20, 2017, https://www.figma.com/blog/reflecting-on-figmas-first-year/.

43. Dylan Field, "Meet us in the browser," Figma Shortcut, December 9, 2020, https://www.figma.com/blog/meet-us-in-the-browser/.

44. Monica Chin, "Education Chromebooks are getting Figma, a very cool set of design tools," The Verge, June 7, 2022, https://www.theverge.com/2022/6/7 /23157093/google-chromebook-students-figma-figjam-partnership.

45. David Wadhwani, "We're thrilled to announce Adobe's intent to acquire Figma," Adobe, accessed August 6, 2024, https://www.adobe.com/about-adobe/intent-to-acquire-20220915.html.

46. John Naughton, "Adobe can't Photoshop out the fact its $20bn Figma deal is a naked land grab," *The Guardian,* September 24, 2022, https://www.theguardian.com/commentisfree/2022/sep/24/adobe-cant-photoshop-out-the-fact-its-20bn-figma-deal-is-a-naked-land-grab.

47. Michael J. de la Merced, "Adobe Scraps Its $20 Billion Takeover of Figma," *The New York Times,* December 18, 2023, https://www.nytimes.com/2023/12/18/business/adobe-figma-takeover.html.

48. Caleb Naysmith, "Adobe Failed To Acquire Figma; Now Figma is a Bigger Threat Than Ever After A $1 Billion Payday And New Acquisition On The Horizon," Yahoo! Finance, March 5, 2024, https://finance.yahoo.com/news/adobe-failed-acquire-figma-now-153236860.html.

49. Field, "Meet us in the browser."

Teil 2—Die wachsende Kluft bei der Risikoexposition
Kapitel 4: Die entmutigende Risikolandschaft

1. IBM and the Ponemon Institute, *Cost of a Data Breach Report 2024,* accessed August 7, 2024, https://www.ibm.com/reports/data-breach.

2. Protiviti and NC State Poole College of Management Enterprise Risk Management Initiative, *Executive Perspectives on Top Risks for 2024 and a Decade Later,* 2024, https://www.protiviti.com/sites/default/files/2024-03/nc-state-protiviti-survey-top-risks_2024–2034.pdf, 12.

3. Protiviti and The Institute of Internal Auditors (IIA), *Navigating a Technology Risk-Filled Horizon: Assessing the results of the Global Technology Audit Risks Survey conducted by Protiviti and the Institute of Internal Auditors,* 2023, https://www.protiviti.com/sites/default/files/2023-10/protiviti-11th-annual-global-technology-audit-risks-survey-iia-global.pdf, 3.

4. Protiviti and The IIA, *Navigating a Technology Risk-Filled Horizon,* 12.

5. KPMG, *2023 Chief Risk Officer Survey: Navigating compounding threats and emerging opportunities in a fast-moving world,* 2023, https://kpmg.com/kpmg-us/content/dam/kpmg/pdf/2023/cro-survey.pdf, 5.

6. Cyentia Institute and SecurityScorecard, "Cyentia Institute and SecurityScorecard Research Report: Close Encounters of the Third (and Fourth) Party Kind," SecurityScorecard, February 1, 2023, https://securityscorecard.com/research/cyentia-close-encounters-of-the-third-and-fourth-party-kind/.

7. Protiviti and NC State, *Executive Perspectives,* 3.

8. World Economic Forum (WEF), Marsh McLennan, and Zurich Insurance Group, *The Global Risks Report 2024,* January 2024, https://www3.weforum.org/docs/WEF_The_Global_Risks_Report_2024.pdf, 8.

9. ISACA, "Generative AI: The Risks, Opportunities and Outlook," 2023, https://www.isaca.org/-/media/files/isacadp/project/isaca/resources/infographics/generative-ai-2023-global-infographic-1025.pdf, n.p.

10. WEF, *The Global Risks Report 2024*, 8.

11. Protiviti and NC State, *Executive Perspectives*, 9.

12. Protiviti and NC State, *Executive Perspectives*, 3.

13. "Data Protection and Privacy Legislation Worldwide," UN Trade & Development (UNCTAD), accessed August 5, 2024, https://unctad.org/page/data-protection-and-privacy-legislation-worldwide.

14. "US State Privacy Legislation Tracker," International Association of Privacy Professionals (IAPP), accessed August 5, 2024, https://iapp.org/resources/article/us-state-privacy-legislation-tracker/.

15. Adam Satariano, "Meta Fined $1.3 Billion for Violating E.U. Data Privacy Rules," *The New York Times*, May 22, 2023, https://www.nytimes.com/2023/05/22/business/meta-facebook-eu-privacy-fine.html.

16. Adam Pajakowski and Kristen Rohrer, *Privacy and Data Protection—Part 3: Insights into Effective Collaboration Between Internal Auditors and Data Privacy Professionals*, Crowe and the Internal Audit Foundation (IAF),February 2024, https://www.theiia.org/globalassets/site/content/research/foundation/2024/crowe-iaf-privacy-and-data-protection-report-part3.pdf, 11.

17. Protiviti and NC State, *Executive Perspectives*, 3.

18. Protiviti and NC State, *Executive Perspectives*, 10.

19. Protiviti and NC State, *Executive Perspectives*, 3.

20. WEF, *The Global Risks Report 2024*, 8.

21. KPMG, *2023 Chief Risk Officer Survey*, 5.

22. IAF, *2024 Risk in Focus: Hot Topics for Internal Auditors—North America*, 2023, https://www.theiia.org/en/internal-audit-foundation/latest-research-and-products/risk-in-focus/, 9.

23. "What Is Globalization?", Peterson Institute for International Economics, last updated October 24, 2022, accessed on August 5, 2024, https://www.piie.com/microsites/globalization/what-is-globalization.

24. WEF, *The Global Risks Report 2024*, 4.

25. Ernst & Young LLP (EY), *Global Board Risk Survey 2023*, 2023, https://www.ey.com/content/dam/ey-unified-site/ey-com/en-gl/campaigns/global-board-risk-survey/documents/ey-global-board-risk-survey-2023.pdf, 9.

26. Protiviti and NC State, *Executive Perspectives*, 3.

27. Protiviti and NC State, *Executive Perspectives*, 3, 5.

28. KPMG, *2023 Chief Risk Officer Survey*, 5.

29. IAF, *2024 Risk in Focus—North America*, 15.

30. KPMG, *Stepping up to a new level of compliance: KPMG Global Chief Ethics and Compliance Officer Survey*, 2024, https://assets.kpmg.com/content/dam/kpmg/xx/pdf/2024/01/stepping-up-to-a-new-level-of-compliance.pdf, 4.

31. Protiviti and NC State, *Executive Perspectives*, 3.

32. EY, *Global Board Risk Survey 2023*, 9.

33. Protiviti and NC State, *Executive Perspectives*, 5.

34. EY, *Global Board Risk Survey 2023*, 9.

35. EY, "The 2022 EY US Generation Survey: Addressing diverse workplace preferences," 2022, accessed August 7, 2024, https://www.ey.com/en_us/diversity-equity-inclusiveness/the-2022-ey-us-generation-survey.

36. "Organizational Culture," Gallup, accessed August 5, 2024, https://www.gallup.com/471521/indicator-organizational-culture.aspx.

Kapitel 5: Stagnierende Ressourcen

1. Protiviti and NC State, *Executive Perspectives*, 3.

2. Protiviti and NC State, *Executive Perspectives*, 5.

3. McKinsey Digital, *Technology Trends Outlook 2023*, July 2023, https://www.mckinsey.com/~/media/mckinsey/business%20functions/mckinsey%20digital/our%20insights/the%20top%20trends%20in%20tech%202023/mckinsey-technology-trends-outlook-2023-v5.pdf, 5.

4. Protiviti and The IIA, *Navigating a Technology Risk-Filled Horizon*, 31–32.

5. ISC2, *ISC2 Cybersecurity Workforce Study: How the Economy, Skills Gap and Artificial Intelligence are Challenging the Global Cybersecurity Workforce*, 2023, https://media.isc2.org/-/media/Project/ISC2/Main/Media/documents/research/ISC2_Cybersecurity_Workforce_Study_2023.pdf, 5–6.

6. Deloitte and the Center for Audit Quality (CAQ), *Audit Committee Practices Report: Common Threads Across Audit Committees*, 2024, https://www2.deloitte.com/content/dam/Deloitte/us/Documents/audit/us-caq-deloitte-audit-committee-practices-report_2024-03-v2.pdf, 5.

7. Trevor Treharne, "Plugging the risk management talent gap," *Strategic Risk*, October 18, 2023, https://www.strategic-risk-global.com/risk-leaders/plugging-the-risk-management-talent-gap/1445897.article.

8. Susan M. Collins and Robert P. Casey, Jr., *America's Aging Workforce: Opportunities and Challenges*, United States Senate Special Committee on Aging, December 2017, https://www.aging.senate.gov/imo/media/doc/Aging%20Workforce%20Report%20FINAL.pdf, 3–4.

9. Association of International Certified Professional Accountants (AICPA), *2023 Trends Report*, 2023, https://www.thiswaytocpa.com/collectedmedia/files/trends-report-2023.pdf, 5.

10. Mark Maurer, "Accounting Graduates Drop By Highest Percentage in Years," *The Wall Street Journal*, October 12, 2023, https://www.wsj.com/articles/accounting-graduates-drop-by-highest-percentage-in-years-5720cd0f.

11. Mark Maurer, "Job Security Isn't Enough to Keep Many Accountants From Quitting," *The Wall Street Journal*, September 22, 2023, https://www.wsj.com/articles/accounting-quit-job-security-675fc28f?.

12. The Risk Management Society (RIMS), *RIMS Risk Management Talent 2025 Report*, 2019, https://webapps.rims.org/RiskWorld2023DigPub/static/publications/pdfDownload/RIMS-Risk-Management-Talent-2025-Report.pdf, 1.

13. Protiviti, *2023 Next-Generation Internal Audit Survey*, 2023, https://www
. protiviti.com/gl-en/survey/next-gen-ia-2023.

14. WEF, *Future of Jobs Report 2023*, May 2023, https://www3.weforum.org/docs
/WEF_Future_of_Jobs_2023.pdf, 5–6.

15. ISACA, "Generative AI," n.p.

16. Joe Edwards, "The Jobs Most at Risk From AI," *Newsweek*, accessed on
August 6, 2024, https://www.msn.com/en-us/news/other/the-jobs-most-at
-risk-from-ai/ar-BB1oylz8?ocid=BingNewsVerp.

17. Accenture, *A new era of generative AI for everyone*, 2023, https://www.
accenture.com/content/dam/accenture/final/accenture-com/document
/Accenture-A-New-Era-of-Generative-AI-for-Everyone.pdf, 11.

18. edX For Business, *The 2023 edX AI Survey: Navigating the Workplace in
the Age of AI*, 2023, https://business.edx.org/white-paper/navigating-the
-workplace-in-the-age-of-ai, 4.

19. David Streitfeld, "If A.I. Can Do Your Job, Maybe It Can Also Replace
Your C.E.O.," *The New York Times*, May 28, 2024, https://www.nytimes.com
/2024/05/28/technology/ai-chief-executives.html.

20. WEF, *Future of Jobs Report 2023*, 7.

21. University of Phoenix, *The University of Phoenix Career Optimism Index 2024*,
March 2024, https://www.phoenix.edu/content/dam/edu/career-institute/doc/
uopx-career-optimism-index-2024-research-findings-dma- snapshots
.pdf, 8.

Kapitel 6: Die unhaltbare Lücke bei der Risikoexposition

1. Protiviti and NC State, *Executive Perspectives*, 3.

2. Richard F. Chambers, *2024 Focus on the Future Report*, AuditBoard, November 16, 2023, https://www.auditboard.com/resources/ebook/2024-focus-on
-the-future-report-widening-risk-exposure-gap-demands-internal-audit
-transformation/, 22.

3. Liam Tung, "Log4j flaw: Why it will still be causing problems a decade from
now," ZDNET, July 15, 2022, https://www.zdnet.com/article/log4j-flaw-why-it
-will-still-be-causing-problems-a-decade-from-now/.

4. Consortium for Information & Software Quality (CISQ), *Cost of Poor Soft
ware Quality in the U.S.: A 2022 Report*, accessed August 6, 2024, https
://www.it-cisq.org/the-cost-of-poor-quality-software-in-the-us-a-2022
-report/#.

5. PwC, *The Resilience Revolution is Here: PwC's Global Crisis and Resilience
Survey 2023*, 2023, https://www.pwc.com/gx/en/crisis/pwc-global-crisis
-resilience-survey-2023.pdf, 2.

6. Peter Bäckman, "Enterprise Risk Management."

7. WEF and McKinsey & Company, *Building a Resilient Tomorrow: Concrete
Actions for Global Leaders*, January 2024, https://www.mckinsey.com
/~/media/mckinsey/business%20functions/risk/our%20insights/building%20

a%20resilient%20tomorrow%20concrete%20actions%20for%20global%20
leaders/wef_building_a_resilient_tomorrow_2024.pdf, 4.

8.   WEF, *Future of Jobs Report 2023*, 6.

Teil 3—Ein isoliertes Risikomanagement schafft seine eigenen Risiken
Kapitel 7: Risikomanagement ist das Mittel, nicht das Ziel

1.   COSO, "ERM: Executive Summary," 3.

2.   The IIA, *Global Internal Audit Standards*, January 9, 2024, https://www.theiia.org
/globalassets/site/standards/editable-versions/ globalinternalauditstan
dards_2024january9_editable.pdf, 15.

3.   The IIA, "Standard 7.1 Organizational Independence," *Standards*, 46.

4.   Richard F. Chambers with Robert Perez, *Agents of Change: Internal Auditors in
the Era of Permacrisis, Second Edition* (Location: Fina Press, 2024), 33.

5.   The IIA, *The IIA's Three Lines Model: An update of the Three Lines of Defense*,
July 2020, https://www.theiia.org/globalassets/documents/resources/the-iias
-three-lines-model-an-update-of-the-three-lines-of- defense-july-2020
/three-lines-model-updated-english.pdf, 7.

6.   The IIA, "Principle 5: Third line independence," *The IIA's Three Lines Model*
(2020), 3.

7.   The IIA, "Standard 7.1 Organizational Independence," *Standards*, 45–47.

8.   The IIA, "Standard 9.5 Coordination and Reliance," *Standards*, 69.

9.   The IIA, "Standard 9.5 Coordination and Reliance," *Standards*, 70.

10. The IIA, "Standard 9.3 Methodologies," *Standards*, 65.

11. The IIA, "Standard 11.1 Building Relationships and Communicating with Stake-
holders," *Standards*, 77.

12. The IIA, "Standard 10.3 Technological Resources," *Standards*, 76.

13. The IIA, "Standard 3.1 Competency," *Standards*, 26.

14. Peter Bäckman, "Enterprise Risk Management."

Kapitel 8: Jenseits des Drei-Linien-Konzepts

1.   Federation of European Risk Management Associations (FERMA) and the
European Confederation of Institutes of Internal Auditing (ECIIA), *Guidance on
the 8th EU Company Law Directive*, September 21, 2010, https://www.ferma
.eu/app/uploads/2011/09/eciia-ferma-guidance-on-the-8th-eu-company-law
-directive.pdf, 6.

2.   FERMA and ECIAA, *Guidance*, 9.

3.   The IIA, *The Three Lines of Defense in Effective Risk Management and Control*,
January 2013, https://theiia.fi/wp-content/uploads/2017/01/pp-the-three-lines
-of-defense-in-effective-risk-management-and-control.pdf, 1–2.

4.   The IIA, *Three Lines of Defense* (2013), 5.

5.   The IIA, *Three Lines of Defense* (2013), 4.

6. "IIA Issues Important Update to Three Lines Model," The IIA, July 20, 2020, https://www.theiia.org/en/content/communications/2020/july/20-july-2020-iia-issues-important-update-to-three-lines-model/.

7. The IIA, *Three Lines Model* (2020), 3–4.

8. The IIA, *Three Lines of Defense* (2013), 7.

9. The IIA, "IIA Issues Important Update."

10. The IIA, *Three Lines Model* (2020), 3.

11. COSO, "ERM: Executive Summary," 3.

Teil 4—Der Imperativ des Connected Risks
Kapitel 9: Förderung des Connected Risk Bewusstseins

1. COSO, "ERM: Executive Summary", 1.

2. COSO, "ERM: Executive Summary", 1.

3. IAF, *2024 North American Pulse of Internal Audit: Benchmarks for Internal Audit Leaders*, März 2024, https://www.theiia.org/en/resources/research-and-reports/pulse/, 5–6.

4. Die IIA, "Standard 9.5 Coordination and Reliance", *Standards*, 70.

Kapitel 10: Eigenschaften von Denkern des Connected Risks

1. Richard F. Chambers, *Trusted Advisors: Key Attributes of Outstanding Internal Auditors* (Flagler Beach, FL: Fina Press, 2024), 69.

2. The IIA, "Standard 9.5 Coordination and Reliance," *Standards*, 69.

Kapitel 11: Technologie—vom Hindernis zum Ermöglicher

1. Gartner, "Integrated Risk Management (IRM) Solutions Reviews and Ratings," accessed August 6, 2024, https://www.gartner.com/reviews/market/integrated-risk-management.

Kapitel 12: Der "Wow-Faktor" der Abstimmung im Connected Risk

1. Richard F. Chambers, "Navigating 2023's Risk Riptides Requires All Hands On Deck," *Forbes*, February 28, 2023, https://www.forbes.com/sites/forbesbusinesscouncil/2023/02/28/navigating-2023s-risk-riptides-requires-all-hands-on-deck/.

Teil 5—Zukunftssicherung für die Risikobewältigung
Kapitel 13: Kontinuierliche Risikoüberwachung

1. COSO, "ERM: Executive Summary", 6.

2. IIA, "Standard 9.4 Interner Prüfungsplan", *Standards*, 67.

3. U.S. Department of Commerce National Institute of Standards and Technology (NIST), *NIST Special Publication 800–137: Information Security Continuous Monitoring (ISCM) for Federal Information Systems and Organizations*,

September 2011, https://nvlpubs.nist.gov/nistpubs/legacy/sp/nistspecial
publication800-137.pdf, vi.

4. NIST, *NIST SP 800–137*, vi.

5. U.S. Securities and Exchange Commission (SEC), *17 CFR Parts 229, 232, 239, 240, and 249, RIN 3235-AM89, Cybersecurity Risk Management, Strategy, Governance, and Incident Disclosure* (Final Rule), 2023, https://www.sec.gov /files/rules/final/2023/33-11216.pdf, n.p.

6. U.S. SEC, *17 CFR 210, 229, 230, 232, 239, und 249, RIN 3235-AM87, The Verbesserung und Standardisierung der klimabezogenen Angaben für Investoren* (Final Rule), 2024, https://www.sec.gov/files/rules/final/2024/33-11275.pdf, n.p.

7. Protiviti, *2023 Next-Generation Internal Audit Survey.*

8. IAF, *2024 Risiko im Fokus-Nordamerika,* 32.

9. J.P. Thompson, R.P. Mahajan, "Monitoring the monitors-beyond risk management", *British Journal of Anaesthesia,* Band 97, Ausgabe 1, 2006, https://doi .org/10.1093/bja/ael139, 1–3.

10. NIST, *NIST SP 800–137,* vii.

11. NIST, *NIST SP 800–137,* vi.

12. Richard F. Chambers, *2023 Focus on the Future Report,* AuditBoard, December 1, 2022, https://www.auditboard.com/resources/ebook/2023-focus-on -the-future-internal-audit-must-accelerate-its-response-in-addressing-key -risks/, 14.

13. Mark S. Beasley, Bruce C. Branson, und Bonnie V. Hancock, *Developing Key Risk Indicators to Strengthen Enterprise Risk Management,* COSO, 2010, iii.

Kapitel 14: Der Weg zur Reife des Connected Risks

1. Chambers, *2024 Focus on the Future,* 22.

www.ingramcontent.com/pod-product-compliance
Lightning Source LLC
Chambersburg PA
CBHW071722120626
46550CB00001B/340